心拍トレーニング

個人のデータと目的に基づくトレーニングプログラム

【監訳】**長澤 純一**（日本大学教授）

Heart Rate Training
SECOND EDITION
Roy Benson
Declan Connolly

NAP Limited

■訳者一覧

長澤　純一　日本大学文理学部体育学科教授（監訳，第1章〜第3章）

古川　　覚　東洋大学ライフデザイン学部健康スポーツ学科教授（第4章〜第7章）

杉浦　雄策　明海大学不動産学部教授（第8章〜第16章）

秦　絵莉香　株式会社スポーツビズ（第14章〜第16章）

訳者序

　健康が目的であれ，競技会での好成績が目的であれ，その人にとって「適度」なトレーニングを計画・提示するのはなかなか難しい。これは，年齢条件などから設定した一般公式に当てはめたところで個々人のオーダーメードにはならないからである。さらにその人の体力レベルや身体的背景を勘案してトレーニングレベルの加減を行ったとしても，なお体調には「日差」があるという問題が残ってしまう。心拍トレーニングは，まさに，トレーニングが行われるその日その現場での身体状況を「適度」の根拠にできる，持久系スポーツのための簡便で優れたトレーニングメソッドなのである。

　本書は，心拍トレーニングの学問的背景を広く押さえたうえで，現場への展開を図っているため，心拍トレーニングを扱った書籍の中では，比較的重厚な部類に入る。第I部では，心拍とトレーニングに関する理論を教科書的に論じ，第II部では，それをスポーツ生理学として展開させているが，フレンドリーでたまにジョークを交えた文体は，実のところ当初訳出に大変苦しんだ。例えば，「LT（乳酸性閾値）もVT（換気性閾値）も同じことである」などというような記述があるが，訳者の専門とする運動生理学の立場からすれば，やはりそれらは理論として分別したくなってしまう。とはいえ，訳を進めていくとそのような文旨がやや痛快にもなった。あくまでトレーニングの現場に軸足を置き，学術的専門書に陥溺するのを強い意図をもって回避しているようなのである。

　第III部では，近年充実してきたスマートウォッチの心拍計をフルに活用して，安全・効果的にレベルを設定し，その人が求める段階までトレーニングレベルを高めていくプロセスが述べられている。いろいろなスポーツの特性を考慮したプランは具体的で，身体状況に応じた柔軟性にも配慮されているところなど，なじみ深いパーソナルトレーナーの助言のように感じられるのではないだろうか。

　著者のBenson氏は体育学の修士で，56年間にわたり，軍，大学および高校などで持久系競技のコーチとして多くのアスリートを育てた経験をもっている。他方，アスリートでもあったConnolly博士は，バーモント大学において運動生理学の教鞭を執っているだけでなく，アメリカスポーツ医学会のフェロー，国際オリンピック委員会のコンサルタントなどを歴任するなど社会的にも広く活躍されており，現場に即した内容ならびに信頼性は十分に担保されている。

　本書は，持久系種目・スポーツに関するトレーニング科学を学習しようという初学者にも有用な書である。また，あらゆる競技のリカバリーにも応用可能だと言及されている。もとより，トレーニングの必要性を感じはじめたスポーツ愛好者にはこれからのトレーニング計画の道標（みちしるべ）になり，専属のコーチをもたない競技者にとってはより高い成果獲得への頼もしい道伴（みちづれ）になるに違いない。本書の有用性がひとりでも多くのスポーツパーソンに届けられたら，監訳者・訳者としてこのうえない喜びである。

2021年9月

訳者を代表して　長澤　純一

目　次

第Ⅲ部 トレーニングプログラム ·············· 111

献　辞

　いいタイミング，素晴らしいチャンス，アイルランド人の幸運？　どのようにでも言えるのだろうが，本書には，ある人の指導の結果が書かれている。著者の2人は年齢が30歳ほど離れているが（Connollyがおむつをしていた頃，Bensonはすでにコーチをしていた），彼らの経歴は，偉大な力によって注意深く導かれている。彼らが出会ってまもなく，運動強度の調整について話題が進んだ。会話しているうちに，2人は自分たちの考え方が不思議と似ていることに気づいたのである。そのときは知らなかったが，2人とも Dr. Christian Zauner (Dr. Z) の指導を受けたことがあったのだった。Dr. Zから教わった経験は，時を経ても価値のあるものだった。学位取得後の2人の進路は大きく違っていたが，Dr. Zの影響は明らかだった。

　1969年，陸上とクロスカントリーのコーチを6年経験し，高校で地理を2年教えていたBensonは，授業計画よりもトレーニング計画を書きたいと考えるようになった。体育学の修士号を取得すれば，大学のコーチとしてフルタイムでトレーニング計画を作成するチャンスが得られる。その秋，Bensonはフロリダ大学で体育学の修士号の取得に向け，勉強を開始した。フロリダ大学には，運動生理学に関する広範な大学院プログラムはなかったが，その分野を担当していたのが，Dr. Zという優れた教授だった。Dr. Zは，自宅の裏庭にあるプールで若い水泳選手たちを指導していた。ある日の授業で，博士はインターバルトレーニング中のリカバリーを判断するために，心拍数をどのように利用するかについて話した。これを聞いたBensonは，すぐに腑に落ちた。当時，Bensonはフロリダ大学大学院の長距離走者のアシスタントコーチでもあった。彼はすぐに手を挙げ，Dr. Zはどうやって心拍数を測定しているのか尋ねた。頸動脈で心拍数を測って運動強度を測定するという彼の方法は，非常にわかりやすいものだった。それぞれの反復運動の終わりに，ランナーたちが，「これで終わり？」というような疲れた表情で尋ねてくるのをやめさせるのは，いつも本当に大変だった。また，それぞれ勝手な距離のジョギングでリカバリーした後でも，彼らがもっと時間をくれと言うので，再び走り出させるのはさらに難しかった。彼らの脈拍は，運動とリカバリーについての実態を明確にする最高のツールになったのだった。

　この偶然の出来事が，運動に対する心臓の応答に関するBensonの仕事と研究につながっていった。しかし，Dr. Zが彼の指導者となり，体力・リハビリテーションサービスを提供する病院をベースとしたビジネスを立ち上げたことで，彼の教育は大きく広がった。彼らのプログラムは，心拍計がなかった時代に手を使って行っていた心拍数の測定に基づいて計画されていた。数年後，2人はこの事業を病院に売却し，アメリカ南東部で最初の病院内ウェルネスセンターの礎となった。その後，2人はゲインズビルから離れ，音信不通になってしまった。数年後，オレゴン州コーバリスの友人を訪ねたBensonは，Dr. Zが体育学部の学部長を務めており，数ブロック先に住んでいることを知った。Bensonは，自分の職業人生に最大の影響を与えた恩師との友情を新たに深め，継続させていった。

　Connollyもまた，Dr. Zの指導の恩恵を受けていた。1987年6月，Connollyは，北アイルラ

ンドのアルスター大学でスポーツ学を修めて卒業した。また，1990 年の夏には，ロードアイランド大学で運動科学の修士号を取得した。キャンプカウンセラーとして働きながら，資金を探してアメリカ各地の大学院に応募した。オレゴン州立大学の運動科学部長である Dr. Z に相談したところ，彼は，Connolly に仕事を紹介できるかもしれないが，博士号を取得するための資金獲得には十分ではないとのことだった。Connolly は車でアメリカを横断し，Dr. Z の家の玄関先に現われた。Connolly は，自分がどういった人物であるかを説明した後，もしうまくいかなければ，出て行くという条件で，3 ヵ月分の資金を与えられた。秋になると，Dr. Z は Connolly の資金援助を増やし，少しでも多くのお金を稼ぐために雑用を与え，この分野における見通しを共有した。Dr. Z は旅行好きで，留学生が直面する問題をよく理解していた。彼は留学生を休暇に招待したり，夏休みの仕事を探したり，オレゴンの最高の地ビールについての世俗的な知識を語ったりもした。彼らの両親が訪ねてきたときには接待し，自分の携帯電話から家に電話することも許可した。そして何よりも，成功するためには何が必要かを教えてくれたのである。Dr. Z は，十分な能力もなく，行き場のないアイルランド人の子どもにチャンスを与えた。そのチャンスに，Connolly はいつまでも感謝している。Connolly は 1995 年にオレゴン州立大学を卒業し，運動科学の博士号とともに栄養生化学の副専攻を取得した。その後，自転車競技のアイルランド国内チャンピオン，アイアンマン 3 回，バーモント大学ラグビーフットボールチームのヘッドコーチなどを歴任した。これらすべての分野で，彼は「科学の機器」を使って，Dr. Z から学んだ運動能力とリカバリーを最適化してきた。

　悲しいことに，2015 年 11 月，Dr. Z はオレゴン州ポートランドの自宅で亡くなった。私たちは，彼が私たちの初版を読むことができた（もちろん批評も）ことを嬉しく思っている。彼は退職後，妻の Betty と一緒に，誇り高き父親，祖父として過ごした。彼は "the fluctuation flotary" という多肢選択式の答えに惑わされなかった多くの教え子たちに惜しまれている。

謝　辞

　この「心拍トレーニング」の第2版をお読みいただいた皆様，信頼を寄せていただきありがとうございます。また，第1版をお読みになった方には，変更および追加された内容が時間とお金に見合うことをご理解いただけると思います。また，これまで私が指導してきたすべてのランナー，ナイキランニングキャンプに参加してくださった多くの方々，雑誌のコラムを読んでくださった皆様にも，深く感謝いたします。また，私がおすすめしたポラールやナイキの心拍数モニターを使ってくださった皆さんにも感謝しています。私が信じているトレーニングの「コーチとしての」実際的な知恵が，皆さんのランニングによい影響を与えていることを願っています。そして何よりも，私の愛すべき忍耐強い妻，Betty に感謝します。あなたの「愛は翼に乗って（Wind Beneath My Wings）」いたからこそ，このようなことができました。また，私たちの子どもたち，Vickie と Ray にも感謝しています。

Roy Benson

　妻の Shannon に。家族のためにたゆまぬ努力をしてくれたおかげで，このプロジェクトをはじめ他の多くのプロジェクトに取り組む時間を得ることができました。彼女の素直さと母親としての誇りが，私に大きな自由を与えてくれたのだと思います。また，私の仕事を理解してくれている（そして，いつかこの仕事を評価してくれるであろう）子どもたち，Kiaran, Fiona, Cillian, Nuala, Cian にも感謝しています。世界中で自分の目標を追求する自由を与えてくれた両親，Charlie と Geraldine にも。最後に，私に常に研究と探求の機会を与えてくれた，運動の仲間に感謝します。

Declan Connolly

はじめに

　いまあなたは，心拍数をモニターすることが，なぜトレーニングするうえで最も便利で有効な方法の１つであるかを学ぼうとしている。あなたは，もっと効率的な方法でよりよいコンディションになることができるだろう。自分の心拍を理解し，それを測定する方法を学んで，信頼性の高い心拍計をもっているなら，科学的な根拠のある適切な運動プログラムを作成することができる。心拍数をモニターすることの意義は，仕事中でも，自宅でも，もちろん運動中でもいつもできるということである。運動目的のためだけではなく，健康のためにも，このすべての情報によって身体の応答を探知することができる。これは，運動プログラムを最適化することができることを意味している。

　大部分の運動プログラムに関する大きな問題は，それが体調，大きさ，生理的応答，そして最も重要なことに現在の体力レベルに基づいていないということである。そのプログラムは，個人にぴったり合うようにデザインされたものではない。実際，これらの運動プログラムは実施する人にほとんど合っていないということにもなりかねない。ほとんどの場合，それらは一般的で基礎的な運動生理学に基づいたプログラムであり，種々のクラス，トレーニングのグループおよびクラブ，もしくは自称専門家によって書かれた本などで示されている。ただ，それらは教育的な質や原則論として有効性があるものの，「私にとってはどうなのか？」という問いには答えることがない。ときとして，そのような情報をどのように適用したらよいかについて，わからないに違いない。運動したい，スタイルがよくなりたい，トレーニングしたいと思う誰もが，同じジレンマをもっている。すなわち，「走るべきか？」「スピニングクラス（＝インドアサイクリング）を受講すべきか？」「ローイングマシンを使うべきか？」「泳ぐのかよいか？」などである。それが決まった後には，「しかし，私にとってはどうなのか？」という疑問が生じる。「どうすればできるだろうか？」「何かを選択した時点で，どのくらい長く，どのくらい速く，どのくらいの強さで，どのくらいの頻度で行うのか？」個人的に調整された新技術によって，自身のコンピュータにデータをダウンロードしたスマートフォンと腕時計型デバイスによってこれらの疑問によりよい答えを示してくれる。

　何をするのかという疑問に答えを導くのは難しいことではない。研究の結果，これらの基準に沿った運動様式を選択すれば，それに定着するようになることを示しているので，われわれは，気軽に取り組めて楽しく，そして魅力的な選択をしてくれることを期待している。どのようにするのかという疑問は，通常答えるのがなかなか難しい。

　どのようなものを望んでも，自身が行う運動は個別のものでなければならない。それは，現在の体力のレベル，一般的能力および明確な目標に基づいたものでなければならず，また，運動様式と年齢を考慮しなければならない。その人に適したプログラムを作成する最も簡単な方法は，選択した動きに対する心臓の応答を観察することである。そして，他の誰のものでもない，自身の応答を反映した適応を確認することができ，その結果として自身にふさわしい決定をすることができるのである。

最新の技術によって，手頃な心拍計に幅広い選択肢があるというのはうれしいニュースである。それらは，選んだ運動とその強度に対する身体の応答について，即座に，かつ信頼性が高いフィードバックを与えてくれる。初心者，中級者，上級者であるにかかわらず，心拍計は必要とするあらゆるベルやホイッスルでありうる。スマートフォンと手首の受信装置によってすべてのデータを追跡し，観察することができるので，個人の特性に合った可能性を与えてくれる。

　心拍トレーニングは，4つの目標を達成するために，必要なステップを指示するだろう，それは，

1. まず，心拍計が，最もよく作動する方法をみつけよう。
2. 最高の状態になるように，運動生理学の原理・原則を適用することを学ぼう。
3. これら2つの目的を重ね合わせて，自身の能力，体力レベルそして目的に完全に合ったトレーニングから得られる恩恵を享受しよう。
4. データのフィードバックを記録し，適切に応答するようにしよう。

　最初の目標に到達するのを援助するために，われわれは，心拍数のモニターに関する数年にわたって収集した，多種多様な集団に関する調査による知識を共有していく。また，われわれや他の人が開発したツールやアイデアを提示する。数値の信頼性が高いと確認する方法，ならびにそれらが示すものの解釈の仕方を提示する。また，混乱のいくつかを取り除いて，心拍数を利用したトレーニングに関して起こる最も頻度が高い問題にも答えていく。

　例えば，一般的な論文で生じている心拍数を利用したトレーニングゾーンについての混乱に焦点を合わせてみよう。ある論文は，好調になるために，最大心拍数のある割合でトレーニングしなければならないと主張するかもしれない。他の論文では，$\dot{V}O_2max$ に対する割合として表わされたり，$\dot{V}O_2max$ の特定の割合のゾーンで運動しなければならないことを強調したりしている。どちらの説明もまちがいではないので，われわれは目標心拍数を算出することをできるだけ容易にするためにそれらをまとめている。この解決案は，第1章に記載した。

　第二の目的に応じた他のチャレンジは，研究室とロッカールームで使われる言いまわしについてである。残念なことに，運動，体力またはトレーニングについて情報交換するのに，定まった言葉が用いられているわけではない。それは単に用語の問題なのだが，残念なことに，学者たちも一般の人々も用語の一致をみなかった。現状，研究室で使われる用語の意味，すなわち辞書的な定義よりは，むしろ文学などにみられる最も一般的な語彙を使うほうが望ましいと考えている。さらに，他の多くの用語が，その道の権威者，記者，そして競技者によってピークの状態に向けて獲得される他の身体能力について言及したり定義がなされたりしているが，われわれは，体力の主要な4つの構成要素について論じる。すなわち，持久力，スタミナ，経済性，スピードである。最も重要なことは，運動の強度，長さ，頻度，運動様式の4つの成分を変えることによって，上記の体力の構成要素を向上させる方法を示すことができる。この4つの成分のうち，心拍数のモニターでトレーニング強度を測定することが最も重要である。

　心拍計を使用することでトレーニングを完全に個人に適したものにすることができるので，目的の3はより楽に達成できるに違いない。原則は幅広いが，個人の応答は，能力や状態および目的が必要となるのと同じくらい限定的である。

心拍数を用いてデータを記録すると，目的の 4 を達成することができる。いつも運動時に心拍応答を評価することによって，適切に休み，リカバリーすることができ，身体の準備ができているとき，より強く推進させることができる。ある運動に対する心拍応答を評価したり再評価したりすることによって，より体力をつけるために運動の刺激にどのようにうまく反応するか評価することも可能だろう。

　この本は，少しずつ系統的になっていく。まずは，体力トレーニングを理解するために知っておく必要のある背景と基本的な運動の科学について解説する。第 1 章から第 3 章は，基本的な生理学的応答，機器の問題およびトレーニングや体力に関するその他の情報について説明している。第 4 から第 7 章は，運動プログラムを完遂するにつれて経験するであろうそれぞれの適応段階へと話を進める。その後，ウォーキング，ジョギングとランニング，自転車，スイミング，トライアスロン，ボート（ローイング）およびクロスカントリースキーについて，運動プログラムの選択を提示する。最後の章では，チームスポーツのトレーニングにおいて心拍数のデータを使用する方法について述べた。それぞれの人の体力でできることやその人の目的を満足させるために，これらのプログラムは，異なるレベルないし強度を含んでいる。

　この新しい版では，アップデートされた新しい機器も対象に含んでいる。具体的にいうと，高性能になった技術，24 時間のモニタリング，心拍変動（HRV）の利用，減量のために心拍数のモニタリングを利用する方法，そして，生涯にわたる体力を管理するために心拍数を利用することについて論じる。スマートフォンのアプリや装置の小型化，衣類に関する技術の普及およびリカバリーを助けるように心拍数を用いることは，心拍数を利用したトレーニングのさらに広範囲な利用を可能にしたのである。このように，以前の版の読者に対しては，新しい装置をよりよく活用し，また，新しい読者には，多くの幸せな鼓動を感じてもらいたい。

第I部

基 礎

第1章

最高のパフォーマンスを引き出すための心拍のモニタリング

　本章では，心拍のモニタリングの概念を紹介するとともに，望む適応を得るために必要な，正確にモニターする方法について説明する。まず最初に適応の対象，すなわち4つの主要な体力の要素である持久力，スタミナ，経済性，スピードについて説明しよう。これらの要素は，相互依存的な関係にあるので，順次向上させていかなければならない。心拍のモニタリングをすることで，的確な時間ターゲットゾーンでの運動を続けることができるので，よくみられるオーバーリーチングやオーバートレーニングを避けることができる。これら4つの主要な要素について理解し，それぞれをできるだけ高いレベルまで向上させるのにどのくらいの時間がかかるかを理解できれば，以降の章で示すプログラム例と同じようなトレーニングプログラムを自分自身でつくることができるようになるだろう。本章では，適応に影響を及ぼす他の要因についての考え方も示し，さまざまな体力レベルから期待できる変化や感覚についても言及する。本章を読み終えた後には，トレーニング全体のプロセスをより楽しく的確に設定しながら，トレーニングをどのように監視すればよいかがわかるようになる。

　心拍トレーニングの魅力は，それが1年365日，1日24時間，ストレスの状態を反映する心血管系に基づいているということである。心拍は，疲労やオーバートレーニングの状態，病気の状態，寒さ，暑さなどを反映するので，計画を変更する際の指針となる。また，運動という観点からより重要なことは，ストレスのレベル，運動強度のレベル，総合的な体力に関する適応の程度について，即時的かつ一貫性のあるフィードバックを提供してくれることである。近年の技術的進歩により，簡便で侵襲のない方法で24時間心拍をモニターすることができる。少し前までは，24時間のモニタリングは，心臓病が疑われる場合など医学的目的に限られていた。これは，不整脈の検出を目的として，心疾患患者にホルター心電計を装着して行われた。しかし今日では，スポーツの分野でも利用可能になり，トレーニングセッションからのリカバリーの判定や病気の予測，究極的にはトレーニング負荷やセッションを即時に調整することも可能になっている。24時間の心拍数を測定することで，安静時や運動時の非常に小さいが意味がある心拍数の変化を検出することができる。その結果，異常を示すデータが検出されたら，コーチやアスリートは，休養やリカバリー，あるい

は運動負荷を調整をすることができる。われわれは，パフォーマンスを最大にし，けがを最小にし，休息を適正にし，さらにインターバルトレーニングのようなセッション間でのリカバリーを適正にするなど実際的な目的で心拍数の測定を行っている。要するに，心拍数を利用したトレーニングによって，けがや病的状態に容易に移行してしまうオーバートレーニングが回避でき，全体的に良好な展開が可能になるのである。

24時間の心拍モニタリングには多くの利点があるが，そのうち4つを以下にあげる。

1. アスリートの通常のトレーニングも含めた全体的なストレス負荷を判定することができる。多くの場合，アスリートの日常生活では，トレーニングにより身体活動が大幅に増加することがある。このような場合，栄養やリカバリーへの介入が必要になる。
2. 総カロリー消費についてより広い視野から全体像を把握することができる。
3. 睡眠の質（リカバリーの指標の1つ）に関するフィードバックを得ることができる。
4. 個々のトレーニングに対する身体の応答についてリアルタイムにフィードバックを得ることができ，以後のトレーニングを即時に調整することが可能になる。それは，より洗練されたトレーニングが可能になることを意味する。

もちろん，これらの利点を得るためには，心拍数のデータを正しく使用し分析することが必要である。したがって，望む成果を得るためには，心拍のモニタリングとトレーニングの基本を理解することが不可欠である。あらゆる運動のシナリオに対する心拍数の応答をモニターして解釈する方法や，それに対応する方法（休息や運動強度の増加，減少など）を理解すれば，体力向上のための適応を最適化することが可能になる。本章では，トレーニングを個人個人にとって最適なものにするための情報を提供していくが，詳細について述べる前に，その背景となる重要な情報について解説する。

体力の4つの要素

身体を鍛える過程には，持久力，スタミナ，経済性，スピードという体力の4つの要素が関係しており，これらを段階的に向上させる必要がある。これは，トレーニングを行う進行順でもある。**図**1.1はトレーニングの基本的モデルで，これらの4つの要素を図式的に表わしている。それぞれの要素は特定の強度で向上するが，トレーニングの初期の段階では，非常に厳密な強度の範囲内でしか最適に向上させることはできない。目標とする強度のゾーン以下では，向上するために必要な刺激が得られないし，ゾーンを上まわる強度の運動では，けがのリスクの増加，不十分なピーキング，オーバートレーニングなどのような不適応を生じる。そして，結果としてパフォーマンスの低下につながる。それぞれの要素の至適トレーニングゾーンには，上限と下限がある。心拍数は，強度をモニターする最も簡単で効果的な方法であり，これを利用することで正しいゾーンでのトレーニングを確実にすることができる。

ここでは，われわれの考え方を理解してもらうために，注意深く一般的な用語と専門用語の両方を使うようにしている。われわれは，体力の要素について有酸素と無酸素という用語をかなり自由

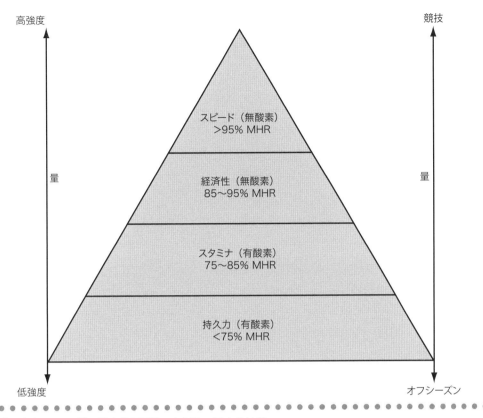

高強度

競技

量

量

低強度

オフシーズン

スピード（無酸素）
>95% MHR

経済性（無酸素）
85〜95% MHR

スタミナ（有酸素）
75〜85% MHR

持久力（有酸素）
<75% MHR

図 1.1　トレーニングの基本的モデル。MHR：最大心拍数

に用いている。酸素は循環器系と呼吸器系に共通して必要なものである。われわれは呼吸数の測定はしていないが，呼吸は有酸素運動および無酸素運動と強く関連している。有酸素運動における呼吸は，1 文が 1 ページも続くような文章を，声を出して一気に読むようなものである。逆に無酸素性作業閾値（anaerobic threshold：AT）における呼吸は，言葉数が少なく，ただ数語の言葉からなる文章を読むようなものである。無酸素運動における呼吸は，ほぼ無言で，ただ非常に重く速いあえぎだけを聞くことになる。体力の重要な要素に関する定義と説明を以下に述べる。

持久力（フェーズⅠ）

　持久力はトレーニングの最初のフェーズである。持久力とは，運動がどんなにゆっくりになったとしても，燃料が尽きるまで有酸素的に運動を繰り返す筋の能力のことを指す。楽しみや体力向上のために行うジョギングやマラソンは，持久力向上のための運動の典型的な例である。例えば，マラソンのために持久力を向上させるには，走る距離を毎週数キロメートルずつ延ばす必要がある。ランナーがその時点の持久力のレベルに達すると，グリコーゲンによる燃料供給では不足する点に近づいてくる。ランナーがその日の目標の距離に到達するためには速度を落とすことになるが，最終的にはトレーニングの終わりに達する。筋が脂肪の供給による代謝を改善する方法を学ぶにつれて持久力は向上する。つまり，強度を下げるためにどれだけ速度を落とさなければならないかにかかわらず，A 地点から B 地点へ行くということである。一般的に，有酸素的な持久力は，最大心

拍数（maximum heart rate：MHR）の 75％未満の心拍数で向上する。コンディショニングが目的であれば，このフェーズでトレーニングすればよい。単に健康を維持するためにジョギングしたいという時には，このレベルで行うべきである。

スタミナ（フェーズⅡ）

　スタミナはトレーニングの 2 番目のフェーズである。スタミナとは，無酸素性作業閾値を超えない水準で可能な限り速く運動を繰り返す筋の能力である。A 地点から B 地点の距離を短くして，この間をより速いペースで走る能力と考えることができる。スタミナトレーニングの目的は，燃料として脂肪の使用を最大にしながら，炭水化物（グリコーゲンとグルコース）の使用を最小にすることによって酸素負債の耐性を高めることである。コンディショニングとしてのこのフェーズは，レースの準備に必要なものと考えてほしい。このフェーズでは，オーバーリーチングにならない程度にきつい運動をし，心血管系や呼吸器系を整えることに重点を置く。スタミナトレーニングのよい例としては，75〜80％ MHR の一定負荷の運動を 45〜60 分間行うことがあげられる。80〜85％ MHR で 20〜30 分実施するテンポトレーニングは，スタミナを少し高いレベルにまで向上させるのによい。競技会に参加し，笑顔で終わりたいといったレクリエーション目的のアスリートが行うべき水準である。一般的に，スタミナは 75〜85％ MHR のゾーンで高めることができる。

経済性（フェーズⅢ）

　経済性は，トレーニングの 3 番目のフェーズである。経済性とは，無酸素性作業閾値を超えて，短時間だがより速く動作を繰り返す筋の能力である。経済性のトレーニングは，筋に乳酸蓄積を引き起こす酸素負債を上昇させながら，レースのペースを調整する能力を高める。経済性のトレーニングでは，高レベルの運動時，酸素と炭水化物の利用をどのように最適化するかを筋細胞にトレーニングする。コンディショニングとしてのこの段階は，インターバルトレーニング，ヒルスプリント，ファルトレクランニングのようなトレーニングを通して，エンジンにより大きな馬力を与えることによって，レースに向けて体力を改善すると考えるとよいだろう〔ファルトレク(fartlek)はスウェーデン語で「スピードプレー」を意味し，スピードを頻繁に変化させるコンディショニング法である〕。経済性のためのトレーニングのよい例としては，連続したテンポで行う中強度から高強度での運動，あるいはもう少し長い時間で強度を交替するインターバルトレーニングがある。競技会に出場したいのであれば，この激しいトレーニングをプログラムに含めなければならない。経済性は，一般的に 85〜95％ MHR のゾーンのトレーニングで向上させることができる。

スピード（フェーズⅣ）

　スピードは，トレーニングの 4 番目，最後のフェーズである。スピードは無酸素性の条件で最大のパワーを発揮し，最大の速度で動作を反復する筋の能力である。また，筋組織の乳酸レベルの上昇に耐えながら，短時間最大の努力を行い，かつリラックスした状態を続ける能力ともいえる。このフェーズでのパワートレーニングは，筋力，柔軟性，協調性に決定的な改善をもたらす。ヒルスプリントや，長時間の完全なリカバリーを組み込んだ短く，速く，最高強度での運動を反復する

インターバルトレーニングが，スピードトレーニングの最もよい例である。中には，P.T.A（pain 痛み , torture 拷問 , agony 苦痛）協会（訳注：通常は Personal Trainer Association の意）に加わって，全力で競技を行うために，最大努力にどうやって耐えるかを学びたいという願望をもつ人もいる。一般的には，スピードはしばしばレースのペースを上まわる 95 〜 100% MHR のゾーンでのトレーニングによって高められる。

　われわれは，これらの用語が必ずしも辞書的な定義や通常の研究室での使われ方通りではないと認識しているが，運動や体力について論じる際に一般的に用いられているものである。また，本書の目的である適切な心拍数のゾーンを理解するという点については役立ち，目標に応じて最高の競技レベルまでトレーニングトライアングルを安全に進めていくことができる。これらの用語は，酸素を利用するという概念とよく合致するので，これらの概念を明確にすることからはじめたい（もちろん間接的にではあるが心拍数から推測することができる）。**図 1.1** は，古典的なトレーニングトライアングルモデルを改変し，そのアプローチを視覚的に表わしたものである。

　下のほうのより楽なゾーンの活動においても，一定の生理学的・バイオメカニクス的な適応があるが，上のほうのより高強度のゾーンの活動では，有意で，それまでと異なる生化学的あるいは神経学的な適応が生じる。スピードの能力を高めるためには，トライアングルモデルの無酸素性の部分のより狭いゾーンで，かなり洗練されたトレーニングを行う必要がある。これらについては，後の章でさらに詳細に解説する。

　表 1.1 は，これまでの内容の説明法を変えたもので，後の章で解説する。

　表 1.1 では，各ゾーンに 10 〜 15% の幅がある。この理由として，われわれの経験では，一般的に人が走る場合，自転車やボート，水泳を行う時よりも高い心拍数で快適に走ることができるからである。持久力ゾーンで走る場合，最大心拍数の 70 〜 75% 近くになるかもしれないが，水泳では最大心拍数の 60 〜 65% くらいなのではないかと思われる。よくトレーニングされれば，どのような運動にでも上のレベルでより快適に行うことが可能になってくるだろう。これは，われわれが期待している方法である。付け加えると，最大心拍数は運動の様式によって異なる。したがって，特にトライアスロン選手の場合，運動様式ごとに正確な最大心拍数を知らなければならない。これについては後の章で述べる。

表 1.1　心拍数のフェーズ						
心拍ゾーン	運動強度の指標	強度レベル	ペース	燃料源	燃料系	体力要素
I	60 〜 75%	軽度	ゆっくり	主に脂肪	有酸素性	持久力
II	75 〜 85%	中等度	中等度	炭水化物と脂肪の混合	有酸素性と無酸素性の混合	スタミナ
III	85 〜 95%	きつく困難	速い	主に炭水化物	無酸素性	経済性
IV	95 〜 100%	非常にきつい	非常に速い	炭水化物	ATP-CP	スピード

ATP-CP：アデノシン三リン酸-クレアチンリン酸系

個別的な要件

　基本的に，すべてのヒトは同じパーツでできている。しかし，運動に対する応答や適応は，トレーニングの目的や遺伝といった重要な相違点の影響を受ける。

　心血管系の健康を改善して体重を管理したい場合には，非常に低いレベルの有酸素的な持久力運動を頻繁に幅広く行い，短期間での劇的な効果を求めないようにすればよい。つまり，運動を生活習慣にする必要がある。

　レクリエーションとして，笑顔で 10 km のロードレース（競技会ではなく）を完走することが目標であれば，数ヵ月から 1 年間，辛抱強く持久的トレーニングの量を増加させ，うち数日はトライアングルのスタミナゾーンのトレーニングに置き換えるのがよいだろう。

　競技会に参加して個人記録を高め，記録をつくることに取り組みたいということであれば，非常に困難で精神的にも挑戦的な，高強度，無酸素的な，経済性トレーニンやスピードトレーニングを，少なくとも週に 1 日加える必要がある。

　上記は，トレーニングの目的に関する一般的な考え方である。トレーニングを行う目的は，目標心拍数の選択に影響するのである。しかし，応答と適応は遺伝的性質の影響も受ける。

　楽な運動では心拍数が低く，より激しい運動では心拍数が高まることは誰もが理解している。このことは，ほとんどの場合あてはまるが，絶対値の観点からは，この関係を一律に予測することはできない。これは，同じ心拍数（例えば 145 拍 / 分）で運動している 2 人でも，明らかに快適さのレベルが異なり，生理学的応答が違っている可能性があるということを意味している。速筋線維と遅筋線維の組成のような遺伝的な差が，解釈の難しい心拍応答の原因となる可能性もある。遅筋線維（マラソン選手に多い）と速筋線維（スプリンターに多い）では酸素消費率が異なる。同等の能力と体力レベルの 2 人で心拍数が大きく異なる場合に考えられるもう 1 つの要因は，心臓の

トレーニングの目的と遺伝的特徴は，心拍トレーニングに対する応答に影響を与える。

解剖学的構造や大きさである。この違いによって，同じペースで走っている2人でも35拍/分と70拍/分のように心拍数が違う場合がある。目標心拍数は，給料に関することと同じように，深く論じないほうがよいようである。誰かより心拍数が高いからといって，その人より体力的に劣っているというわけではない。

　遺伝についての最後の論点は，男性と女性の心臓の大きさの違いである。この違いは，安静時の平均心拍数が男性で72拍/分，女性で84拍/分であることから明らかである。本書は，個人の目標に沿うように計画されたトレーニングプログラムに対する心拍応答をどのように測定するかについて述べており，トレーニングの監視に役立つに違いない。

主観的運動強度：バックアップシステム

　トレーニングの個別化は，運動する人が激しい運動と楽な運動の違いを区別できることを前提としている（激しい運動では顔をゆがめ空気を求めてあえぐことになるが，楽な運動では笑って家まで話し続けることができる）。人は皆，激しい運動と楽な運動を主観的に識別することができる。遠隔で測定できる心拍計によって心拍数を測定できるようになるまでは，激しい運動と楽な運動の評価には，自分の感覚を用いた主観的運動強度（rate of perceived exertion：RPE，ボルグスケールと呼ばれる）を基準としていた。ボルグの15段階のスケールは，例えば平均的な人が1kmを歩くレベルから，同じ距離を4分で走るように漸進した時にどのように感じるかを説明するために用いる。スケールでは，安静から歩行を「とてもとても楽（very, very light）」な運動とし，「とてもとてもきつい（very, very hard）」の水準を超えるものを疲労困憊としている。さらに，ボルグスケールには，6（安静時）から20（疲労困憊）の範囲のものもある。要するにボルグは，定量的な尺度を定性的な表現とを関連づけようとしたのである。

　ボルグスケールは有用であるが，身体運動を評価するうえで客観性がなく，恣意的な評価法だといえる。アスリートにとっては，心拍計のほうが，測定値を定量化できるためにより適切である。

　おそらく，トレーニングを個人に適したものにする最も重要な理由は，トレーニングの目的が人によって異なるためであろう。ある人の正しい目標心拍数のゾーンは，最大心拍数に対してどのくらいだろうか。このような目標心拍数のゾーンを算出する必要性は，われわれの多くの知識を，読者と共有するようにわれわれに与えられた使命である。つまり本書には，読者が心拍数を賢く使用する助けとなる情報が多く含まれている。身体は人それぞれ同じではないのに，なぜ他の人と同じように運動すべきなのだろうか。本書は，個人の遺伝的能力，現在の体力レベル，また，目的がどうであれ，個人の目標心拍数を算出し，トレーニングを個人に適切なものにするために役立つだろう。

　心拍のモニタリングは，サッカー，ラグビー，フットボール，ラクロスなどのチームスポーツでも，またレスリング，重量挙げ，ボクシングのような無酸素的な競技のアスリートにも広がりつつある。しかしこれらのスポーツでは，スタートとストップを繰り返す運動様式のため，強度をモニターするために心拍数を用いることには限界がある。実際に使用できるのは，全体の強度というよりエネルギー消費とリカバリーに関する情報である。これは，これらのスポーツで心拍数の情報

を利用できないということを意味するわけではない。有酸素的な競技のアスリートのように，コンディショニングプログラムにおける有酸素トレーニングやインターバルトレーニング（最大心拍数の 85 〜 95％というかなりの高強度で，試合時間より短く繰り返し行う運動からなるトレーニング）で，トレーニングの状態や強度をモニターするために心拍数を利用できる。このようなトレーニング中は，リカバリー状態を判断するために心拍数を知っていることが重要である。心拍のモニタリングは，有用なリカバリーツールとなる。

　高強度の無酸素運動で心拍数の情報を利用するためには，他のより複雑な生理学的応答も関係する。以降の章では，無酸素的な設定で心拍数の情報を利用するためのアドバイスを多く示したが，現段階では，典型的な持久系アスリート，すなわちランナー，自転車競技選手，ボート選手，クロスカントリースキーヤー，トライアスロン選手を中心に述べる。

心拍数が明らかにするもの

　心拍数からは多くの情報を得ることができるが，そのためには信頼性が高い精密な機器が必要になる。データが正確であれば，応答，適応，エネルギー消費，トレーニングプログラムなど多くのことを評価することができる。重要な点は，その人に最適化した情報を得ること，そしてそのことが望む結果を得るために役立つ可能性が高いということである。正確な心拍計から得られる情報は以下のようなものである。

- 有酸素能力向上のための正しい運動強度
- 無酸素能力向上のための正しい運動強度
- 適切なトレーニングゾーンにおける正しい運動時間
- インターバルトレーニング中の適切なリカバリー時間
- セッション間の適切なリカバリー期間
- トレーニングプログラムに対する適応の適切な評価
- オーバートレーニングの初期徴候
- 暑熱ストレスの初期の徴候
- エネルギー枯渇の初期の徴候
- 長時間の競技に対するペース戦略

　このリストを見れば，心拍トレーニングが実際に価値あるものだとわかるはずである。そして，これらは有益な点の一部に過ぎない。

心拍数を理解する

　心拍のモニタリングの利点は，それが他の誰のものでもない，その人本人の心臓の能力に基づくものだということである。心臓は筋でできている。運動するにつれて，他の筋と同様に，その応答は大きく強くなる。運動していない時には心臓は筋に血液を送り続け，修復とリカバリーを進めて

いる。そのため，心拍数によって間接的に筋のリカバリー状態を知ることができる。筋の微細な損傷が残っていたり，燃料の再充填中である場合，代謝は上昇している。そのような時には，それを反映して，心拍数はわずかに上昇する。したがって，起床時に心拍数をモニターして記録することで，前の運動からのリカバリー過程にあるかどうかを知ることができる。これが，朝の安静時心拍数が，重要だといわれる理由の 1 つである。もう 1 つの重要な値は最大心拍数である。最大心拍数とは，心臓の最も速い拍動，すなわち 1 分間に拍動することができる最大の回数である。

　実際にはトレーニングによって最大心拍数が変わることはない。しかし，すべてのトレーニングゾーンはその最大心拍数から算出するので，正確に知る必要がある（第 2 章の「最大心拍数の測定」を参照）。一方，安静時心拍数はトレーニングによって変化し，一般的には体力が増強することで減少する。安静時心拍数は増加することもある。そのような場合は，通常，疲労，オーバートレーニング，あるいは病気であることを示している。つまり，安静時心拍数を記録することは，早期にこれらの状態を確認するのに役立つ。

　図 1.2 に 1 ヵ月にわたるランナーの安静時心拍数の変化を示した。高強度のスプリントトレーニングや長距離走の翌日に何が起こっているかに注目してほしい。アスリートが激しいトレーニングや長距離走を行うと，その翌日は安静時心拍数が上昇していた。この情報は，完全にリカバリーできていない時にトレーニングを調整するのに役立てることができる。また，おそらくオーバートレーニングやけがの予防にも役立てることができる。これは，心拍のモニタリングがリカバリーの計画にどのように役立つかという例であるが，同時に運動強度を決定するためにも有用である。

　実施する運動の強度に依存して，身体全体に異なる適応が得られる。単純に言うと，軽い運動は心血管系（有酸素性）の変化を引き起こし，より激しい運動は生化学的（無酸素性）変化を引き起

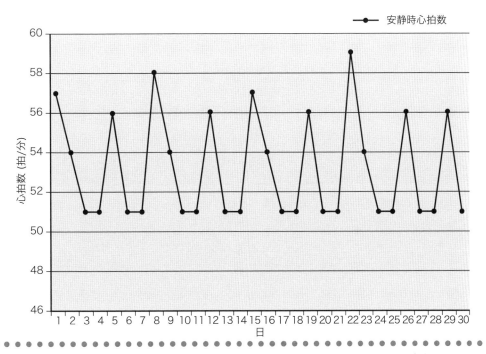

図 1.2　30 日間の朝の安静時心拍数の変化。急増している前日には激しいトレーニングが行われていた。

こす。両方とも良好なパフォーマンスのために必要なものであり，どちらかが過剰であったり少なすぎたりすると望ましい結果が得られなくなる。心拍数は，トレーニングの強度を判定する助けとなり，そのことで，トレーニングゾーンを望ましい範囲に設定することができる。ターゲットゾーンの算出については，第2章でさらに詳細に述べる。

心拍数と酸素消費量および運動強度の関係

ここまでは，心拍数に焦点を当てて解説してきた。しかし，一般的には酸素摂取量（心拍数の親戚のようなもの）で示されることも多い。矛盾するように感じるが，専門家はこれら2つのどちらかの割合でトレーニングすることをすすめるので，場合によっては混乱することもあるだろう。また，酸素摂取量は「$\dot{V}O_2$」とか「O_2摂取量」と表記されることもある。いずれにしても，酸素摂取量（$\dot{V}O_2$）とは消費される酸素の量のことであり，また，最大酸素摂取量（$\dot{V}O_2max$）とは，ある人が消費できる酸素の最大値を意味し，通常最大運動強度で得られる。一般的に，体力があるほど最大酸素摂取量は高い。心拍数および酸素摂取量は，どのくらい激しく（高強度で）運動しているかを評価する方法もある。心拍数の応答は，単に酸素を全身に送るために心血管系がどれくらい激しく働いているかを表わす指標だが，酸素摂取量は，心拍数に加え呼吸器系の働きや筋による酸素の利用を含んだものである。

有酸素運動の間，運動強度が増すにつれて，心拍数と酸素摂取量は増加する。しかし，両方の変数の応答パターンは異なる。科学において，2つの変数の関係を説明するために「線形」「非線形」という用語が用いられる。線形とは，1つの変数が増加するにつれて，もう1つの変数が比例して増加することを意味し，非線形とは，1つの変数が変化した時，他の変数の変化が比例しない場合を意味する。

心拍数と酸素摂取量は，運動強度の増加に応じて増加するが，それらの応答は完全に線形なわけではない。例えば，運動強度が低い場合は，両方の変数は同じように増加する（線形）が，強度が高くなると，心拍は上昇しなくなる一方で酸素摂取量は上昇を続ける（非線形）。このことによって情報の価値が損なわれるわけではなく，応答が異なるということを示している。

応答パターンのもう1つの大きな違いは，心拍数が，運動開始時に運動強度とは関係なく，劇的かつ急速に増加するということである。ゆっくりジョギングをはじめると，すぐに心拍数が25〜40拍/分増加し，75〜110拍/分になるだろう。この心拍数はそのまま持続するが，場合によっては5〜10分後にわずかに減少し，最終的に105拍/分に落ち着くこともある。他方，酸素摂取量は，運動開始時の応答は遅く，最初の5〜7分はわずかな変化しかみられず，強度の突然の変化があってもゆっくり一定のペースが続く。心拍数は低い強度でもすぐに応答し，その後高強度で変動が少なくなり，よりゆっくりとした変化になる。ウォームアップやリカバリーなどのパフォーマンスに関する側面を明らかにするのに役立つので，この関係を理解することは重要である。さらに詳細に心拍数，酸素摂取量と運動強度の全体の関係をみることにする。

心拍数と運動強度の関係は便利に活用できる。最大酸素摂取量は，運動強度と作業能力を測定するためのゴールドスタンダードと考えられているが，一般のアスリートでは簡単には測定できない。

表 1.2　%MHR–%V̇O₂max 変換チャート

%MHR	相当する %V̇O₂max	トレーニングによる適応
50	〜22	トレーニングされたアスリートの最低限のレベル
55	〜28	
60	〜42	フェーズ I：持久力
65	〜48	
70	〜52	
75	〜60	フェーズ II：スタミナ
80	〜70	
85	〜78	フェーズ III：経済性
90	〜85	
95 〜 100	〜93	フェーズ IV：スピード

最大酸素摂取量の測定は検査室で行う必要があり，費用がかかる。しかし，心拍数と酸素摂取量の関係を明らかにすることができれば，トレーニングを監視するために心拍数を利用できるようになる。

　表 1.2 に最大酸素摂取量と運動中の最大心拍数との関係について示した。例えば，65% MHRで運動している時，その運動は最大酸素摂取量の約 48% であることを示している。しかし，これらの値は絶対的なものではなく，ある心拍数と酸素摂取量では，おおよそどの程度のレベルであるかを示している。これらの値は 70% MHR あたりで少し変動するため，精度を保証するため範囲を用いる必要がある。いずれの状況でも，75% MHR 前後での運動は，まだ快適で激しくない運動負荷であることを意味している。

　心拍数と酸素摂取量の関係をさらに明らかにするために，バーモント大学のヒューマンパフォーマンス研究所のデータについて考えてみよう。表 1.3，表 1.4 は，2 人の対象者から得られたデータである。1 人はトレッドミルで，もう 1 人は自転車エルゴメータで測定した。両者とも，よくトレーニングされたアスリートである。

　表には，仕事率，心拍数（拍 / 分），最大酸素摂取量（mL／kg／分）のデータを示した。その他の重要なデータとして，脚注に記した無酸素性作業閾値がある。無酸素性作業閾値は心拍数と酸素摂取量の関係を示す基準として重要である。無酸素性作業閾値については第 6 章でより詳細に述べるが，現段階では，無酸素性作業閾値は心拍数が少し速く上昇するポイントであることに注意して欲しい。また，無酸素性の代謝が増加するポイントでもあり，呼吸数と心拍数が上昇し，会話が少なくなる。

　心拍数から計算すると，表 1.3 の対象者は最大心拍数の 92% の強度に無酸素性作業閾値があることがわかるが，それは最大酸素摂取量の 70% に過ぎない。表 1.4 の対象者では，無酸素性作業閾値の心拍数は最大心拍数の 86% だが，それは最大酸素摂取量の 77% に過ぎない。つまり，酸素摂取量の関数として算出する時，運動強度は常により低い値になる。応答のパターンも 2 つの変数間で異なり，これはパーセンテージが異なることを部分的に説明している。最大酸素摂取量は，かなりの程度運動強度と線形関係にあるが，心拍数は 75 〜 80% MHR の強度までしか線形の関係

時間（分）	仕事率（mph, % 角度）	心拍数（拍 / 分）	酸素摂取量(mL／kg／分)
表1.3　19歳，女性，クロスカントリースキー選手のデータ*			
0 分 30 秒	5，0%	51	4.1
1 分	5，0%	93	11.3
1 分 30 秒	5，0%	107	19.9
2 分	5，0%	116	29.5
2 分 30 秒	5，0%	115	29.7
3 分	6，0%	117	29.5
3 分 30 秒	6，0%	120	29.1
4 分	6，0%	118	28.5
4 分 30 秒	6，0%	126	30.3
5 分	7，0%	128	31.7
5 分 30 秒	7，0%	132	31.9
6 分	7，0%	137	36.0
6 分 30 秒	7，0%	142	34.9
7 分	7.5，0%	144	38.0
7 分 30 秒	7.5，0%	150	37.7
8 分	7.5，0%	153	37.7
8 分 30 秒	7.5，0%	154	40.3
9 分	8.0，0%	156	39.7
9 分 30 秒	8.0，0%	159	42.6
10 分	8.0，0%	162	42.7
10 分 30 秒	8.0，0%	163	45.0
11 分	8.5，0%	163	41.6
11 分 30 秒	8.5，0%	166	45.9
12 分	8.5，0%	167	47.3
12 分 30 秒	8.5，0%	171	45.9
13 分	8.5，2%	173	46.4
13 分 30 秒	8.5，2%	171	47.5
14 分	8.5，2%	173	48.3
14 分 30 秒	8.5，2%	174	50.7
15 分	8.5，4%	173	51.6
15 分 30 秒	8.5，4%	176	54.8
16 分	8.5，4%	180	54.8
16 分 30 秒	8.5，4%	183	54.7
17 分	8.5，4%	183	58.2
17 分 30 秒	8.5，4%	182	58.1
18 分	8.5，6%	182	59.6
18 分 30 秒	8.5，6%	183	61.2
19 分	8.5，6%	183	64.2

*トレッドミルにより測定，無酸素性作業域値：171 拍 / 分，最大酸素摂取量：64.2 mL/kg/ 分，最大心拍数：183 拍 / 分。

表1.4　45歳，男性，自転車選手のデータ*			
時間（分）	仕事率（ワット）	心拍数（拍／分）	酸素摂取量（mL/kg/分）
0分30秒	120	110	3.4
1分	120	109	7.0
1分30秒	120	105	24.0
2分	120	104	25.0
2分30秒	120	100	26.1
3分	180	102	22.3
3分30秒	180	109	27.3
4分	180	113	28.1
4分30秒	180	114	31.8
5分	240	115	32.3
5分30秒	240	118	33.2
6分	240	127	36.8
6分30秒	240	130	41.6
7分	280	134	42.8
7分30秒	280	139	42.4
8分	280	141	45.7
8分30秒	280	142	47.3
9分	320	145	48.0
9分30秒	320	149	50.4
10分	320	152	53.0
10分30秒	320	156	51.5
11分	360	156	57.9
11分30秒	360	159	56.1
12分	360	163	59.5
12分30秒	360	164	58.4
13分	400	167	62.2
13分30秒	400	169	62.8
14分	400	172	64.8
14分30秒	400	173	67.0
15分	410	173	66.0
15分30秒	410	175	68.3
16分	410	177	67.2

*自転車エルゴメータにより測定，無酸素性作業域値：152拍／分，最大酸素摂取量：68.3 mL/kg/分，最大心拍数：177拍／分。

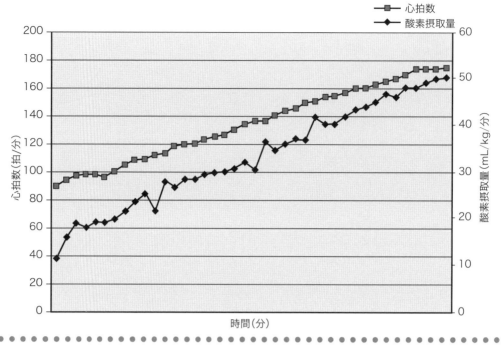

図 1.3 運動強度の増加に伴う心拍数と酸素摂取量の変化

が認められない。最大強度に近くなると，心拍数の上昇は頭打ちになり非線形になる（**図 1.3**）。

心拍数は，ある運動負荷での体力の変化に関する信頼性の高い指標なので，この関係を理解することは重要である。他方，酸素摂取量はエネルギー消費に直接関連することから，エネルギー消費のよい指標である。体力の向上によって，ある運動負荷に対する心拍の応答は低下するので，このことは重要である。酸素摂取量，つまりエネルギー消費量は，対象者の体重が減らない限り，一定の運動負荷に対してほぼ同じであり続ける。

図 1.4 に 3 ヵ月間のトレーニングプログラムの前後における 40 歳男性の体力テストの結果を示した（**表 1.5** には数値を示した）。対象者は，3 ヵ月のトレーニングの後にテストを受けた。トレーニング期間で体重はあまり変化せず（1.8 kg の減少），酸素摂取量もすべての最大下の運動においてほぼ同じままで，その後最大運動で増加したが，心拍数は経時的に減少し，体力の向上を示した。興味深いことに，終了時の仕事率が大幅に高かったにもかかわらず，最大心拍数はトレーニング前の値と同じであった。

これは，まさにトレーニング後に望まれる結果である。一定の運動負荷に対して心拍数が低くなり，その時の酸素摂取量は変わらないが，最大能力が上昇しているので，最大酸素摂取量に対する割合が低くなる（スキルレベルの向上が，酸素摂取量改善の一因ともいえる）。これらの結果は，両方とも効率と関係がある。最大酸素摂取量は，心臓，肺，骨格筋の呼吸循環系のネットワークが向上するため増加する。また，組織での酸素摂取が増加し，脂肪代謝が改善する。心筋がより強くなり，毎回の拍動でより多くの血液を駆出させることができるので，一定の負荷での心拍数は減少する。言い換えると 1 回拍出量の増加である。これらのデータについては，本書の後半で，特定

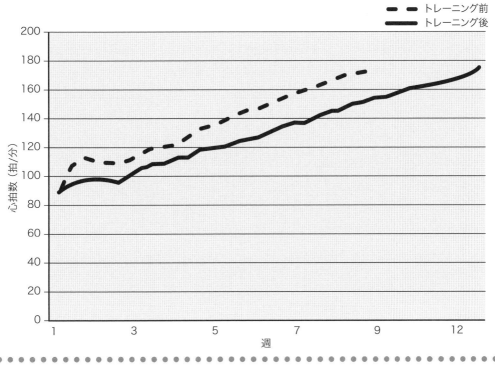

図 1.4 40 歳男性における 12 週の軽度で基本的なトレーニング前後の心拍数の変化。データは，同じ運動負荷の自転車エルゴメータによって収集した。

の心拍数でのパワー産生および体力向上のために用いる方法について再確認する。

エネルギー消費についての心拍数と酸素摂取量間の関係

　ここまで，心拍数と運動強度の関係および % MHR と % $\dot{V}O_2$max の関係について，さらにこれらの変数が適切なトレーニングによって時間とともにどのように変化するのかについてみてきた。重要な点は，心拍数と酸素摂取量の応答にわずかな差があるということである。前述のように，心拍数は，90 〜 95% MHR までは線形の関係にあるが，その後は運動負荷の増加に対して頭打ちになり，ほとんど変化がみられない。他方，酸素摂取量は，最大運動能力のレベルにいたるまで，かなり着実に増加し続ける。**図 1.3** に，最大運動中の心拍数と酸素摂取量の関係を示したが，データをよくみると，酸素摂取量が最大値に達する前に，心拍数が最大値を示すことがわかる。これは，最大心拍数を示していても運動強度とエネルギー消費をさらに増加させることができるが，最大酸素摂取量の時にはそれ以上増加させることができないということを意味する。

　強度が上がるにつれて，エネルギー消費も上昇し，酸素摂取量の上昇は心拍数の上昇よりもエネルギー消費をよく反映する。実験室で測定を行う際には，通常，酸素の消費率，すなわち酸素摂取量からエネルギー消費量を決定する。そのために，エネルギー消費量（消費したカロリー）と酸素摂取量の基本的な関係を理解しておく必要がある。通常，酸素摂取量を測定した場合，毎分，体重 1 kg あたりの酸素のミリリットル値（mL/kg/分）で表わす。しかし，これらのデータは，実際

表 1.5　40歳男性，自転車選手のトレーニング前後のデータ*

時間 （分）	仕事率 （W）	心拍数（拍/分） トレーニング前	トレーニング後	酸素摂取量（mL/kg/分） トレーニング前	トレーニング後
0分30秒	105	89	90	12.3	11.4
1分	105	107	94	18.0	16.0
1分30秒	105	113	97	20.6	19.0
2分	105	110	98	20.0	18.3
2分30秒	105	109	98	19.1	19.3
3分	140	109	96	19.9	19.0
3分30秒	140	111	100	19.6	19.9
4分	140	115	105	21.4	21.5
4分30秒	140	119	108	24.0	23.5
5分	175	120	109	23.2	25.2
5分30秒	175	121	112	23.2	21.6
6分	175	127	113	26.6	28.0
6分30秒	175	132	118	27.1	26.6
7分	210	134	119	28.1	28.4
7分30秒	210	137	120	29.0	28.3
8分	210	141	123	30.3	29.4
8分30秒	210	145	125	32.0	31.7
9分	245	147	126	32.3	31.1
9分30秒	245	150	130	33.3	32.6
10分	245	153	134	34.0	33.0
10分30秒	245	156	136	35.2	34.5
11分	280	158	136	37.4	36.4
11分30秒	280	161	140	38.5	37.6
12分	280	164	143	39.0	39.0
12分30秒	280	167	145	41.5	40.1
13分	315	169	149	41.4	41.8
13分30秒	315	171	150	43.4	42.6
14分	315	173	153	43.1	43.2
14分30秒	315		154		43.2
15分	350		156		44.7
15分30秒	350		159		44.2
16分	350		160		45.9
16分30秒	350		162		45.9
17分	385		164		46.5
17分30秒	385		166		47.0
18分	385		169		48.1
18分30秒	385		173		48.9

*自転車エルゴメータで測定。

には毎分のリットル値（L/分）として記録した後，ミリリットルに換算する。ここで体重 60 kg のランナーの例を考えてみよう。

> 体重：60 kg
>
> L/分での $\dot{V}O_2$max：4.0 L/分
>
> mL/kg/分での $\dot{V}O_2$max：4.0 L × 1,000 = 4,000 mL
>
> 4,000 mL ÷ 60 kg = 66.6 mL/kg/分

　この値の時，どれくらいのエネルギー消費が行われているのだろうか。この疑問に答えるためには，1 L の酸素 = 5 kcal という関係を覚えておく必要がある。よって，酸素摂取量 4.0 L/分（つまり 66 mL/kg/分）のランナーは，1 分につき約 20 kcal を消費していることになる。

　このように，いくつかのもととなるデータがあれば，どのような運動強度においても，どのようなスポーツにおいても，どのようなアスリートに対しても，エネルギー消費量を算出することができる。しかしより重要なのは，エネルギー消費量は酸素消費量の関数であり，必ずしも心拍数の関数ではないということである。これは，運動に対する心拍応答は多くの要因の関数として変動し（このことついては第 3 章で述べる），酸素摂取量は安静時，あるいは特定の運動負荷で一定を保つ傾向があるためである。

　最近は，どのようなトレッドミルや自転車エルゴメータでも，消費カロリーを算出（推定値）することができる。運動時には，所定の負荷（体重）をあるスピードで，あるいはある距離を移動させたり，自転車エルゴメータ抵抗などに対抗しようとしている。このことから，負荷，すなわち力と距離という変数が与えられる。この情報を使って，この運動を行うためにどれくらいの酸素が必要かを計算することができる。そこから，エネルギー消費量を求めるために，1 L の酸素 = 5 kcal の計算を適用する。

　トレッドミルで運動する場合は，測定システムに体重を入力する。そこから，選択した速度と段階を使用して残りを計算する。自転車エルゴメータでは，体重は必要ない代わりに，選択したレベルの抵抗を重量として使用する。体力が向上しても，同じ負荷に対しての酸素摂取量は変わらないが，心拍数は減少するはずである。これは，心拍数を利用してある運動負荷に対する体力の応答を評価する方法の 1 つである。これを利用すれば，一定のカロリーの消費を目標として，トレーニングを選択することができ，それを屋外で行うこともできる。

　本章では，運動強度と心拍数および酸素摂取量の関係，無酸素性作業閾値の算出，一定ペースでの心拍数が時間の経過による体力の変化に対して変化することなどについて述べた。以降の章では，心拍数を使用してトレーニングプログラムを作成する方法と，その理由について述べる。

（長澤　純一）

第 2 章

ゾーンの評価と
カスタマイズ

　本章では，設定した運動強度に対して，心拍数がどのように示されるのかについて述べる。また，最大心拍数（MHR）と目標の心拍ゾーンを適切に算出する方法についても説明する。このようにすることで，測定時のエラーの原因を特定できるので，問題があるかどうかをすぐに知ることができるだろう。最後に，運動プログラムが進行するにつれて，数値がどのように変化するかについて述べる。最も重要なことは，心拍数を利用してトレーニングの時間と運動強度を調整し，トレーニングや適応が確実に最適なものにする方法を理解することである。全体像を把握するために，心拍応答と一般的な人におけるその分布を追加情報として含めた。とはいえ，まずは基本から，すなわち心拍計に慣れ，数値が意味するものを学ぶことからはじめよう。

心拍数に関する真実と誤解

　心拍数は，何を意味しているのだろうか。この数値を解釈する前に，運動に対する心拍数の応答について，われわれの経験を共有しておきたい。このような情報は，心拍計の取扱説明書にはほとんど書かれていないため，本書の大きな利点の 1 つである。いくつかの基本的な事実と，誤解しやすい点を知っていれば，心拍計から誤ったフィードバックを得てしまうことを回避できる。まず，心拍数についてどの程度理解しているかを確認するために，以下の文章について，正しいかまちがっているかを判断してほしい。

1. 220 拍 / 分から年齢を引くという最大心拍数の予測式は，誰においても信頼性が高い。
2. トレッドミルや自転車エルゴメータを用いた最大心拍数のテストには，スキルや経験を必要としない。
3. 病院で行われるトレッドミルや自転車エルゴメータを用いた心臓負荷テストは，真の最大心拍数を明らかにするには適していない。
4. 心拍数は，あくまでも心拍数である。つまり，あるスポーツで設定された心拍数のトレー

　ニングゾーンを他のスポーツにも適用することができる。

　心拍計で示される数値は，概して信頼性が高く有効である。しかし，心拍計を購入した人の多くは訳のわからない数値に不満を感じ，そのうちしまい込んで使用しなくなる。それでは，上記の文章に対する答えをみてみよう。

誤解 1：最大心拍数の予測について

　220 拍 / 分から年齢を引けば，信頼性のある最大心拍数を予測できるという考えは誤りである。それは，母集団の 65％に対して有効であるにすぎない。ここで 1 人の男性の例をみてみる。彼は自分の心臓が例外的であることを知らず，55 歳で心拍計を買った時，最大心拍数が予測された平均値を上まわっている可能性があるという考えがなかった。心拍計の取扱説明書にあった年齢補正の式を用いて，最大心拍数を 165 拍 / 分と算出した。軽めの有酸素トレーニングを実施するため 60 ～ 70% MHR の標準的な目標心拍ゾーンを適用して，99 ～ 115 拍 / 分からはずれた時に警告音がなるようにセットした。ジョギングに出たところ，数分で 115 拍 / 分を超えたため，警告音が鳴らないようにスピードを落とした。さらに数分後，彼は歩くことになり，さらに心拍計を静かにさせるためにさらにゆっくり歩いた。これは，心拍計の誤作動ではなく，目標ゾーンからはずれていることを正しく警告しているだけだった。彼は年齢のために体調が悪いわけではないことを知ってはいたが，これは衝撃的だった。さらに数回のトレーニングを行った後，新しく購入した機器に対する困惑は，欲求不満のもとになっていた。

　何がまちがっていたのだろうか。彼は自分の心臓が平均より小さく，最大心拍数が高いことによってそれを補償しているということを知らなかった。実際，彼の実際の最大心拍数は，従来の式によって予測されるよりも 35 拍高い 200 拍 / 分であることが判明した。

　新生児の心臓はクルミほどの大きさで，最大心拍数の平均は 220 拍 / 分である。そして，成長するにつれて心臓も大きくなる。成人期の心臓は人の拳ほどの大きさである。当然ながら，心臓はそこに血液を保持するために，より高い能力を有するようになる。これは，毎回の拍動でより多くの血液が駆出されること（1 回拍出量の増加）を意味し，そのために拍動は少なくてもよくなる。心臓の成長によって，20 歳までに最大心拍数は平均約 195 拍 / 分まで低下する。最大心拍数はその後，加齢によって 1 年につき約 1 拍の割合で低下していく。このことが，「220 − 年齢」が予測される最大心拍数に等しいという論理の根拠になっている。

　さて，上述の例の男性が 55 歳の時の最大心拍数がなぜ 200 拍 / 分だったのかを理解する鍵がここにある。最大心拍数は自然に正規分布し，知能と同じように，同じ年齢の人でもベル形の曲線の両端まで広範囲に広がっている。平均値のプラスとマイナスそれぞれの側に，12 拍 / 分の分布がある。この分布は，平均にあたる人だけが年齢補正式を用いて最大心拍数を確実に予測することができることを意味している。最大心拍数は，曲線のどこに位置するかによって，式から予測される値に比べて 36 拍 / 分上下する可能性がある。

　信じがたいことかもしれないが，遠隔から測定できる心拍計を使用するようになるずっと以前，指で頸動脈を触診していた時，50 歳の人の最大心拍数は，200 拍 / 分から 140 拍 / 分までの幅があっ

た。最大心拍数が高い人の心臓は，小さく速く動く。グレープフルーツ大の心臓をもつ一部の青年は，相当に疲労したレベルでの最大心拍数が 140 〜 160 拍 / 分であり，これは正常である。これは珍しい例であるが，このような人は実際に存在する。結論としては，最大心拍数は正確に測定する必要があるということである。

誤解 2：体力テストに耐えることについて

　疲労困憊にいたるような運動経験のない人がはじめて最大負荷のトレッドミルテストを行う場合，うまく実施できない可能性があるというのは事実である。つまり，最大心拍数測定のために行うトレッドミルや自転車エルゴメータでのテストには，スキルの学習や経験の必要がないというのは誤解である。そのような人は，最大の疲労がもたらす苦痛に耐える方法を知らなかったり，単にこのレベルの運動を経験したことがなく，非常に不快であるという理由で，真の最大値に達するかなり前に限界だとしてテストをやめてしまう。真の最大心拍数は，毎分の拍動がプラトーに達し，それ以上どれだけ激しく，速く，長く運動しても，上昇しなくなるまでは得られない。初心者の場合，どれだけやり遂げられるか，どのような疲労に耐えることができるかを理解するために，何度かギリギリの経験をしなければならない。最大心拍数の値に疑いがある場合は，本書で推奨するテストを繰り返すか，本当に高強度のトレーニングやレースの後に心拍計を確認することである。

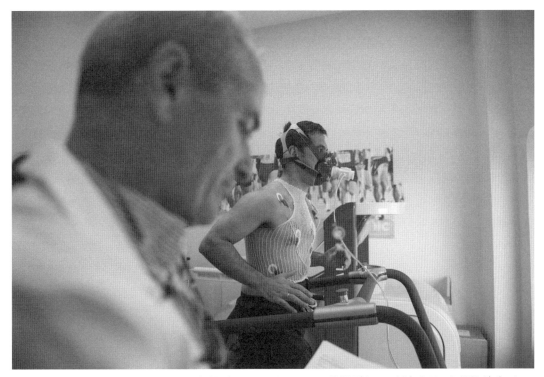

実際の持久力テストでも，真の最大心拍数が明らかにならない可能性がある。対象者は，心拍数がプラトーになるまで自分自身を追い込まなければならないが，これは多くの人が耐えられる範囲を超えるものである。

誤解 3：真の最大運動にいたることについて

　通常，医師は運動負荷テストにおいて，患者が持久系競技のヒーローのような振る舞いをみることが好きではない。病院で行う心臓負荷テストは，潜在的な心疾患を見つけることが目的であるため，通常最大下で行われ，真の最大心拍数が明らかになるわけではない。通常，冠状動脈の問題による症状は，無酸素性作業閾値（anaerobic threshold：AT）に達するか，わずかに超えた段階で顕在化する。無酸素性作業閾値は体力に依存しており，体力のない人では低い％ MHR でみられることもあるが，多くの医師は約 85％ MHR あたりであると考えている。そのため，その運動レベルに達すると，真の最大心拍数が認められるはるか以前にテストを終了してしまうことも多い。さらに，医師の多くは運動生理学を学んでいないので，そもそも目標心拍数を予測するために，単純に年齢補正式を使用していることもしばしばである（これが正しくない理由については「誤解 1」を参照）。

誤解 4：心拍応答の結果を他のスポーツに適用することについて

　心拍応答は，運動の様式によってその仕事率に応じて変化する。このことが意味するのは，ランニング中の 60％ MHR は，サイクリング中や水泳中の 60％ MHR とは感じ方がまったく異なる可能性があるということである。トライアスロン選手はこれを実感している。心拍数は，多くの変数の関数として変化する。その変数とは，活動筋の収縮の数やランニングのように体重を運んでいるか，自転車競技のように体重を押し下げているか，水泳のように身体が支持された環境で体重を引っぱっているかといったことである。したがって，マルチスポーツのアスリートは，競技ごとに心拍数も異なるはずである。その競技に慣れているかどうかや運動の特性が，心拍応答に影響を与える。

最大心拍数の決定

　真の最大心拍数を測定するためには，誤解 1 で述べた情報を思い出す必要がある。自分が選択した運動における，正確なデータを有していることを確認しなければならない。第 III 部の各スポーツについての章で，この話題についてより関連性のある情報を示したが，ここではまず，真の最大心拍数を把握していることがどれだけ重要であるかを強調したい。

　本節では，ランニングにおけるセルフテストの手順について示す（水泳，自転車，ボート，クロスカントリースキーのための手順は，各スポーツに関する章で示した）。

　真の最大心拍数を知らないということは，第一の誤りである。実際の最大心拍数がわからない場合，極端に言うと，まったく体調が同じで走能力も同じトレーニングパートナーと同じペースで走っていても，心拍数が 72 拍も違うということもありうる。心拍数を他の人と比較してはならない。また，心拍計をはじめて使う時に，最大心拍数の予測式から算出された数値が合理的でないと思ったら，疑ってかかったほうがよい。最大運動までテストを行ってくれる生理学者や医師の管理下で，トレッドミルなどによる運動負荷テストを受ける必要がある。最大心拍数を調べるには，テスト施設が最も安全で有効な場所であることは明らかである。一部の大学ではこれらのサービスを提供しているし，一部のスポーツクラブやスポーツ医学クリニック，開業医でも実施しているところがあ

る。費用は，保険適用の有無などにより異なるが一般的に数千円から 15,000 円程度である。

　どこでテストを受けるかについては，慎重に選ぶ。テストを行う技師の技術によって，結果の解釈や測定誤差に大きな差が出る。週末のコースを受講し，器材をいくつか購入しただけの自称専門家ではなく，有資格の技師や運動生理学者を探そう。以下で説明するランニングテストのような簡単なテストは多くの人に有用であるが，体力のレベル，スキルや運動の様式によっては，完全な内容にはならない可能性がある。数値が正しくないと考えられた場合は，第 III 部のトレーニングプログラムの章のテストを試してもらいたい。また，どのようなテストでも，受ける前に必ず医師の診察を受ける必要がある。

最大心拍数測定のためのランニングテストの例

1. トラックか緩やかな傾斜の 400 〜 600 m の走路を探し，心拍計を装着する。
2. ウォームアップのために 0.8 〜 1.6 km ジョギングする。
3. 1 ラップ（1 周）あるいは走路を 1 回できるだけ速く走る。走行終了時に心拍数を確認し，記録する。
4. リカバリーのために 2 分間，歩行あるいはジョギングをし，再度走る。走行終了時に心拍数を確認し，記録する。
5. 同様に 2 分間のリカバリーを行い再度走る。走行終了時に心拍数を確認し，記録する。この 3 回目のテストで得られた心拍数が，最大心拍数の非常によい指標になる。

　最大心拍数のセルフテストの別の方法については，第 10 章を参照してほしい。

目標心拍数：心拍数を基準としたトレーニングゾーンの算出

　刺激のレベルは，その刺激を受けた器官の適応の状況に影響を与える。低強度の運動は，高強度の運動とは異なる効果がある。すでに有酸素，無酸素という用語については解説したが，ここでは，有酸素性エネルギー供給系および無酸素性エネルギー供給系について，代謝との関連から議論する。低強度，高強度というのと，有酸素，無酸素というのは同義であると考えてほしい。

　これらの用語は，トレーニングにいくらか影響を与える。これらのエネルギー供給系をどの程度効果的に向上させることができるかは，どのようなパフォーマンスが発揮できるかに大きく影響する。本書の情報はほとんどの部分が，持久系すなわち有酸素系のアスリートをターゲットとしている。しかし，トップクラスの持久系アスリートは，無酸素性のエネルギー供給系にもかなり強く依存する。目的がピークパフォーマンスの発揮である場合，無酸素性のエネルギー供給系を適切に向上させずに有酸素性のエネルギー供給系だけを向上させることは誤りである。逆に，通常，有酸素性のトレーニングによって基礎的な持久力を構築せずに，無酸素性のトレーニングを試みることも誤りである。また，リカバリーはすべて有酸素的なので，十分な有酸素能力の基礎を有していることが，あらゆる様式のリカバリーに重要である。

　次のように有酸素運動と無酸素運動を区別することもできる。75% MHR 未満の低強度の有酸

素運動によって心血管系と身体組成に変化が生じるが，80% MHR 以上の高強度の無酸素運動では神経系，呼吸器系および生化学的な変化が生じる。残念なことに，持久系のアスリートは，ゆっくりのペースで長時間行う有酸素運動に重点を置きすぎていることが多く，ケニア人が「ボーンクラッシャー」と呼ぶような高強度の無酸素性トレーニングに十分な注意を向けていない。この点については，本書の後半で解説する。

正しい強度によって適切な適応が生じるので，それぞれの目標心拍ゾーンごとの根拠を完全に把握するだけでなく，心拍計の数値の正確さも信頼できるものでなくてはらない。トレーニングがその目的に適合し，また心拍計の毎分あたりの心拍数が理にかなっていることを確認するために，ペース記録や主観的運動強度のような別のシステムと照合するとよい。もちろん，強度を調整する方法として望ましいのは，心拍計で客観的かつ確実に測定することである。ペース記録を使用することは，レースで全力を尽くした結果から体力のレベルをテストしたことを意味する。主観的な測定は，多少の経験を必要とするかもしれないが，実用的で容易に習得できる方法である。主観的運動強度を表わすボルグスケールは，主観的方法として最良のものである。

目標心拍ゾーンを算出するにはいくつかの方法がある。しかし，最大心拍数の予測は，すべてさまざまな結果をもたらす可能性がある。この点を含め，予測に際しどのくらいの誤差がありうるかを確認できるようにする。ここで紹介する方法を使用してもよいが，前述した方法で実際の測定値を得ておくことを推奨する。

以下は，一般的な計算方法である。

式1：220 − 年齢（歳）= MHR
式2：210 − [0.5 × 年齢（歳）] = MHR
式3：カルボーネン（Karvonen）の式

カルボーネンの式は，最大心拍数の算出に「220 − 年齢（歳）」を使用するが，それだけではない。完全な式は，次の通りである。

220 − 年齢（歳）= MHR
MHR − RHR = HRR
運動強度 = % × HRR + RHR
ここで RHR：resting heart rate（安静時心拍数），HRR：heart rate reserve（心拍予備能）

近年，最大心拍数は男女間で異なるという報告があった。この話題について科学的に調査を進めたところ，男女どちらの最大心拍数がより高いかについて，様々な意見があった。以下の式は，この性別の影響に対応するように調整されている。

式4（男性）：202 − [0.55 × 年齢（歳）]
式5（女性）：216 − [1.09 × 年齢（歳）]

年齢は，すべての式において決定因子であることに注目すべきである。最大心拍数は年齢が上がるにつれて減少するということについては確立されており，年齢だけが重要な決定要因である。し

かし，ほとんどの生理的変数と同様に個人差が大きい。それぞれの方法を用いて，年齢 40 歳，安静時心拍数 65 拍 / 分の人で，70 ～ 80% MHR のトレーニングゾーンを算出してみる。

式 1

220 − 40 歳（年齢）= 180 拍 / 分（MHR）

180 拍 / 分 × 70% = 126 拍 / 分

180 拍 / 分 × 80% = 144 拍 / 分

トレーニングゾーン = 126 ～ 144 拍 / 分

式 2

210 −［0.5 × 40 歳（年齢）］= 190 拍 / 分（MHR）

190 拍 / 分 × 70% = 133 拍 / 分

190 拍 / 分 × 80% = 152 拍 / 分

トレーニングゾーン = 133 ～ 152 拍 / 分

式 3

220 − 40 歳（年齢）= 180 拍 / 分（MHR）

180 拍 / 分 − 65 拍 / 分（RHR）= 115 拍 / 分（HRR）

70% × 115 拍 / 分 + 65 拍 / 分 = 145.5 拍 / 分

80% × 115 拍 / 分 + 65 拍 / 分 = 157 拍 / 分

トレーニングゾーン = 145 ～ 157 拍 / 分

式 4

202 −［0.55 × 40 歳（年齢）］= 180 拍 / 分（MHR）

トレーニングゾーン = 126 ～ 144 拍 / 分

式 5

216 −［1.09 × 40 歳（年齢）］= 172.4 拍 / 分（MHR）

トレーニングゾーン = 121 ～ 138 拍 / 分

　これらの簡単な数値だけを使用すると，最も低いレベルの運動で，心拍数に 17% もの差がみられる。これは，真剣に取り組んでいるアスリートにとって大きな差であり，トレーニングの結果にかなりの差が生じる可能性がある。これらの数値の正確さが確実でない場合には，この問題はさらに悪い結果を招くことになるかもしれない。

　すべての計算における限界の主因は，最大心拍数が実際の測定値ではないことである。これはまさに，すべてのアスリート個人の値が必要であり，トレーニングフェーズで定期的に測定しなければならないものである。最大心拍数は運動様式によって異なるので，マルチスポーツのアスリート

は，すべての競技で測定しなければならない。この測定は，高機能の機器を必要としないが，正確に管理し，12〜15分で徐々に疲労困憊にいたらせる漸進的なプロトコルを設定しなければならない。疲労困憊にいたるのが早すぎても遅すぎても，良好なデータが得られないことが多いので，これには多少の経験が必要である。これらのサービスを提供する施設の多くは，適切な測定法を理解していないので，不正確なデータを出してしまっている。そのため，数ヵ月間もクライアントが望んでいるトレーニング効果が得られず，不満を高めているようである。心拍計と，セッション中に得られる最大心拍数を記録する能力が必要である。

　実験室で体力テストを行う時には，運動負荷に対する応答を遠隔システムによって常にモニターし，心拍数の応答を，ワット，スピード，500 mのスプリットタイムなどの運動負荷と関連させて評価する。この方法は，従来の予測式による計算よりも，非常に高い精度を得ることができる。

　また，最大運動の停止後に最大心拍数の小さく急激な上昇があることに注意する必要がある。ただし，これを最大心拍数の続きと考えてはらならない。これは，もう1つのよくある誤りである。

　運動様式が異なれば，応答も異なることを覚えておく必要がある。多くの人で自転車よりもランニングのほうが最大心拍数が高い。しかし，よくトレーニングされた自転車選手やボート選手は，そのスポーツでのほうが，ランニングの時より最大心拍数が高い。したがって，ボート選手はローイングエルゴメータまたは水上のボートを使って測定すべきである。同様に，自転車選手は自転車エルゴメータで，ランナーはトレッドミルでテストを行うべきである。各アスリートは，個別に測定した最大心拍数の値が必要である。

　研究データには，計算された心拍数の差が，運動様式の関数として非常によく現われている。それらは最初に運動様式の関数として最大心拍数の差を示し，さらにランニングによって220－年齢の式に近い最大心拍数の値を示した。トレッドミルで得られた数値は，他の運動様式によって得られた数値と有意に異なっていた。自転車競技中に得られた数値は，予測値よりも有意に低く（平均18拍/分），－35〜+16拍/分の差があった。自転車でのデータは，平均するとトレッドミルでのデータの96%であった。年齢が最大心拍数の差の約75%を占めることを示唆しているメタアナリシス（複数の研究の統合的な分析）もあるが，年齢は実際には低いパーセンテージの差を生じさせるにすぎないとする報告もある。平均すると，年齢から予測した最大心拍数の差は，±10〜12拍/分である。

　前述の計算した例のデータを使うと，40歳の人が予測式を使った場合，最大心拍数の70%と推定できる運動は，121〜145拍/分の範囲の運動ということになるが，これはばらつきが大きく正確さに欠ける。重要なことは，最大心拍数が予測値から大きくはずれる人が多く，これらの方程式を使っていると的外れになる可能性があるということである。したがって，精度と信頼度を上げる簡単な方法は，アスリート自身の最大心拍数を測定し，この実測値を使用して運動強度を算出することである。

（注意：最大心拍数の測定には最大運動が必要である。潜在的な危険性がある人もいるため，テストは資格をもった者が行う必要がある）

常識と数値のバランスをとる

　運動強度を評価する別の方法として，主観的に感じた運動強度を一般的な感覚として利用する方法がある。「どれくらいきついか」あるいは「どれくらい楽に感じるか」を自問自答するのである。主観的運動強度のスケールは，1960 年代初期に科学者ボルグ（Gunnar Borg）によって開発された。ボルグは，心と身体の関係についての研究に強い関心を持ち，何らかの方法で感覚を定量化するスケールの開発に興味を持っていた。そのような中から主観的運動強度（rating of perceived exertion：RPE）のチャートを開発した。スケールの原型は，奇数で示された主観的な感覚に対する言葉を 6 から 20 までにあてはめて設定されていた（例えば，7 と感じた運動は「きわめて楽である」，11 と感じた運動は「かなり楽」，19 と感じた運動は「きわめてきつい」など）。スケールは，ボルグによる当初の発表以来，何回かの改変を経てきた。

　ボルグの研究を受けて，ベンソン（著者）は，感じた運動強度を最大心拍数に対する割合として直接変換するスケールを作成した。**表 2.1** はその改変版で，60％の楽なものから 100％のオールアウトまでどのように感じていくかを広範囲な言葉で表わしている。ここではランニングを例として使っているが，このスケールはどのような運動やスポーツでも利用できる。

　ベンソンの運動感覚スケールは，心拍数が基準から大きくはずれる人や，目標心拍数が説明される運動にマッチしそうにない場合に有用性が高かった。一般的感覚の使用にあたり，テストではな

表 2.1　ベンソンコーチの運動強度と運動感覚の対比チャート		
運動	運動感覚（このように感じる）	フェーズ
1　60 〜 65％ MHR でのゆっくりとした歩行。レース前に最大限のリカバリーを得ながら持久力を維持する	ジョギングにするのが困難なほどゆっくりとした非常に軽度な運動。汗をかくのは難しい運動	III と IV
2　65 〜 70％ MHR でのジョギング。主に脂肪を燃焼させることによって筋グリコーゲンの補給を進める	汗をかくことがある。普通に会話を続けられる。疲れないと感じる程度の速さのジョギング	I 〜 IV
3　70 〜 75％ MHR で低強度で長く大股でゆっくり走る。局所的な筋持久力と精神的な耐久力を維持亢進する	遅いランニング。まだ会話できる水準。長距離を走る場合は眠くなるかもしれない	I 〜 III
4　75 〜 80％ MHR でしっかり走る。有酸素運動から無酸素運動へ移行するため筋系，呼吸器系の準備にあたる	ペースは速いが，十分に長距離を走り続けられる。呼吸はつらくなる。会話は半分程度しかできない。これがハーフマラソンのペースになる	II と III
5　80 〜 85％ MHR で速く走る。無酸素性作業閾値を改善する	走行や呼吸がより困難になる。単語か単文しか話せない。5 km レースより 30 秒遅いペース。楽ではないが 5 〜 6 km 走り続けられる	II と III
6　85 〜 95％ MHR でダッシュする。最大酸素摂取量を高め，練習中にオールアウトしないとする自己鍛錬	非常に速いが，全力ではない。話はできない。この速さで走るためには意識的な努力が必要。しかし，まだ少し元気が残っている	III と IV
7　最大酸素摂取の 95 〜 100％の真剣な全力疾走。乳酸耐性を向上させる。精神的に非常にきつい	レースのペースより速い。フルスプリントに近い。すぐ終わってしまうので，心拍数の上昇にタイムラグがある。短距離でのみ可能	IV

く，予測した最大心拍数として算出した数値は無効にしなければならない。心拍数（拍／分）とその運動をどのように感じるかの関係に違和感を感じなくなるまで，目標心拍数（拍／分）に数拍足したり引いたりしてみよう。

　ベンソンのスケールでもボルグのスケールでもどちらを使う場合でも，運動に対する感じ方の一般的感覚と心拍数を結びつけることにより，運動の目的を達成するために適切な強度を直感的かつ客観的に選択することができる。最終的に，純粋に自分の感じ方だけで，心拍数がどの程度であるかかなり正確にわかるようになるだろう。この併用法についての最終的なポイントは，トレーニングの条件が通常と異なる日（リカバリーできていない，あるいはかなり湿気があり暖かい，など）で心拍計で普段より高い値が示される時に感覚的アプローチを使用することで，その精度を高め，トレーニング量と運動強度を適切に調整できるということである。

休息時と運動中の心拍数に影響する因子

　得られる情報の中で最も有益で長時間のものは，安静時心拍数である。毎朝起床時に1分だけ時間をとり，正確な安静時心拍数を測定して記録する。これは外傷や障害，病気，オーバートレーニング，ストレス，不完全なリカバリーなどに関するフィードバックを得ることができる非常に貴重なツールであることがわかる。また，体力改善の簡便な尺度でもある。何年間も安静時心拍数のデータを記録しているアスリートの中には，病気や突然の倦怠感の1〜2日前に，1〜2拍／分の心拍数の上昇がみられる者もいる。最近の心拍計には，24時間モニタリングの機能がついているものもある。その機能については第3章で述べる。

　休息時や運動中の心拍数に影響を及ぼす要因がいくつかある。通常，安静時心拍数に影響を及ぼす主な要因は，体力レベルとリカバリーの状態である。相反する研究結果もあるが，性差も影響することが示唆されている。一般的には，安静時心拍数は体力のある人のほうが低い傾向がある。過去の著名なアスリートの中には，安静時心拍数が著しく低かった人もいる。例えば，ミゲル・インデュライン（Miguel Indurain：ツール・ド・フランスの5回の勝者）は，安静時心拍数がわずか28拍／分であった。これは，適切なトレーニングによって，心筋の大きさと強さが向上したためである。強い心臓は，各拍動でより多くの血液を拍出する（1回拍出量）ので，より少ない拍動で同じ仕事量を行うことができる。体力が向上するにつれて，安静時心拍数は低くなるはずである。

　安静時心拍数に影響を及ぼす第二の要因は，リカバリーの状態である。運動，特に長距離の走運動や自転車運動の後，体内でいくつかのことが起こる。燃料源が枯渇し，体温が上昇し，筋が損傷する。これらすべての要因に対処し修復しなければならない。身体はよりしっかりと働かなければならず，このような作業の増加によって心拍数が上昇する。安静時に，例え本人は問題ないと感じていても，身体は自身をもとに戻すために懸命に働いており，そのことは心拍数の上昇に現われる。安静時と運動時の心拍数をモニターすることで，心拍数が上昇した場合に，食事や水分補給を改善したり，休みをとったりなど，適切な調整を行うことができる。

　リカバリーと損傷に関するこれらの要因は，運動中の心拍数にも影響を及ぼす。安静時心拍数を上昇させる要因は，運動時の心拍数も上昇させる。その前のトレーニングから完全にはリカバリー

できていない場合，例えば，通常の定常状態のペースで運動時心拍数がいつもより 5 〜 10 拍 / 分高いことに気づくことがある。このような場合，通常は，運動中，常に心拍数の急速な増加が伴う。

　運動中の心拍数に影響する非常に重要な要因の 1 つは気温である。気温が高いと心臓の拍動が速くなり，身体に相当な負担をかける原因になる。簡単に言えば，暑い気候の時，身体は筋血流を維持しながら，冷却のために皮膚に多くの血液を送らなければならない。これらを同時に行う唯一の方法は，全体の血流を増加させることであり，それには心臓がより速く拍動しなければならない。どれくらい体力があるか，またどれくらい暑いかによって，心拍数は正常な状態より 20 〜 40 拍 / 分高くなる可能性がある。このような状況下では，水分摂取が重要である。発汗により血液量が変化し，最終的に心臓の問題を引き起こす可能性がある。高温と心拍数に対処するための最も簡単で効果的な介入は，定期的な水分摂取である。平均的な体格の成人の胃は，15 〜 20 分ごとに 170 〜 240 mL の水を吸収する能力がある（通常，1 口で飲み込む液体の量は約 30 mL である）。この経験上の知識を覚えておけば，あまり頻回に飲水して呼吸能力を阻害したり，胃けいれんが生じるほど胃を満たさないようにすることができる。定期的な水分摂取によって血液量を保ち，心拍数がどんどん速くなるのを防ぐことができる。

　運動中の心拍数に影響を及ぼすもう 1 つの重要な要因は，年齢である。通常，最大心拍数は，20 歳前後から 1 年につき約 1 拍ずつ減少する。興味深いことに，安静時心拍数は影響を受けない。基本的な予測式に「220 −年齢」と年齢補正因子があるのはこのような理由からである。ちなみに，この最大心拍数の減少は，加齢による最大酸素摂取量と持久的パフォーマンスの低下を説明するのによく用いられるが，これは毎分の心臓の拍動の回数が，筋が利用できる血液量に影響を与えることによる。われわれは何千人ものアスリートを指導し，テストを行ってきたが，一般的傾向として，同年齢のアスリートの中で，比較的心拍数が高いもののほうが体力水準がより高い傾向がみられる。しかし，最大心拍数は変えることができないので，そのことについて悩んでも仕方がない。

　最後の要因は，性差である。最近の研究では，男女間で最大心拍数に差があることが示唆されている。しかし，最大心拍数が男性で高い傾向にあることを示唆する報告が散見される一方，同じ年齢の女性と比較して男性の最大心拍数が低いという報告もあり，断定的なことは言えない。一般的には，女性のほうが男性より心臓が小さく，筋も小さい。これらの要因は，同じ運動負荷では，確実に女性の最大心拍数のほうが高いという結論を支持する。性差の影響に関しては，まだコンセンサスが得られていない。

　第 3 章では，心拍計が不規則な，誤った表示となる可能性のある機械的異常の原因について考察する。しかし，運動中には，環境的要因で発現する状態がいくつかある。そしてこれは逆説的であるが，実際の心拍数に影響を及ぼす。これらについて詳しくみてみよう。

心房細動

　不整脈を起こす可能性のある病状の 1 つに心房細動がある。まれに，血中の電解質（筋の収縮と弛緩を調節する血中のミネラル）がバランスを崩し，送られてくる血液を受ける部分に不整脈が起こること（心房細動）がある。これは，ただちに生命の危険にかかわるものではないが，非常に深刻な事態ではあるので，心拍数が不安定な場合には，心臓病専門医の検査を受ける必要がある。

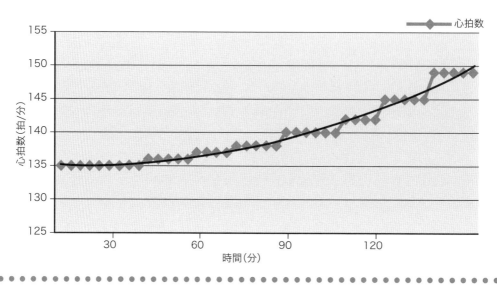

図 2.1　固定負荷運動での心拍応答の経時的変化

　一般に，心房細動のある人は心拍数が乱高下し，ある強度で予測されるよりも 30 〜 70 拍 / 分高くなる。また，少しめまいがしたり，弱々しく，息切れを感じたりもする。心拍計の受信機にあるハートのシルエットが点滅する場合は，数分間観察する必要がある。一時的な休止があったり，ときおり連続して速い点滅があったりしたら，医師の診察を受けなければならない。しかしわれわれは，脱水状態で心房細動を生じているランナーが，ゲータレード（スポーツドリンクの 1 商品）によってすぐに回復する例を何度か見たこともある。これは，水分と電解質のバランス不全に対する処方せんのいらないケード博士（ゲータレードの発明者）の素晴らしい調剤である。

　心房細動は，重大で懸念される状態の 1 つである。この障害は，以下の節で説明する他の要因のいずれかに起因していると考えられる。

心臓のクリープ（cardiac creep）現象

　この状態は，専門用語では「心血管系ドリフト（cardiovascular drift）」と呼ぶ。暖かい，暑い，湿度の高い環境や，そして寒い気温の時でさえむやみに厚着をしている場合には，知覚される強度が高くならなくても，心拍数は簡単に有酸素性トレーニングゾーンの上限を超えて上昇することがある。無酸素性作業閾値レベル以上では，筋に必要な量の酸素を心臓が供給することが難しくなると同時に体温も上昇している場合，この心臓のクリープ現象は比較的すぐに起こる。最近の研究では，これは，発汗により身体を冷やすためにより多くの血液を皮膚へと送るため，心臓の仕事量が増加することによって引き起こされる単純な心拍数の増加ではないことが明らかになっている。この心拍数の微増傾向は，発汗によって水分が失われたことによる血液量の減少も反映している。血管を流れる血液の量が減少したため，心臓はより速く収縮することによって補償しなければならないのである。

　心臓のクリープ現象は，血液量と心拍数の関係を説明するよい例を示してくれる（**図 2.1**）。血液量が正常である時は，安静時心拍数と運動時心拍数も変わらない。脱水状態になるのと同程度の

速さで水やスポーツドリンクによって水分補給はできないということがわかっている（十分に鍛えられた人が激しい運動を行っている場合，毎時 1.2 〜 1.5 L の水分を失う可能性があるが，成人は 15 〜 20 分ごとにわずか 170 〜 240 mL，つまり毎時 0.7 L 程度の水しか消化吸収できない）。つまり，心臓に戻る血液量の減少を補うために，単純に心拍数が増加するのである。暖かい環境では，心拍数を低く保つには十分な水分補給によって血液量を確保する必要がある。

　ここでの要点は，心拍数の増加は，骨格筋が行っている作業と直接関係がない可能性があるということである。つまり，一定の運動を行っている時に心拍数がゆっくり安定的に増加している場合は，運動強度が強くなったわけではないので，強度を落としたり減速したりする必要があるわけではない。心拍数を確認することで測定しようとしているのは，運動によって筋がどれくらいの酸素を必要としているかということである。知りたいのは，心臓がどれだけ速く拍動しているかではなく，身体がどれほど激しく働いているかである。暖かく湿度のある環境での，長時間の軽度から中等度までの運動ではクリープ現象が生じ，おそらく誤ったフィードバックがされるだろう。本当に同じ強度で運動していると感じるにもかかわらず，低強度の運動の日の心拍数が 10 〜 15 拍 / 分逸脱しているような場合には，心臓のクリープ現象を体験していると考えられる。

　一方，暖かく湿度の高い環境で，無酸素性作業閾値以上での激しいトレーニングでは，予定通りに心拍数が上がらないことがある。心拍数の増加が急速に減少する血液量に見合わないと，パフォーマンスが低下するだろう。利用できる酸素の量が減り，筋がより多くの乳酸を産生するようになる。筋は硬くなり，これまでの可動域で容易に弛緩したり伸張したりすることができなくなる。有酸素的に持続可能なペースに近づこうとすれば，減速は避けられない。これで，なぜ暑い日に長距離の世界記録が出ないのか理解できるだろう。

　心臓のクリープ現象は，最初に暖かい環境温にさらされた時に数回起こる可能性がある。しばらく寒い季節が続いた後，春の早い時期のランニングやレースで，この現象に遭遇することがある。暖かい環境温に 2 〜 3 週さらされると心臓のクリープ現象は少なくなる。

心臓のクリンプ（cardiac crimp）現象

　心臓のクリープ現象と逆の状況になるのが，心臓のクリンプ現象である。湿度が低く涼しい日に，ゆっくりで低強度と思われる運動を行っていても，心拍数が上がってこないので，実施すべきレベルよりも速く激しく運動してもよいように思ってしまうことがある。これに騙されてはいけない。ペースをゆっくりと軽度なものに保つために，主観的な感覚を働かせなければならない。実際，運動の目的がリカバリーである場合，心拍数がどれだけ低くても低すぎるということはない。高強度の運動の日にするのと同じように，低強度の運動で低い心拍数をそのまま喜んで受け入れればよい。涼しく乾燥した天候では，発汗が少なく体水分が失われないので，血液量が維持され，また低湿度で身体が効果的に冷却されているため心拍数が低くなる。春先や秋の朝の運動ではこのような状況になる。このような状況は，個人記録を出すためにはよい機会である。発汗が少ないことは，世界記録や個人記録に必然だと言えるだろう。

症状	薬剤	心拍数への影響*
喘息	吸入器，抗炎症剤	急激な増加
風邪や頭痛	市販の充血除去薬，プソイドエフェドリン，アセトアミノフェン	動悸，不規則，増加，減少
関節炎	抗炎症薬	増加，血圧の上昇
高血圧	βブロッカー	心筋が働きすぎないように心拍数を減少させる
心臓の状態	状況に応じて複数の薬	増加，減少
細菌性疾患	抗生剤	多くは増加，あるいは不変
うつ	ノルエピネフリン阻害剤	増加する可能性がある
糖尿病	インスリン	急激な増加

表 2.2　一般的に使われる薬剤が安静時心拍数および運動時心拍数に及ぼす影響

*この表に示したのは，心拍数に対してよくみられる影響である。影響はかなり多様なので，薬を使用している人は運動中の服用については主治医の指示に従うべきである。また，この表に示したもの以外でも，ビタミン，ミネラル，ハーブなどのサプリメントも心拍数に影響を与える可能性がある。

薬剤の影響

　現在の体力の状態を正確に反映する心拍数のデータを得ることは，非常に重要である。このために，一般的な薬剤が心拍数にどのような影響を与えるかを理解する必要がある。多くの人は，喘息，高血圧，特定の心臓病など，慢性的な病状を治療するために，処方薬を長期にわたって毎日服用している。このような場合，それが標準的な状態なので，テストは薬を服用した状態で行う必要がある。また，多くの人は，アレルギー，風邪，頭痛などの急性の症状を治療するために薬を使用する。このような場合には，薬の影響がなくなるまでテストを延期すべきである。

　表 2.2 に心拍数に影響を及ぼす可能性のある，一般に使用されている市販薬（OTC）と処方薬の例を示した。

下肢の極度の倦怠感（lead legs）

　例えば，リカバリーが不十分だったり，さらに悪いことにオーバートレーニング状態になりはじめていることを認識せずに運動を行うとする。運動をはじめるとすぐに，運動が非常にきついと感じるだろう。心拍数が高くなっていると予想して心拍計を見ても心拍数は驚くほど低い。次に，ペースを確認するが，それも驚くほど遅い。

　このような場合，実際には，筋には期待するスピードで運動するのに必要な十分なエネルギーがなく，微細な損傷が生じている。ペースが遅いのは，運動がきついと感じていても心拍数が低い理由である。こういう場合は，休みをとる必要がある。家に帰って休み，よく考えて食べ，十分に水分をとる。頑なに頑張ったり，残りのトレーニングをやり続けたりする場合ではない。

　このような軽度のオーバートレーニング状態，あるいはリカバリーが不十分な状態における運動時の心拍応答は，朝の覚醒時の心拍数と連携して利用するのが最もよい。実際にリカバリーできていない場合，朝の覚醒時の心拍数が（通常より）高いことと，運動中の心拍数が（通常より）低いことの2つに気づくだろう。心拍トレーニングで，鍛えたいのは身体であり，精神ではない。精神の強化は，十分に休息をとり，疲労困憊の状態から早く抜け出してから行えばよい。速いペース

の激しい運動は，体力とともに自信を高める。ベテランのアスリートは，速いペースの激しい運動のための最善の場所がレースであることを肝に銘じてほしい。新人のアスリートにとっては，オールアウトにいたるような運動は，疲労困憊とはどういう状態かを学ぶために，おそらく必要なことだろう。

精神面とホルモンの変化

　われわれはみな，レースや試合を見越して心臓の鼓動が早くなるように感じることがある。このような状況における心拍数の上昇は，ホルモン応答，主に精神的な興奮によって放出されるアドレナリンによって制御される。このような心拍数の上昇は混乱を生じ，対処するのが困難なことがある。このような影響には注意する必要があり，特定のウォームアップや呼吸法，あるいは心拍応答をコントロールするリラックス術のような戦略が必要である。アドレナリンが心拍数を上昇させている状況であれば，運動を管理するうえで心拍数の信頼性は低い。これは練習で改善される傾向があるが，一般に 5 〜 7 分の運動で落ち着いてくる。

ゾーンの評価と改変

　ここまでで，計算によってトレーニングゾーンを決定するために何が必要かが理解できたことだろう。心拍数に影響する人為的要因，あるいは解剖学的，生化学的適応によって影響する要因がある。一般に人為的要因は自然に消えていくが，解剖学的および生化学的要因については，いくらかの数値を再計算することが必要になるので注意する。

　トレーニングの目的は，心血管系，呼吸器系，筋骨格系に適応を生じさせることである。トレーニングによって生じさせたい変化は，安静時心拍数の減少，ある負荷での運動時心拍数の減少，および無酸素性作業閾値での心拍数の上昇である。安静時心拍数の変化は容易に説明できる。心臓はより大きく強くなって，各拍動でより多くの血液を拍出することができるため，一定の時間内ではゆっくりとした拍動になるということである。これは，トレーニングの後，一定の運動負荷で心拍数が低くなることについての説明にもなる。一定のゾーンに心拍数を設定するためにはより速く運動しなければならないので，これらの変化は必ずしも再計算を必要とするというわけではない。

　継続的なモニタリングを必要とするのは，無酸素性作業閾値での心拍数である。すべてが計画通りに進んだ場合，無酸素性作業閾値での心拍数は増加（例えば，145 拍 / 分から 155 拍 / 分に）し，乳酸の増加などのさらなる代謝的ストレスがかかることなく，より速いスピードで運動できるようになるだろう。これは，より高速で効率的に運動できるようになったということである。この自己修正は，心拍数を利用したトレーニングの利点といえる。運動日誌にトレーニングの経過を継続して記録し，そこに走行時のペースとともに，安静時と運動時の心拍数を記録しておくと，いくつかの領域での進展度合いを確認することができる。時間経過とともに，一定の運動負荷あるいは速度に対する心拍応答の低下がみられ，一定の心拍数での速度が上がり，そして最後に安静時心拍数の低下がみられるだろう。10 〜 12 週ごとに確認テストをすることでこの情報を確認し，変化を記録することができる。

トレーニングの 12 〜 16 週後には，以下の点に気づくはずである。

- より速い速度で走っていても，運動のレベルと心拍数が変わらない。
- 無酸素性作業閾値をより高い心拍数で生じるように向上させてきているが，運動強度に対する感覚は変わらない。
- 一定の最大下の速度では，どのような強度でも心拍数が低下している。

　一般的に，特に距離や強度を増加させた場合は，心拍数のデータを 6 週ごとに再びチェックする。これは，よい記録管理になる。朝の正確な心拍数と運動日誌をつけることは，体力プログラムの計画を作成したり監視したりする際に非常に役立つ。

（長澤　純一）

心拍計を
最大限に活用する

　心拍数に関する誤った情報は，2つの発生源から生じる。1つ目は，トレーニングゾーンの誤りである。これは予測した最大心拍数（MHR）が実際の最大心拍数と異なっていた場合に起こる可能性がある。また，接触不良などの技術的問題で，心拍計自体が誤った数値を表示している可能性もある。通常，エラーの原因に気づけば，解決するのは簡単である。本書の主な内容は，心拍数を使ってトレーニングを最適化することであるが，その前提として，まず心拍計から得られるデータが正確であることを確認する必要がある。

数値を確認する

　第1章で学んだように，心拍数を利用してトレーニングを進めることは，適切な時間，適切な強度でのトレーニングを確実に実施するための，確実で科学的な方法である。また，トレーニングの目的にうまく合わせられるように，不要な作業を避けることにも役立つ。本章は，効果的でない，あるいは妥当ではない心拍ゾーンでの運動を続けるといったことで，時間を無駄にしないようにすることが目的である。

　心拍計を本格的に使用する前に，心拍計がどのように機能するのか，またどのような種類のフィードバックが得られるのかについて，だいたいの見当が得られるように，試行的なトレーニングを行いデータを採取しておくとよい。また，他のトレーニングに利用する前には，正しく使用していることを確認するために，本章と第2章の内容を再度確認してほしい。

　本章では，手首や胸部に装着する新しい種類の心拍計についても解説する。どちらも信頼性が高く，正確な数値を示すが，測定する対象が異なる。手首に装着する心拍計は，腕時計の裏のLEDライトの下を通る赤血球の密度の差を測定する。赤血球の密度は，心筋の収縮と弛緩によって多くなったり少なくなったりするが，これらの変動を心拍計で検出する。身体活動を追跡できる手首装着型の心拍計が増えてきたが，われわれの非公式の調査では，装置の信頼性を確保するためにはかなりハイエンドのモデルが必要になると考えている。胸部装着型の心拍計は，拍動を測定するため

心拍計を最大限活用するためには，正しく装着し，頻繁に利用し，その能力と限界をよく理解する必要がある。

　に，収縮する心筋の電気的活動を測定する。われわれは，胸部に装着するストラップ型の心拍計には信頼感を持っている。

　まず必要なのは，心拍計が正しく装着されていることを確認することである。手首の心拍計は，トレーニング中には不快に感じてもきつめに装着する必要がある。しかし，手首の心拍計を腕時計として1日中使用するならば，快適性を高めるために少し緩めてもよい。胸のストラップを使用する場合は，胸筋の下側に電極のついたゴム製の送信機をしっかりと装着し，皮膚としっかり接触しているか確認する（ぴったりとフィットさせる必要がある）。手を使って，伸縮性のある素材を伸ばさないようにしながら，ストラップを背中の後ろから反対側へまわし，送信機部分の自由端を15 cm以内にする。ストラップがあまりに離れていたり近すぎたりする時には，胸部ユニットの両端に15 cmの間隔ができるまでスライドさせて調整する。さらに，送信機部分にストラップの端を留めることができるまで，弾性ストラップを引っぱる。ぴったり合っていると感じる必要があるが，息を吸う時に胸郭が広がることが制限されるほどきつくしてはいけない。ストラップが緩すぎると，送信機が上下に滑って肌との摩擦が起こり，手首の受信装置に誤った数値が送信されてしまう。これは運動中はさらにひどくなる。心臓の収縮の電気的活動の誘導にあたり，溝のある電極を湿らせてから開始するとよい。胸部装着型心拍計を使用する際，送信機をストラップで固定しても受信装置で読み取れない時は，電極が皮膚にしっかり接触していない可能性がある。このような場合には，水や唾液で指を濡らし，電極を湿らせるとよい。あるいは，運動をはじめて発汗すれば，すぐに正常化して数値が表示されるようになる。手首の受信装置で受信した数値が意味をなさない場合，受信装置と皮膚の間に動きがなくなるようにストラップをさらにきつく締める必要がある。

　心拍計が装着できたら，20 〜 30 分の快適なウォーキングか，会話のできるペースでジョギング
をしてみよう。心拍数を観測し，同時に心理的にどう感じているかを記録する。心拍計にスプリッ
トタイムを記録する機能があるなら，ウォーキングかジョギングの間，無作為に記録のボタンを押
してみるとよい。心拍数の変化を確認するために，速度を無作為に上げ下げしてみよう。

　終了時には，データ呼び出し機能を使って，運動中の心拍数の最大値，最小値，平均を確認する。
それらを記録し，同時に，記録された時点で感じたことを言葉で表記する（「楽である」「非常に楽
である」「少しきつい」など）。

　心拍計は機械である。他のすべての機械と同様に，多少気まぐれなところもある。適切に使用す
るために，心拍計と心拍応答，そして最終的には心拍計からの情報に影響を及ぼす要因について注
意する必要がある。第 2 章では，心拍ゾーンと測定値に影響を及ぼす具体的な問題を取り上げた。
これらの問題が完全に解決されていない場合は，まだ先へ進むべきではない。しかし，他の要因で，
心拍計に異常や矛盾，奇異な応答がみられることもある。機器を修理に出す前に，本章での情報を
しっかりと再確認してほしい。われわれが使用してきた心拍計のブランドやモデルは，ほとんどが
信頼性が高く正確だった。したがって，数値がおかしいと思った時にとるべき最善の行動は，本章
で述べる状態や状況を確認することである。おそらく，誤った数値を得ている可能性が高く，これ
は簡単に修正できる。

　第 1 章で述べたように，目標の心拍ゾーンを個人のトレーニングの目的に合わせることは，トレー
ニングをその人に適したものにするのと同じように重要で難しいことである。最大心拍数が何であ
るかがしっかりと理解できたら，また，行いたい各トレーニングにおける目標の心拍ゾーンを慎重
に計算できたらこの先に進んでよい。心拍計に示された数値が何を意味するのかを知らないままで
は，イライラが続くだけである。この投資をあきらめてはいけない。スタートするのに予想より長
く時間がかかることもあるが，この作業を行わなければ「私にとってはどうなのか？」の質問に対
する答えは得られず，先に進んでも意味はない。

　以下は，ジョギングすべき時に全力疾走してしまったり，自転車のペダルを強く漕ぐべき時にブ
レーキをかけたり，あるいは不規則な拍動を心臓発作であるに違いないと思ってしまったりする可
能性のある，矛盾があったり逆説的な数値に関しての注意点である。これらの数値の物理的あるい
は機械的な原因を理解すれば，運動感覚の常識を使って，見ている数値が正しいかどうか判断でき
るだろう。

異常な数値の原因となる技術的問題

　心拍数が乱高下する原因になる可能性のある条件がいくつかある。通常，心拍数は運動強度に応
じて一定の増加や減少が認められる。胸部装着型の心拍計は心電図とは異なるが，信号を送るため
に心臓の電気的活動を利用している。したがって，信号に異常が発生すると，心拍数の値に反映さ
れる。以下に，誤った数値につながる可能性のある例をあげる。

電極のずれ

　不規則な測定値を生じる原因の1つは，胸のストラップが緩むことによって，電極がずれたり皮膚の上を滑ったりして，信号が欠損してしまうことである。このことにより，心筋の電気インパルスが胸のストラップへ伝わるのが妨げられてしまう。このような場合は，ストラップを短かくする必要がある。胸郭が非常に小さく胸幅が狭いために，ストラップの余分な部分が垂れ下がっても，中間点を超えてストラップをぴんと張って，15 cm のギャップをつくる必要がある。ストラップが最初の位置に戻らないようにするために，スライド部分の前を安全ピンで留めておく。これがいつも起こる場合は，短いストラップを買うか，数針縫ってストラップを短くしておく。ストラップは時間とともに伸びて緩くなる。こうなったら，新しいストラップを買ったほうがよい。腕のバンドについても素材が劣化したら同じようにする。実際，きつくしておくと，素材が腕時計から伸びはじめる可能性もある。最終的に，腕時計がストラップからはずれてしまうかもしれない。その場合には，ストラップを交換する。

衣服の静電気

　不規則な値が発生するもう1つの原因は，胸部の送信機の上に着る衣類のタイプである。乾燥機からの静電気を帯電しているシャツは，受信装置を混乱させることがある。ナイロンのウインドジャケットも，胸のストラップから受信装置までの送信に干渉するような静電気を発生する可能性があるが，これは乾燥した気候や寒い天候との関連で生じやすく，通常，発汗によりすぐに解決できる。女性の場合，ワイヤーブラが干渉の原因になる可能性もある。問題の原因が静電気だと思われる時には，手を濡らして送信機の前の部材を拭くか，汗が静電気を除去するまで走る（8 ～ 10分かかるだろう）。発汗しはじめたら，信号はよりよく，より強く送信される。

電波の混信による障害

　胸部の心拍計が隣の人の送信機から情報を受け取ると混信が起こる。解決策は，科学的でない（つまり心拍計を使わない）トレーニングパートナーを見つけることかもしれない。それができないようであれば，受信装置を各人の外側の腕に装着する。高級（そして高価）な心拍計には，混信を防ぐために内蔵された固有のコードがある。この問題は，通常トレッドミルなどの機器が近い距離で並んでいるジムで生じることが多い。

　真のテクノオタクのアスリートであれば，心拍計の信号と混信してしまう他の装置を持っている可能性もある。研究室での測定中に，歩数計や GPS システムなどの装置が心拍計の信号に干渉するのを経験したことがある。これは，屋内で，操作卓に多くの情報が表示されるようなトレッドミルなど備え付けの機器を使って運動する場合にも当てはまる。このような場合，気分転換に屋外で運動したり，手首から受信装置をはずして，操作卓の干渉を受けない機材の下部などにくくりつけるとよい。

濡れたシャツ

　汗で濡れたシャツは，胸部の送信機の前で上下に動いて，受信装置への信号に干渉するほど重く

なることがある。高温多湿の時には，シャツの下から胸のストラップをはずして，胸筋のすぐ下の部分に，濡れたシャツの上から再び固定するとよい。濡れたシャツにより電極が皮膚と強く接触し，心筋の電気的活動を拾うことができるようになる。これは，ストラップが皮膚の上で上下に滑ることによる擦れを生じる場合の解決策でもある。トレーニングをはじめる前に，シャツを濡らす必要がある。

防犯装置

　建物に設置された無線の警報装置は，近くを通った時に心拍計の電波に干渉することがある。解決策は，それらを無視して進むことである。警報装置の範囲外に出ると，おかしな数値は正常に戻る。

新しい技術

　心拍計の能力はこの数年で劇的に進歩し，機能，外観，信頼性，正確性が向上してきている。最近の手首装着型の心拍計は，多くの部分については信頼性が高く，胸部装着型のストラップシステムより実用的であることが証明されてきている。最新型の心拍計は，運動中のカロリー消費量，酸素消費量，ターゲットゾーンでの時間，心拍数の平均値および最大心拍数，心拍数のリカバリーゾーンでの時間に関する基本的な情報を示すことができる。また，音で信号を出したり24時間の心拍数測定ができるなど多くの機能がある。これらの情報はすべてスマートフォンに簡単に記録，保存でき，後で分析できることから，これまでよりも細かくプログラムを調整して個人に最適化させることができる。情報をダウンロードしてコンピュータに取り込むこともでき，また心拍応答を日ごとに比較することもできる。トレーニングを同じスピードで行っていれば，時間経過とともにトレーニングに対する心拍応答が変化するのを確認できるだろう（つまり体力が向上するにつれて，心拍数は減少するはずである）。記録ができ，ダウンロードが可能であるという機能によって，スプレッドシートを用いて日々のデータを確認することが可能になる。1つのスプレッドシートで経時変化を見ることで，適切にトレーニングするという意思が大いに強まるだろう。

　心拍数から間接的に算出される消費カロリーに関するデータは，健康状態の改善，体重減少，さらに心臓のリハビリテーションに興味のある人など，競技指向ではない人に対して有益な機能である。多くの人は，体重，つまり脂肪減少につながる1日のカロリー消費量の目標や週あたりのカロリー消費量の目標をもっている。例えば，一般的に0.5 kgの脂肪を減らすためには3,500 kcalを消費する必要がある。すなわち，運動によって1日500 kcalを消費することで，1週間でおよそ0.5 kgの脂肪減少につながる。

　アスリートにとっては，24時間のモニタリングオプションによって，トレーニングプログラムの微調整や強度レベルのチェックに利用できる新しい情報が多く得られる。これは非常に便利な機能であり，運動中の心拍数だけでなくリカバリー率も追跡でき，適応とリカバリーに関する重要な情報を得ることができる。心拍数を24時間追跡することによって，何千ものデータポイントが得られ，それをコンピュータにダウンロードしてグラフやスプレッドシートを作成できる。これらのデータは，病気やオーバートレーニング，疲労のわずかな徴候だけでなく，体力レベルの向上も明

らかにすることができる。このデータがあれば，朝の安静時心拍数を経時的に比較し，潜在的なオーバートレーニングや病気の初期徴候を，進行する前に見つけることができる可能性もある。

　もちろん，機能が増えれば複雑さとコストも上昇する。しかし，少し時間をかけてマニュアルを読めば，操作に関するおおかたの不安は解消できる。そして，腕時計型の装置がはじめから適切にセットアップされ，プログラムされていることを確実にしておけば，精度が非常に高くなる。多くの機能は，より高度なシステムによりダウンロードできる。1回の運動セッション（または複数のセッション）における心拍数の応答をダウンロードして観察することができるというのは，非常に貴重である。特定の運動や坂道，あるいは長い運動を振り返り，クリープが生じた場所がどこであるかを検出できる。またこれは，長時間の運動中に気を紛らわす楽しい方法でもある。

　どの心拍計を買うかは，個人の選択の問題である。決定に影響する要因は，コスト，目標，体力レベル，必要とする情報量などだろう。真剣で競技志向が強いほど，より多くの機能があるものを望むに違いない。24時間のモニタリング，カロリー消費，ターゲットゾーンのアラームのような機能があれば，トレーニングプログラムの正確さや個人への適合度を高めることができる。多くの心拍計の販売会社のウェブサイトには，競合製品を比較する表が掲載されており，各モデルの機能が一目でわかるようになっている。

　心拍計を購入する際に最後に考慮すべきことは，種々のスポーツにまたがる追加機能を有するモデルを製造しているメーカーがあるということである。例えばトライアスロン選手であれば，速度と移動距離を記録できるGPSシステムを内蔵した心拍計がほしいと思うだろう。これらは，非常に便利な機能である。

　これで，心拍計の働きに影響を及ぼす可能性のある多くの要因を理解できたに違いない。また，心拍計の機能についてさらによく理解し，情報を得ることができるようになっただろう。これらのことを理解することで，より良いトレーニングを計画し，強度を調整することができる。得られる情報は個人に基づくもので，複数の基準を使用して計画し評価することができる。次章からは，理論を実際の運動に適用する際に，心拍計をどのように利用するかについて述べる。

（長澤　純一）

第II部

トレーニング

第4章

心拍数による
スポーツ特有の体力に
対する目標設定

　これまでの運動の経験から，体力には様々な種類があることを知っているだろう。水泳よりも自転車が得意な人もいれば，長距離よりも短距離が得意な人もいるし，非常に速く走れても遠くまで走れない人もいる。本章で説明するが，これらの個々の状況では，異なる体力と異なるエネルギー供給系が必要となる。よく知られている体力に関する一般的な用語には有酸素性体力と無酸素性体力がある。これを簡単に言うと，長くてゆっくりとした運動（有酸素性）と短くて速い運動（無酸素性）のことを指す。

　いろいろなスポーツにおける人の動き方をみると，それぞれのスポーツに必要な体力は異なっており，そのため必要とされるエネルギーも異なることがわかる。例えば，サッカー選手は絶えず発進と停止，つまりジョギングとスプリントを行っている。テニス選手は急な発進と停止を行っているし，長距離ランナーはほぼ同じスピードで継続的に運動している。スポーツにはそれぞれの動きのパターンが求められるため，トレーニングも異なった様式が必要となるのである。トレーニングプログラムの様々なフェーズを理解するためには，異なった体力の様式と，燃料を供給するエネルギー供給系についての基礎を理解している必要がある。また，持久系のアスリートの場合は，エネルギー供給系の作動に影響を及ぼす要因についても理解する必要がある。エネルギー産生を調節する2つの主な要因は，栄養と運動強度である（運動の継続時間は3番目である）。本書では心拍数を利用したトレーニングに主な焦点をあてているが，本章では，周辺的な要因が運動能力とパフォーマンスにどのように影響するかをより詳細にみてみる。

エネルギー産生の理解

　運動に対する心拍の応答は様々な要因によって支配されているが，その1つは心血管系（循環器系）である。したがって，心拍数に焦点を合わせるには，完全な心血管系よってなされる働きも含めなくてはならない。心血管系は筋に酸素とエネルギーの両方を運ぶ。このエネルギーの利用を筋の代謝能力と呼ぶ。

表4.1　各スポーツにおける有酸素性エネルギー供給系および無酸素性エネルギー供給系の利用割合

スポーツ	有酸素性エネルギー供給系（%）	無酸素性エネルギー供給系（%）
サッカー	50	50
アイスホッケー	10～20	80～90
ボート	70	30
マラソン	90	10
クロスカントリースキー	97.5	2.5
100 m走	5	95
長距離水泳	70	30
自転車ロードレース	80	20

　2つの基本的な代謝エネルギー供給系は，有酸素性と無酸素性である。それぞれのシステムは，エネルギーに異なる燃料を主に利用しているため，身体の状態を整えたり，競技で成功するかどうかは，特定のエネルギー供給系がどれだけよくトレーニングされているかによって決まる。一般に，クロスカントリースキーや長距離走などの比較的長く遅い活動は有酸素性に大きく依存し，主に脂肪をエネルギーに変換する。100 m走やハンマー投げ，スプリントなど爆発的に力を発揮する種目では，パフォーマンス中は無酸素性に大きく依存する。チームスポーツは，有酸素性・無酸素性とも利用するためその中間に位置し，その依存度はスポーツによって異なる。例えば，アイスホッケーでは80～90%が無酸素性，10～20%が有酸素性（リカバリー時）であるが，サッカーはおよそ半々の割合である。**表4.1**に各種スポーツにおける有酸素性と無酸素性のエネルギー供給系の利用割合を示した。

　これらの代謝に必要は条件は，トレーニング方法に影響を与える。特定のエネルギー供給系の強化が過剰であったり不足したりしていると，パフォーマンスだけでなくリカバリーも損なわれ，けがのリスクが増大する。

３つのエネルギー供給系

　筋における最終的なエネルギー源は，アデノシン三リン酸（adenosine triphospate：ATP）である。何を食べ，何を飲んでも，エネルギーとして利用する前に最終的にはATPに変換される必要がある。身体は，アデノシン三リン酸-クレアチンリン酸系（ATP–CP系），無酸素的解糖系および有酸素性という3つのエネルギー供給系を介してATPを供給している（最初の2つが無酸素性である）。一般に，ある運動強度においては1つのエネルギー供給系が優勢に働くが，いずれの運動様式においても3つのエネルギー供給系すべてが少なくともある程度のエネルギーを供給している。

　心拍数をモニターする場合，どちらかの無酸素性に依存する運動よりも有酸素性の運動のほうがはるかに簡単で信頼性が高い。ただし，無酸素運動中でのモニターが利用できないわけではない(無酸素運動の下限においてはかなり信頼性が高まる)。しかし，運動強度が上がり無酸素運動の上限に達する，特に運動強度が急激に上昇すると，心拍数の応答に遅延が生じる。この遅延によって信

頼性が低下する。しかしながら，遅延が発生した場合，実際にいつ上昇するかを評価することで，心拍数によるリカバリーの評価の信頼性が高まる。これは，心拍トレーニングの付加的な利点である。よって，高強度の無酸素運動では，心拍数のモニターはおそらくリカバリーのツールとして利用するのが最適である。

ATP–CP 系

ATP–CP 系は，限られた量のエネルギーを迅速に供給することができる強力な高エネルギー供給系である。ただし，数秒間しか持続できない。主に，スプリントなどの高速での運動のために動員され，ほとんどの場合，最大または最大に近い努力時に必要となる。また，運動強度に関係なくあらゆる運動の最初の数秒間に利用される優勢なエネルギー供給系でもある。ATP–CP 系は，筋に貯蔵されている ATP に依存しており，必要に応じて速やかに放出される。また ATP–CP 系はクレアチンリン酸の影響を強く受けるため，パワー系およびスピード系のアスリートはしばしばクレアチンのサプリメントを利用する。ATP–CP 系は通常 3 ～ 5 分以内に素早く回復できるため，高強度の活動を繰り返し行うことができる。

ATP–CP 系が優勢な運動時には，運動時心拍数の測定はほとんど役立たない。これは，運動がすぐに終わり，心拍応答が作業努力に遅延するためである。したがって，無酸素的解糖系の運動（次項で説明する）と同様に，心拍数は反復間の適切な休息のために，リカバリーの状態をモニターする目的でよく利用される。

無酸素的解糖系

無酸素的解糖系は，解糖系または乳酸系と呼ばれることもある。現代の運動科学では，速い解糖系（無酸素的解糖系）および遅い解糖系（有酸素的解糖系）と呼ぶこともある。無酸素的解糖系は，主に 15 ～ 90 秒間持続する最大運動時に動員される。無酸素的解糖系は，炭水化物の分解によっており，かなり迅速にエネルギーを供給できる。この炭水化物への依存により乳酸が産生されることから，このシステムを乳酸系と呼ぶことがある。炭水化物の完全な分解を促進するために酸素レベルが不十分な場合（または，エネルギーが急速に産生されている場合），乳酸が最終産物となる。乳酸が蓄積すると酸性の環境がつくり出され，筋の収縮を阻害するため下肢が重くなる。ランニングや自転車で坂道を登った後に，このような感覚を覚えることがよくある。この最初の努力の後に運動強度を低下させると，筋は乳酸を緩衝し，運動を続けることが可能になる。

心拍数を，短い無酸素運動でのトレーニングに関連づけることはやや難しい。なぜなら，心拍応答が仕事率を反映するのにかかる時間は，運動自体と同じくらい長くなる場合があるためである。したがって，90 秒未満という短い運動では，実際の仕事率よりもリカバリー間隔を判断するために利用することをすすめる。運動が 90 秒以上と長くなり，それでもなお無酸素性である場合には，心拍数からよりよいフィードバックが得られるだろう。

有酸素性

最後のエネルギー供給系は有酸素性（酸化系とも呼ばれる）である。有酸素性は，ほぼ無限の

75% MHR 未満の強度で有酸素運動を行うと脂肪が燃焼する。これは，ランナーのような持久系アスリートが痩せている傾向にある理由を説明している。

エネルギー供給があり，主に脂肪を燃焼する。平均的な成人は約 10 万 kcal の脂肪をもっているが，もっと多い人もいる。有酸素性はゆっくりとエネルギーを産生するが，容量が大きいため何時間も動き続けることができる。運動を適度な強度で行うため，十分な酸素が利用可能であり，分解に時間がかかる脂肪を代謝することができる。このため，持久系アスリートは多くの場合痩せており，脂肪が少なく体重が軽い。心拍トレーニングゾーンの観点から言えば，最大心拍数（MHR）の 75%未満の運動強度で有酸素性が優勢となる。

　われわれの課題は，エネルギー供給系を心拍トレーニングゾーンの文脈に組み込むことである。特定のエネルギー供給系を向上させるためには，「MHR の何パーセントが必要か，それはどの程度のきつさ，どれだけの強度で運動する必要があるのだろうか」，「与えられた運動強度において，どの燃料をどのような比率で燃焼しているのか」，「これらのエネルギー供給系に関連づけられている，運動時間パラメータは何か」これらの質問に答えるためには，これらのエネルギー供給系を詳細に検討する必要がある。

運動中のエネルギー供給系

　エネルギー供給系を，時間のパラメータの観点から考えることは有益である。最大運動を 15 秒間，次に 90 秒間，次に 5 分間行った場合，エネルギー供給系を連続的に経験することができる（**表 4.2**参照）。15 秒未満の最大運動では主に ATP–CP 系を，15 〜 90 秒続く最大運動では主に無酸素的解糖系を，そして 90 秒以上続く最大運動では主に有酸素性を利用する。陸上競技の種目ではこの連続性がみられる。**表 4.3** にトラック競技の主要なエネルギー供給系を示した。

　距離が長くなるほどアスリートは痩せており，脂肪を燃焼する有酸素運動が多くなる。短い距離を得意とするアスリートは，より筋肉質で引き締まっている傾向がある。これについては後で詳し

表 4.2　運動時間とエネルギー供給系

エネルギー供給系	運動時間（秒）
ATP–CP 系	1 〜 15
無酸素的解糖系	15 〜 90
有酸素性	> 90

表 4.3　陸上トラック競技におけるエネルギー供給系

トラック競技	エネルギー供給系	世界記録（男子）
100 m	ATP–CP 系	9 秒 58
200 m	ATP–CP 系	19 秒 19
400 m	無酸素的解糖系	43 秒 03
800 m	無酸素的解糖系	1 分 40 秒 91
1500 m	有酸素性	3 分 26 秒 00
3000 m	有酸素性	7 分 20 秒 67

く説明する。**表 4.1** には他のスポーツにおける代謝の内訳を示した。

エネルギー供給における栄養学的考察

使われるエネルギー供給系は，炭水化物，脂肪，タンパク質などの特定の栄養素と密接に関連している。簡単に言うと，有酸素性は脂肪に依存しているのに対し，無酸素的解糖系は炭水化物とタンパク質に依存している。ATP–CP 系は筋に貯蔵された ATP に依存しており，最大作業後には速やかに再補充される必要がある。この再補充は有酸素性代謝によって行われる。

長時間のランニングや自転車に乗った後などの場合では，実施する運動の種類に関係なく，炭水化物の補給が必要な場合であってもリカバリーは常に有酸素的に行われる。無酸素的解糖系は，主に炭水化物と少量のタンパク質に依存している。しかし，このシステムは有酸素運動中にも活性化される。有酸素運動中の炭水化物の枯渇（壁にぶつかる，へばる，クラッシュするとしても知られている）は，炭水化物のレベルが低いことによる。多くの人が有酸素運動は脂肪だけが燃焼していると考えているが，炭水化物も多く使用している。これが，長い持久系種目において適切な炭水化物の摂取が必要な理由である。

異なるスポーツにおいて必要される体力

エネルギー供給系を理解することによって，スポーツが異なればトレーニングも異なる方法で実施しなければならない理由が明らかになる。アメリカンフットボールのラインバッカーは，2,000 m のボート選手とはまったく異なる方法でトレーニングをする。なぜなら，トレーニングプログラムは，競技中に主として利用されるエネルギー供給系を刺激し，シミュレートしなくてはならないためである。このことは，そのスポーツに適した体型がある理由を説明している。痩せて体重の

軽いアスリートは，通常，有酸素性がよくトレーニングされている。より大きく筋肉質のアスリートは，通常無酸素的によくトレーニングされている。サッカー選手の体格は，ラグビー選手や短距離走者，持久系アスリートとは異なる。

　最後に考慮すべき事項は，筋線維の種類とエネルギー代謝の関係である。遅筋線維は，持久的運動に有用であり，脂肪の燃焼に優れている。また，遅筋線維は小さくて細い。速筋線維はパワーやスピードが必要な運動に有用であり，炭水化物の燃焼に優れている。また，速筋線維はより大きくより太い。

筋線維タイプを理解する

　筋線維タイプについては，アスリートの間で頻繁に議論される。アスリートは，パフォーマンスを向上させるために筋線維タイプを変えられるかどうかに関心がある。人体は，速筋線維と遅筋線維という2つの基本的な線維タイプで構成されている。遅筋線維はタイプⅠ線維とも呼ばれる。速筋線維はタイプⅡaとタイプⅡb（タイプⅡxと呼ばれることもある）の2つのサブカテゴリーに分類される。これらの線維は，速筋線維（Ⅱx）に由来しているが，後に遅筋と速筋の両方の収縮特性が混在するようになったものが中間タイプの線維（Ⅱa）である。

　筋線維は，それらを動員する活動の性質によって分類されている。速筋線維は，素早く瞬発的な動きの際に動員される。遅筋線維は常に動員されるが，主にそれほど強くない収縮の際に動員される。線維自体は本質的に異なったものであり，この違いを理解することは，適切なトレーニングプログラムを計画するうえできわめて重要である。おそらく，筋線維について理解するための最も重要な2つの要因は，生化学的な違いと筋収縮力であり，それが筋線維の動員にどう影響するかである。

　生化学的特性は，筋が運動に対してどのように適応するかを明らかにするために重要である。2つの線維タイプは代謝的に異なっている。有酸素運動をするときは主に遅筋線維（タイプⅠ）を利用し，無酸素運動では主に速筋線維（タイプⅡa，Ⅱb）を利用している。遅筋線維（タイプⅠ）は速筋線維（タイプⅡa，Ⅱb）よりも疲労耐性に優れている。したがって，トレーニングに特異性をもたせることは，筋線維内の生化学的適応を引き起こすためにきわめて重要なのである。

　筋線維の組成の違いはまた，特定の線維がより長くまたはより強く働くことができる理由を説明するものである。そしてそれは，運動の継続時間と強度によって決定される。したがって，進歩を確実にするためには，トレーニング中に適切な強度や継続時間を選択して筋線維タイプをターゲットとすることが必要である。

　もう1つ考慮すべき点は，速筋線維はより炭水化物を燃焼する傾向があるということである。炭水化物を燃焼すると，悪名高い乳酸を生成する傾向があり，これが蓄積すると最終的に身体の動きが鈍くなる。対照的に，遅筋線維は脂肪を燃焼する傾向にあり，大量の酸素を必要とする。そのため，運動強度が低いほど貯蔵脂肪からより多くのエネルギーが得られる。したがって，運動が3時間，4時間，5時間以上と長くなっても十分な炭水化物エネルギーの蓄えを持続させるためには，運動速度を遅くする必要がある（注：低強度の運動でも，ある程度の炭水化物も燃料として使われる）。

　成人は，平均して約2,000 kcalの炭水化物と8万〜10万kcalの脂肪を蓄えている。中強度から高強度での運動では1時間あたり約750 kcalが消費され，そのほとんどが炭水化物である。そのため，2〜3時間の運動でへばってしまうことが多い。信じられないかもしれないが，基本的な体力づくりの目標は，脂肪燃焼の効率を高めることである。スポーツ現場では，グリコーゲンの節約（スペアリング）という言葉を使う。しかし，有酸素能力だけを改善すればよいと思い違いをしてはならない。優れた持久系アスリートになるためには，優れた無酸素能力と優れた有

酸素能力が必要である。

　速筋線維の適応，つまり無酸素能力を引き出すためには，高強度で運動する必要がある。その逆が遅筋線維の適応，つまり有酸素能力に当てはまる。しかし，高強度とは何なのだろうか。この高強度ということを理解できていないことが，多くのアスリートが挫折する原因である。十分な強度で運動していないのである。90% MHR の強度では，利用可能な速筋線維の約 85％しか動員されていない。100% MHR の強度でさえ，利用可能な速筋線維の約 95％しか動員されない。強度が低下すると，遅筋線維の動員がより高まる。70% MHR の運動強度では，利用可能な速筋線維の約 10％しか動員されていない。要するに，速筋線維を動員させることは難しく，非常に激しい活動が必要で，通常はスピードと抵抗（ヒルトレーニングなど）の組み合わせが必要になる。

　では，持久系アスリートは無酸素能力を向上させる必要があるだろうか。もちろん必要である。他のすべての条件が同じであれば，常によりパワーのあるアスリートが優れたアスリートである。競技会におけるトップクラスの有酸素的パフォーマンスは，多くの場合無酸素性の能力によって決まる。レースの途中で最後のスプリントやちょっと力を入れるときには，無酸素能力がそのエネルギー需要をまかなっている。これが，練習中にこれらの線維を特別に鍛えなければならない理由である。

　では，筋線維タイプの組成が潜在能力を決定するのだろうか。基本的には「イエス」である。持久系スポーツの世界クラスのアスリートは，速筋線維よりも遅筋線維の割合が高いことが示されている。パワー系やスピード系のアスリートではその逆である。トップクラスのスプリンターでは，速筋線維が最大 75％を占めているが，クロスカントリースキーなどのトップクラスの持久系アスリートは，遅筋線維が最大 90％を占めている。多くの場合，この組成は遺伝的に決定されており，筋線維を遅筋から速筋に，またはその逆に変えることはできない。しかし，中間線維（タイプ IIa）は，トレーニングをすることでトレーニング中に動員された筋線維タイプの特性を示し，特定の状況において若干の予備力を得ることができる。また，適切なトレーニングを行うことで，既存の筋線維の潜在能力を向上させることもできる。練習やトレーニング中に筋線維タイプを明確な対象とし，速筋線維の動員を確実にするための方法を開発して懸命に取り組むことが，最善の方策である。残念ながら，速筋線維の動員を改善するための方法は，他の方法よりもより困難で楽なものではないが，その犠牲はきたる競技の時に真価が発揮されるに違いない（注：持久系トレーニングを行う場合は，速筋線維の能力を向上させる前に，遅筋線維の能力を向上させる必要がある）。

エネルギー供給系を通した心拍モニタリング

　３つのエネルギー供給系とそれぞれに関連した運動強度について理解したので，適切な心拍数を選択することでエネルギー供給系を刺激するように運動を計画することができるだろう。これは，まちがいなく無酸素的解糖系と有酸素性の運動強度を決定するためには最適であるが，短距離走のような最大で短時間の高強度の運動では利用が限られる。しかし，心拍数はスプリントのような短時間で高強度の運動（ATP–CP 系と無酸素的解糖系の両方を使用する）からのリカバリー状態を評価するのに非常に役に立つ。なぜなら，リカバリー時の心拍数（例えば 65% MHR 未満）を利用することで，短距離走やインターバルを繰り返す準備ができているかどうかを判断できるからである。

　インターバル後に心拍数が 65% MHR を下まわったときに，アスリートが反復する準備ができていると判断するコーチもいる。リカバリー時の心拍数は有酸素的なコンディションのよい指標であり，アスリートが次のインターバルを実施するために，いかに早く，そしてどの時点でリカバリー

したかを示すよい指標であるにもかかわらず，残念ながらこのような利用法は十分に活用されていない。体力が向上するほど，高強度運動の間のリカバリーが次第に速やかになっていくことに気づくはずである。例えば，自転車競技では短い登り坂で最大心拍数近くまで達することがあるが，その後数分で65〜75% MHRにまで低下する。これは，全身的な有酸素能力が良好であることを示している。

心拍数の技術を用いた減量の最適化

アスリートや運動愛好者は，一般的に心拍数のモニタリングをトレーニングをしているアスリートのためのツールだと考えている。しかし，心拍数のモニタリングは，心臓リハビリテーションなどの臨床現場や総合的な健康状態の指標（医師の診察時の安静時心拍数の測定）として長い間使用されてきたもので，トレーニングに使用されるようになったのはここ30年のことである。心臓が疾病の状態，労作の程度，リラックスの状態に関する情報を与えてくれる能力には，人の多くの機能の要素を管理したり，方針を示したりするような多様性がある。減量のための最適な運動強度を設定するための潜在的な有効性は，さらに価値ある利用法だろう。運動強度がエネルギー基質（脂肪または炭水化物）の利用に果たす役割と，心拍数を用いた適切な運動強度の選択が，どのようにして望ましい運動結果を最適化するかについては，本章の後の「無酸素性作業閾値と減量」の項で説明する。減量のための運動においては，燃料源として主に脂肪を燃焼させることが重要であり，減量を目的とした運動を行う人がその目的を達成するためには，心拍数が有益な役割を果たす。また，第6章ではこの値を知ることの重要性について説明している。これは，無酸素性作業閾値を上まわる運動や下まわる運動によって生じる適応のタイプを規定する。ただし，無酸素性作業閾値を上まわる運動か，下まわる運動かによって，脂肪の利用にも大きな影響がある。したがって，減量を目指す人の運動強度の指標として運動時心拍数を活用することは，心拍数のモニタリングが実際に広く十分に活用されていない利点といえるかもしれない。

目標心拍数や無酸素性作業閾値などのパフォーマンスの測定には，体力向上を主な目的とする人よりも主に体重管理の手段として運動を利用する人にとって，大きな価値がある可能性がある。したがって，運動を行っている集団を対象とした場合と同様に，太り過ぎの集団を対象とした体力テストによって運動指導をすることができる。ここで説明しているのは，脂肪を燃料源として最大限に利用するために運動強度を最適化することについてである。

減量についての神話

強度を最適化して脂肪を最大限利用するための方法を説明する前に，運動強度に関する2つの神話を払拭する必要がある。

神話1：苦痛なくして得るものなし

これは激しい運動を推奨していることになるため，減量に興味がある人にとっては，最悪のアドバイスかもしれない。太り過ぎの人は，高強度の運動を長時間実施することはできないし，すべき

ではない。そして，太り過ぎの人にとって高強度の運動は必要ないので，この点は問題ない。減量のためには，できるだけ多くの脂肪を燃焼させながら，できるだけ長く運動すべきであり，低い運動強度でより多くの脂肪を燃焼させるべきである。テレビのリアリティ番組では減量のために倒れ込むまで運動している人々の映像がみられるが，減量のための賢明な運動を奨励するのにはほとんど役立っていない。多くの人が目標を達成できないのは，単に運動しすぎているからであり，運動強度が強すぎるからである。運動強度が強すぎるとまちがった燃料（炭水化物）を燃焼し，早く疲れてしまい，十分に長い運動ができなくなってしまう。要するに，ジムに通い，激しい運動をし，たくさん汗をかき，息を切らして運動しても，体重はほとんど減少しない。これは，運動中に利用する燃料の大部分が，毎日置き換わっている炭水化物なためである。同時に，肥満の主犯である脂肪は，皮膚の下に潜み続けているのである。

神話 2：高強度の運動と筋力トレーニングの組み合わせが減量のための最良の方法

　高強度の運動が減量には適していないことはすでに説明した。また，筋力トレーニングはタンパク質を維持し，グリコーゲンと ATP を使用するため減量も促進されない。より賢明な解決策は，まず体重を減らし，次に筋をつけることである。この神話は，筋力トレーニングが脂肪を筋に変えるという考えに少し似ている。科学者としては，これは単にナンセンスであると言わざるをえない。脂肪と筋は完全に異なる組織であり，脂肪が筋に変わることはない。さらに，筋力トレーニングだけで消費されるカロリーは，有酸素運動に比べて相対的に少ない。したがって，筋力トレーニングは，初期の段階ではどちらかというと補足的ものと見なすべきであり，理想的には，12 ～ 16 週間は有酸素運動に焦点を当てたプログラムに筋力トレーニングを取り入れるべきではない。ジムに行くと，かなり太っている人がダンベルを使った運動プログラムに誘導されているのをよく見かける。時間の無駄とまでは言わないが，この段階ではもっと生産的なアプローチがあるのは確かである。

無酸素性作業閾値と減量

　つまり，基本的なレベルにおいては，減量の最も重要な要素は適切な運動強度を選択することだといえる。したがって，心拍数を運動強度の指標とし，運動強度を調節するために利用することで，運動と減量の応答を最適化できる。

　無酸素性作業閾値に関する簡単な説明を続けよう。無酸素性作業閾値（anaerobic threshold：AT）という用語は，乳酸性閾値（lactate threshold）および換気性閾値（ventilatory threshold）という用語とほぼ同義である。この理由については，第 6 章で詳しく説明する。ここでは，AT という用語のみを使って簡単にする。AT という用語は一般的にはあまりよく理解されていないと思われる。特に臨床医や運動実践者は，閾値以上と閾値以下の運動強度による代謝過程や結果の違いを十分に理解していない。AT は生化学的反応と骨格筋動員の複雑なプロセスであるため，本章では，運動中のエネルギー基質の利用に関する影響の説明に焦点を当てる。

　簡単に言うと，運動強度が AT 以下の場合はエネルギー産生に脂肪を多く使用し，AT 以上の場合はエネルギー産生に炭水化物を多く使用すると考えることができる。基本的な運動生理学では，

表4.4　呼吸交換比（RER）と脂肪，炭水化物の利用と運動強度の関係			
RER	脂肪（%）	炭水化物（%）	% MHR
0.70	100	〜1	55〜65%
0.75	83	17	
0.80	67	33	65〜75
0.85	50	50	
0.90	33	67	75〜85
0.95	17	83	85〜95
1.00	<1	100	95〜100

　絶食や過度のダイエットではなく，普通に食事をしている場合には，このような考え方が受け入れられている。エネルギー代謝における酸素の役割についての議論を思い起こしてほしい。具体的には，エネルギー供給系で利用可能な酸素が多いほど，脂肪が多く利用されるという考えである。したがって，楽なペースで快適な呼吸で運動をしているときは，脂肪の消費量が多くなる。ペースが上がり呼吸が激しくなるにしたがって，利用できる酸素の相対的な量が減少し，燃料に炭水化物がより多く利用されるようになる。これはまた，有酸素性から無酸素性へのエネルギー産生の移行でもある。これにより，他のいくつかの生理学的反応がはじまるが，最も顕著なのは，呼吸数の上昇と乳酸産生の増加である。この時点で，体内の酸素と二酸化炭素レベルのバランスをとろうとする困難な環境に入る。そして，この酸素消費量と二酸化炭素の生成量の比から，身体がどのような燃料源を燃焼しているのかという多くの情報を得ることができる。

呼吸交換比：脂肪対炭水化物

　生理学の分野では，消費する酸素の量（$\dot{V}O_2$）と発生する二酸化炭素の量（$\dot{V}CO_2$）の関係を説明するのに，呼吸交換比（respiratory exchange ratio：RER）という用語を用いる。RER は，$\dot{V}CO_2$ を $\dot{V}O_2$ で除して計算する。二酸化炭素の発生量と炭水化物の利用量との間に強い関係があるため，この計算により，身体の燃料の何パーセントが脂肪から，何パーセントが炭水化物から得られているかを大まかに推定することができる。二酸化炭素の発生量が多いほど，炭水化物の燃焼量も多くなる。**表4.4** に脂肪と炭水化物の利用が RER にどのように対応するかを示した。最初の行は，最も低い運動強度で脂肪が最も多く燃焼されていることを示している。

　基本的には，AT 以下の運動では本質的に心血管系に，AT 以上の運動ではより生化学的な部分に着目されることを認識してほしい。別の言い方をすれば，AT 以下での運動では脂肪を燃焼しやすく，AT 以上での運動では炭水化物を燃焼しやすい。より多くの脂肪を燃焼したいのか，それともより多くの炭水化物を燃焼したいのか，どちらだろうか。減量のためであれば答えは簡単で，より多くの脂肪を燃焼する必要がある。**表4.4** では，RER が 0.85 の場合，脂肪と炭水化物の利用量のバランスが約 50 対 50 であることがわかる。表の上方に行くに従って（強度を下げると）脂肪の利用が優位になり，下に行くに従って（強度を上げると）炭水化物の利用が優位になる。

　したがって，どれだけ激しく運動するかによって代謝反応が決まり，最終的には利用する燃料が

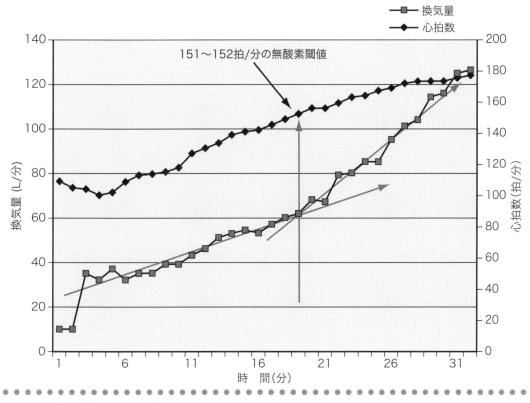

図 4.1　漸増運動負荷中の心拍数と換気量

決まる。では,RER が 0.85 になる運動強度をどうすれば知ることができるのだろうか。基本的には,RER 0.85 はおよその AT の強度である（注：よくトレーニングされたアスリートでは,AT の決定がより複雑になるため,この方法は当てはまらない）。よって,AT 時の心拍数を正確に測定しておけば,脂肪の利用を最適化するためにどの程度の強度の運動を行えばよいのか,合理的で正確な指針を得られることになる。研究によると,脂肪消費が最も高いのは $\dot{V}O_2max$ の 40 ～ 45% であり,これは最大心拍数の約 65% に相当する。この強度は,体力レベルによって異なるが,カロリー消費と脂肪利用を最適化するためには,AT 値以下を維持するようにする。図 4.1 に,心拍数に対して換気（呼吸数と換気量）をプロットした実験室でのデータを示した。18 分頃に換気量が急激に増加していることがわかる。これは,この時点で二酸化炭素の発生量が著しく増加したために,より速い呼吸を開始する必要があったことを示している。その時点の心拍数と照らし合わせると,心拍数約 152 拍 / 分であったことがわかる。これが AT と見なされ,それを超えると脂肪の利用が著しく低下する運動強度の上限にあたる。このレベルを超えて運動することはまったく問題ないが,脂肪の利用割合が低くなることを知っておくべきである。しかし,運動強度が高いほどより多くのカロリーが消費されるため,目標を達成するためには,時として数学的な問題になる。**表4.5** に体重 60 kg,MHR が 170 拍 / 分,AT が約 119 拍 / 分の 50 歳の女性の例を示した。彼女は 30 分間,4.8 km/ 時でのウォーキング,または 8 km/ 時でのジョギングを実施した。

　表をみて明らかなように,4.8 km/ 時で歩くよりも,8 km/ 時でジョギングしたほうがはるかに

表4.5　ウォーキングおよびジョギング中の脂肪利用		
変数	ウォーキング（4.8 km/ 時）	ジョギング（8.0 km/ 時）
心拍数（拍 / 分）	110	156
% MHR	65	91
% $\dot{V}O_2$max	48	85
30 分間の総消費カロリー	130	239
脂肪消費（%）	60	15
総脂肪カロリー	〜 78	〜 35

多くのカロリーを消費している。しかし，脂肪消費カロリーは 4.8 km/ 時で歩いたほうが明らかに多い。つまり，どれだけの脂肪と炭水化物を燃焼させたいかが問題となる。一見すると，できるだけ多くのカロリーを燃焼させることが望ましいことは明らかである。しかし深く掘り下げると，脂肪の燃焼によって消費されるカロリーの合計値が多いほど，全体のカロリーが少なくなることに納得できるはずである。身体の炭水化物の蓄えは毎日置き換えられていることを思い出してほしい。一方，脂肪は必ずしも毎日置き換わるわけではなく，毎日の過剰なエネルギー摂取の結果として蓄積される。この脂肪の蓄積は，過剰なカロリーが脂肪，炭水化物，タンパク質のいずれからきたものであっても起こる（つまり，過剰なエネルギー摂取量は，燃料源に関係なく脂肪に変換される）。1 ポンド（約 0.5 kg）の脂肪には 3,500 kcal の熱量があると考えてほしい。つまり，1 ポンドの脂肪を落とすためには，1 週間または 1ヵ月，あるいはどのような期間であっても 3,500 kcal が不足するように，摂取カロリーを減らすかカロリー消費を増やす，あるいは全体的なカロリーバランスを減らす組み合わせを取り入れるしかない。重要なのは，高強度で運動することが必ずしも最良のアプローチとは限らないということである。

　興味深いのは，この長年の知識があるにもかかわらず，またデータからはより低い仕事率のほうがより多くの脂肪を使用していることが示されているにもかかわらず，運動する人はより高強度での運動をしたいという確固たる，そして行き過ぎた欲求があることである。実際，任意の運動強度で脂肪を燃焼させる能力は，その人が AT の連続体のどこにいるかを示すものであるため，総合的体力の強力な指標であると言うことができる。体力のあるアスリートは，任意の運動レベルにおいて体力の低い人よりも多くの脂肪を燃焼できる。また，運動のやり方を考慮することも重要である。なぜなら，さまざまな方法が特定の運動強度でより多くのカロリーを消費すること，そしてほとんどの人にとって，ウォーキングとランニングがカロリーを消費するために最善の方法であることもわかっているからである。先に述べたように，太り過ぎの人は長時間激しく運動することはできないため，30 〜 60 分間持続できる低強度の運動を選択する必要がある。減量のためには，ゆっくりとはじめて，ゆっくりと終わらせることである。あまりにも速く開始して早期に疲労してしまうような場合は，運動時間が短くなってしまうか，意義のあるカロリー消費ができない程度の低い強度で運動を続けるかのどちらかになる。

　真の最大心拍数テストの結果に基づいて，正確な心拍トレーニングゾーンを決定した後に心拍数をモニタリングすることは，運動強度を調整するための効果的な方法である。そして，運動強度は

体力トレーニングだけでなく，減量にも影響する。

　以下の質問の回答を参考にして，トレーニングの計画を立て，どのように心拍数を利用してトレーニング効果を最大化するかを考えてみよう。

1. 実施しているスポーツにおける有酸素性エネルギー供給系と無酸素性エネルギー供給系の内訳はどうか？

2. スポーツの必要性に基づいて，標準的なトレーニング中に有酸素運動と無酸素運動にどのくらいの時間を費やしているか？

3. どの心拍ゾーンで運動すれば，適応を促し，求められるエネルギー供給系に挑むことができるか？

4. スポーツで利用するエネルギー供給系に応じて，炭水化物または脂肪の消費量を増やす必要があるか？

5. 反復運動の間，または短時間の高強度運動の後には，どの程度のリカバリー心拍数が適切か？

　これらの質問への答を得ることで，運動プログラムに適したトレーニング強度が選択できるようになる。

（古川　　覚）

第5章

有酸素性持久力の向上

　心拍モニタリングの科学がどのように機能するかを理解するためには，これまでに解説してきたエネルギー供給系，心拍計の利用方法，トレーニングゾーンの算出方法，および運動に対する適応を理解するための情報がすべて必要である。特定の体力の適応に合わせて運動強度を調整することが重要であり，心拍数を測定することでそれができると信じている。

　以降の章では，これまでに学んだことを応用できるように，心拍数を利用したトレーニングの概念に関連の深い，一般的なコンディショニングの原則について解説する。トレーニングの4つのフェーズの位置づけを論じることにより，体力の4つの構成要素の向上について学ぶ。これらの章を読み終えたら，自分が選択した運動のトレーニング計画と練習のパターンの例を示した第9章以降の章に目を向けてほしい。しかし，その前に第5章から第8章までの全体を学んでほしい。つまり，早まった行動をすることにより，誤ったスタートを切ってはならないのである。トレーニングプログラムを作成する前に，すべてのトレーニングゾーンの全体像をみる必要がある。

　本章では，重要な有酸素性持久力の基盤を構築，強化，維持するための具体的な運動強度のレベルについて学ぶ。持久力は，すべてのスポーツにおいて体力およびリカバリー力の基礎的要素となる。持久力トレーニングの重要性を十分に理解してもらうために，全般的な体力におけるこの重要な構成要素を構築するために必要な身体的な変化についても説明する。もちろん，持久力維持のトレーニングがリカバリーにどのように利用されるか，また完全なリカバリーのために通常は競技の直前に数日間休む必要性があることについても理解しておく必要がある。多くの場合，休息とリカバリーの計画は不十分であり，けがやオーバートレーニング，燃え尽き症候群につながる。休息とリカバリーを導くために心拍変動を利用することは，モニタリングがより手軽にできるようになったこともあり近年増加しつつ。したがって，リカバリーのために心拍数を利用するこの新しいアプローチについても議論する。

　持久力の基礎をはじめて構築したり向上させたりする場合でも，けがやシーズン後のリカバリー期間のような一時的な休養期間の後に持久力を再構築する場合でも，この最初の段階，つまり基本となる段階のトレーニングは重要である。従来の考え方では，持久力の基礎を構築するためには，

最大心拍数（MHR）の 60 〜 75％の範囲の下限を維持することが必要とされてきた。これは，継続的な低強度の刺激（つまり 60 〜 65％ MHR という低い範囲）により，ノンストップの運動を徐々により長く継続できるようになり，その結果，心血管系の適応が高まるという考えに基づいている。このやり方で効果は上がるが，最近の情報では，特に初心者の場合は，同じトレーニングセッション中に 60 〜 75％ MHR の上限と下限の両方で交互に運動することでも，持久力が向上することが示されている。したがって，30 分間連続して走ることができないような初心者の場合は，例えばウォーキングとジョギングを組み合わせることで持久力を向上させることができる。目標は，心拍数がゾーンの上限の 75％に達するまで，ジョギングの時間を徐々に長くすることである。その時点で，今度は歩いて心拍数をゾーンの下限の 60％まで下げる。筋，肺，心臓は，持久力を向上させることで，この増加した刺激に素早く適応する。さらに，本章の焦点は有酸素性持久力を高めることであるが，有酸素的な体力を改善させるために有酸素運動と無酸素運動を組み合わせて実施することについても説明していきたい。

持久性トレーニングに対する生理学的適応

多くの人にとって，持久性トレーニングの最終的な目標は，より長い時間，より速く動くことである。実際，これは最終的に得られる結果だが，この目標を達成するために体内で数多くの微細な適応が起こっている。人々は体型や刺激に対する応答に違いがあり，またトレーニングの種類も応答に影響を与えるので，トレーニングに対するアプローチにはさまざまな補完が必要になる。次の節では，基礎的な持久力を改善するための主要な生理学的変数について説明する。

アスリートに起こる生理学的変化は，主に心血管系，呼吸器系，代謝系，筋系の適応の複合効果によって引き起こされる。最初の，そして最も明らかな変化は $\dot{V}O_2max$ の上昇である。これはフィック（Fick）の方程式によって簡単に説明できる。

$$\dot{V}O_2max = MHR \times SVmax \times A\dot{V}O_2difference$$

ここで，MHR は最大心拍数，SV は 1 回拍出量（拍動ごとに送り出される血液の量），$A\dot{V}O_2$ difference は，動脈血と静脈血の O_2 濃度の差（動静脈酸素較差）であり，筋における酸素摂取の指標である。

わかりやすく言うと，$\dot{V}O_2max$ とは，呼吸器系，循環器系，筋系が酸素を取り込み，配分し，利用し，最終的に CO_2 を除去する能力を合わせたものである。

酸素にかかわる変化

トレーニングを積んだ持久系アスリートでは，MHR は体力の向上とともにわずかに減少する。一方，1 回拍出量（stroke volume：SV）は増加し，$A\dot{V}O_2$ difference も増加する。これらの変化は，主に体力向上に伴う安静時心拍数の低下という適応を明らかにしている。心臓は筋でできており，強くなるにしたがって拍動ごとに送り出す血液が多くなるため，結果として安静時心拍数が低下する。筋の毛細血管密度が増し，血液とガスの輸送が促進される。最終的に $\dot{V}O_2max$ が増加する。

有酸素運動と無酸素運動の境界線の定義

● ●

　第 1 章で説明したように，有酸素性という言葉は「酸素を利用する」ということを意味し，持久力を向上させて維持するための単純で低強度の運動と関係がある。気楽に会話ができるほど単純でゆっくりとした運動であれば，循環器系に十分な酸素があるため安心である。運動が有酸素性であることを確認してみよう。長い文章のような会話を，運動をしながら，呼吸に影響を与えることなく快適に続けることができるだろうか。もしできるようであれば，それは有酸素運動であり，心拍数は 60 〜 75% MHR のゾーンにある。しかし，呼吸によって会話が短い文章に途切れてしまう場合，有酸素ゾーンの上限である 80% MHR のあたりに近づいており，すぐに 85% MHR の無酸素性作業閾値に達する可能性もある。そのような場合は，会話が 1 つの単語でなりたっているということもある。

　休養期間の後に，新たに有酸素性持久力の基礎を構築する場合，十分な時間と 60 〜 75% MHR のゾーンでの活動によって，目標に結びつけることができるだろう。本章で前述したように，ウォーキングとジョギングを組み合わせて行うことも有用である。もとの状態に戻って運動をすると心拍数が容易にかつ速く上昇するため，MHR の範囲が一見広くみえても構わない。持久力の範囲の上限に割り当てることは，落胆するほど遅いペースを避けるのに役立つ。

　すでにトレーニングを行っていて基礎となる持久力を向上させたい場合は，75 〜 80% MHR の有酸素ゾーンの上限で定常状態のペースで運動することで持久力が高まり向上する。以降の数ページでは，60 〜 75% MHR のトレーニングで持久力を構築し，75 〜 80% MHR で持久力を高めることと，65 〜 70% MHR と 60 〜 65% MHR の両方で，それを維持することの違いについて説明する。

トレーニングプログラムの早い段階に，長く，ゆっくりの有酸素で低強度のトレーニングを実施することで，この毛細血管の適応が促進される。これは，持久力の基礎がつくられた後の高強度トレーニング中に起こる種類の適応ではないのである。ウォーキングとジョギングを組み合わせた方法でも初期の適応を得ることができるが，初心者は最初はより長く，よりゆっくりとした運動を実施して欲しいと考えるのはこのためである。

　持久性トレーニングはまた，血漿量ならびに赤血球の数を増やすことで，血液量を増加させる。血漿量の変化は水分貯留の増加によって引き起こされ，血液希釈と呼ばれる状態（赤血球濃度の減少）を引き起こす。ただし，絶対数が増えるため，より多くの酸素が運ばれやすくなる。

　呼吸器系の適応も起こる。特に，最大換気量（maximum voluntary ventilation：MVV）が増加する。これにより，より多くの空気を肺の内外に移動させることができるようになり，二酸化炭素の除去と酸素の取り込みの両方が促進される。この適応は，呼吸筋の持久力と経済性の改善によって説明できる。

筋の変化

　持久性トレーニングの結果，筋にも多くの変化が起こる。筋の働きに大きく貢献するミトコンドリアの数とサイズの両方が増加する。この適応により，脂肪酸の利用が促進され，エネルギーである ATP をより多く産生することが可能になる。このことにより，限りある身体に貯蔵されているグリコーゲンの枯渇が遅くなるため，持久系アスリートにとって特に重要である。その結果，疲労

するまでの時間が長くなる。持久力がついた身体になることによって，グリコーゲンよりも脂肪酸の使用が優先され，その結果，乳酸の蓄積が遅くなる。

　この時点で，様々な身体システムの統合の広がりがみえはじめる。呼吸の経済性と持久力の向上により，二酸化炭素の除去と酸素の血液への輸送が促進される。毛細血管密度の増加により，筋のミトコンドリアへのガスの輸送が容易になる。ミトコンドリアでのガス拡散速度は，エネルギー産生だけでなく，このエネルギー産生の基質にも影響を与える。脂肪の使用量をより多くすることにより，炭水化物（グリコーゲン）の使用が節約されると，疲労するまでの時間が長くなり，乳酸の蓄積が遅くなる。最終的に，より速く，より長くパフォーマンスを発揮することが可能になる。このように，心血管系，呼吸器系，筋系の３つの重要なシステムが一体となって向上する必要がある。なぜなら，１つのシステムが適応しないと他のシステムの適応が損なわれるためである。

　持久力が向上すると，他にもいくつかの適応が起こる。

- 炭水化物の燃焼量が減少するため乳酸の産生量が減少する
- 血管（微小な毛細血管）の数が増えることで，代謝性老廃物をより多く除去できる
- 筋力が向上する
- 関節，骨，腱，靭帯が強くなる
- 効率がよくなる

　これらやその他のわずかな変化により，筋の持続能力が向上する。長く，ゆっくり，おしゃべりな人と一緒に行くと考えてみて欲しい。それが持久力である。

持久力のトレーニングは，１回拍出量と血液量の増加，より効率的な呼吸，疲労する前により長く運動できるようになるための筋構造の変化など，身体に多くの適応を引き起こす。

　この多くの適応の中から，必要とされるすべての適応に対応するためには，様々なトレーニングアプローチが必要であることがわかる。トレーニングが多様になるだけでなく，適応によっては他の適応より先に必要となるものもあるので，これは連続したものでなければならない。例えば，長時間のゆっくりしたトレーニングは，高強度のトレーニングより前に行う必要がある。以下の節では，60 〜 75％ MHR（ウォーキングとジョギングの組み合わせ）での持久力の向上から，75 〜 80％ MHR での持久力の強化，65 〜 70％ MHR および 60 〜 65％ MHR での持久力の維持の段階について説明する。

持久力の向上

　60 〜 75％ MHR のゾーンで持久力を構築し向上させるには，できるだけ 75％ MHR に近い強度での運動時間を多くするほうが生産的である。ゾーン下限の 60％ MHR での運動は，苦痛なほどゆっくりな可能性がある。60 〜 75％ MHR の一般的な持久力ゾーンでは，筋は燃料として脂肪と炭水化物を利用する。これらの燃料は，運動の強度に応じて様々な比率で供給される。酸素が多く存在する低強度の持久的運動では，燃料の大部分は脂肪から供給され，炭水化物から供給される燃料の量はまだ限られている。しかし，運動が長く続くと，筋に貯蔵されている限られた炭水化物の供給が枯渇してしまう可能性がある。マラソンランナーの場合，これは「壁にぶつかる」現象として知られており，筋への燃料供給のために脂肪しか残っていないときに起こる。脂肪をきれいに燃焼させるには，身体は多くの酸素が必要である。このため，ランナーはペースを落とさざるをえなくなる。身体が脂肪を効率的に燃焼する能力を向上させ，運動の最後まで炭水化物の供給が持続するようにすることが，持久性トレーニングの主要な目標の 1 つである。2 つ目は，すぐに詳しく述べるが，筋骨格系の強化である。

　持久的運動における酸素の重要性を示すために，基礎代謝（深い眠りについて身体が酸素で満たされている時）では，燃料の 95％を脂肪から，5％を炭水化物から引き出していることを考えてみるとよい。しかし，ひとたび心拍数を持久性トレーニングのゾーンまで上げるほどの運動をすると，その比率はすぐに変化する。体力のない人々は，酸素の利用可能性が低下するにつれて，炭水化物がより重要になる。70 〜 75％ MHR のゾーンでは，エネルギーの半分が炭水化物から得られることになる。筋に貯蔵されている炭水化物の化学的形態であるグリコーゲンをさまざまな形の炭水化物から変換するには，肝臓で24 〜 48 時間が必要である。よって，24 時間リカバリーしただけで（つまり毎日）運動すると，短期間のグリコーゲン不足を引き起こし，筋酵素が脂肪を分解して代謝する能力の向上を引き起こす。これは，長距離ランナーやクロスカントリースキーヤーのような持久系のアスリートが，60 〜 70％ MHR の低いゾーンで運動しているときに，燃料の 80％を脂肪から得ている場合に起こる可能性がある。優れた持久系アスリートは，なぜ痩せているのか不思議に思ったことはないだろうか。その理由の 1 つは，脂肪をたくさん燃焼しているからである。

　この事実を覚えておいてほしい。ひとたび，最高に苦しく，最大心拍数の 100％での完全な疲労困憊がどのようなものかを感じたら，これ以上に悪く感じることはないだろう。その後の各レースでの 100％ MHR での運動は，すべて同様に，痛みや苦痛を伴い，息苦しさを感じるに違いないが，それらの運動はそれ以上に苦しくなるわけではない。トレーニングが成功し速くなったなら，全力

運動の痛み，酷い苦しみ，苦痛は長くは続かない。100％MHRの運動というのは，人が死ぬまで運動することから護っている，人間の能力の限度である。110％の努力というのは，古き良き時代のスポーツライターの神話である。

　よいニュースは，他のトレーニングゾーンも同じように感じるということである。70％MHRでの遅いペースの運動に対する感覚も同じである。簡単なことなので，次のようにみてほしい。5kmの新記録のペースが100％MHRで速くなったとしたら，なぜ70％でのトレーニングペースでも，楽で，速くならないのだろうか。もしよりハードで速いペースのほうが調子がよいのなら，より楽で遅いペースも速くなるのではないだろうか。つまり，向上するためにより高いパーセンテージで頑張らなければならないという誤った思い込みをしてはならないのである。平時の努力を70〜80％MHRに増やしても，前のきついトレーニングやレースから完全にリカバリーすることはできない。そのような高強度のトレーニングは，オーバートレーニング症候群を招き，必然的に脚が使い物にならなくなったり，早期に老化することにつながる。

　では，より高強度のトレーニングはできないけれど，もっと速くなりたいと思っている人はどうすればよいのだろうか。それは簡単にいうと，もっと多く走ることである。トレーニングプログラムに戻って，数分を追加する。頻繁に高強度のトレーニングをしても速くならない場合は，運動時間の変数に着目して，強度レベルを同じに維持しながら，トレーニングに何分かを追加することである。高強度のトレーニングの前にはウォームアップを長めに行い，トレーニングの後にはクールダウンを行う。リカバリーの日は少し長めに走り，長い距離を走る時間を増やす。低強度の距離をより多く走ると，重力に逆らう一歩一歩の抵抗を加えていくことでより強くなっていく。これは，より強くなるために軽いウエイトで反復回数を増やしていく筋力トレーニングにおける漸増の原則と同じである。軽いジョギングの地面をつかむようなストライドを，軽めのウエイトを持ち上げることに例えることができる。ストライドのたびに空中に高く跳ねないようにすると，抵抗する重力は十分にならない。重力抵抗の大きいスプリントは，強くなるために，より重い重量をより少ない回数で持ち上げることと同じに考えることができる。おそらく高負荷の運動に耐えられる頻度はすでに限界に達しているため，より安全な選択肢はLSD（long, slow, distance）である。要するに，強くなるほど速く走ることができるのである。エネルギー効率でこの段階に到達する一方，必要とする心血管系，呼吸器系，および筋系の適応を引き起こすために，60〜75％MHRのゾーンで十分な有酸素運動を行うことになるだろう。

　エンジンである筋が燃料を使用する能力と同様に重要なのは，伝達力つまり結合組織の強さである。靱帯，腱，骨，軟骨，関節は，血液の供給量が少ないため，強くなるのに筋よりも時間がかかる。そのため，エンジンである筋が強すぎると，連結するデリケートな伝達系を容易に破壊してしまう。結果的に，アキレス腱炎，足底筋膜炎，腸脛靱帯症候群，さらには疲労骨折などの典型的なオーバーユースよるけがの影響を受けやすくなる。これらの危険を回避することについては，フェーズⅠで費やす必要がある時間の長さに関する議論で取り扱う。

持久力を向上させるためのトレーニングテクニック

　60 〜 75％ MHR ゾーンで運動する時間を多くすることで，持久力を向上させ，改善させること
ができる。そのために，2 種類の基本的なトレーニングのうち，どちらかまたは両方を使用してこ
れを行う。最も一般的なのは，60 〜 75％ MHR の範囲で一定の継続的な運動をする LSD である。
しかし，研究では，トレーニングのペースを変えることも効果的なテクニックであることが示され
ている。本書の初版では，このトレーニングのタイプを「心拍数ファルトレク」と名づけた。その
考えは，心拍数を急速に上限の 75％ MHR に到達させ，スピードの変化を享受することであった。
その後，スピードを下げることで，心拍数を下限の 60％ MHR に戻す。本書の趣旨に沿って，ファ
ルトレク（「スピードプレイ」と定義した）トレーニングを開発し，普及させたスウェーデン人に
釈明しつつ，われわれは，「Wahoo Fitness」で働いていた時に造語した「ハートレック（heartlek）」
という用語を使うことにした。

　われわれの経験では，スピードの変化はけがの危険性を高める可能性があるため，初心者はハー
トレックトレーニングを用いるべきではない。強度が低くても LSD を 30 分間継続して実施でき
れば，それが最高のスタートである。

　ハートレックトレーニングを実行する際は，心拍数がジェットコースターのように上下に変動
する様子を想像してほしい。これを実現するには，75 ％ MHR までジョギングをしてから，60％
MHR までウォーキングをする。または，体調がよければ，75％ MHR まで駆け上がってから，ジョ
ギングをして心拍数を下げて戻してもよい。好きなだけ創造的でかまわない。このゾーン内の上
下限の目標心拍数を使用して心拍数を上げ下げし，ペースを変化させる。目標は少なくとも 30 〜
60 分，もし目標となる運動がマラソンのようなものであればそれ以上の時間，ランニングの継続
時間を改善するために，これらの低強度の運動モードのいずれかを使用して，単に運動量を増やせ
るようにすることである。

　無酸素性作業閾値に関する第 6 章でさらに解説するが，この部分は有酸素性の章に含めた。こ
の時点までに 30 〜 60 分走り，さまざまな地形でペースを維持できるほど十分に強固な持久力の
基礎を身につけたはずである。例えば，坂道で自分を追い込むことが可能になり，上昇した運動時
心拍数を確認できるようになっている。そして，そのペースを維持し，平地では心拍数を下げて走
れる能力をもつようになっている。ハートレックトレーニングを使用すると，60％ MHR のベー
スの基準を下まわることなく，30 分間のランニングに 30 〜 120 秒間の強度の高いスパートを 3
〜 4 回，組み込むことができるだろう。

　持続的または変化に富んだペースでのトレーニングは，単独で，または有酸素性持久力を向上さ
せるためのコンディショニングの基礎的フェーズと組み合わせて使用できる。これは，われわれが
言うところの，身体を鍛えるということである。これらのアプローチを使用することで，筋を十分
に刺激し，適応を誘発するのに十分な時間をかけることが可能になる。

　身体トレーニングをはじめたばかりであったり，トレーニングの活動レベルが中断している状態
であったりする場合は，持久力の基礎を再構築する必要がある。コンディショニングのフェーズ I
は，通常，平均的な座りがちな成人であれば，最大で 16 週間かかる。すでにコンディショニング

トレーニングゾーン内で心拍数の上げ下げを繰り返すハートレックトレーニングは，持久力の基礎を素早く構築し，レースなどの挑戦的なイベントに備えるのに役立つ。

過程を経ている場合は，6〜8週間で持久力の基礎を再構築することができるはずである。シーズン後のアクティブレストの後に復帰するのであれば，4週間という短い期間でも持久力を再構築するのに十分なはずである。いずれの場合も，古典的なハートレックトレーニングの適応は，60〜75% MHR ゾーンでのトレーニングに最適である。

　新たな基礎を構築する場合は，以下の点に注意しなくてはならない。われわれの心拍ハートレックトレーニングは，心拍トレーニングの本質である。早期からかなり活動的であったり，あるいは運動経験がある人は，再び身体を鍛えるには LSD が最も魅力的な活動だと考えるかもしれない。しかし，モニタートレーニングの利点がどのように活かされているのか，以下を読んで確認してほしい。心拍数を利用したハートレックトレーニングは，ジョギング，ボート，自転車など，選択したどのような活動にも適している。心拍数ハートレックトレーニングは，より速い動きというわずかな要素を，管理しやすい期間のトレーニングに取り入れることで，けがのリスクを最小限に抑えることもできる優れた方法なのである。

　ハートレックトレーニングを心拍計に適合させることは，賢明な個別的トレーニングの最適な例である。以下に 20 分のセッションの例を示す。

1. 上限を 75% MHR，下限を 60% MHR として，目標心拍ゾーンを計算する。
2. ウォーキング，ジョギング，ランニング，自転車，ローイング，またはフィットネスセンターの有酸素セクションにあるエリプティカルタイプ，または階段登りタイプなどの任意のマ

シンから運動様式を選択する。

3. 心拍数が 60 〜 75% MHR のゾーンに落ち着くように，ゆっくりと楽に運動をはじめる。トレーニングで身体が温まるにつれて，徐々にペースと努力が上がってゆくことに気づくだろう。 心拍数が上昇し，最終的に 75% MHR の上限に達する。

4. その時点で，トレーニングを有酸素運動に保つために，心拍数が 60% に近づくまで素早く減速する。

5. 次に，75% MHR の運動に戻るまで，トレーニングのスピードを徐々に上げる。これは，必要な心拍数応答を引き出すためにどのくらいの速さで動く必要があるかの感触が得られるまで，さまざまなスピードで実験する必要があることを意味する。

推奨される数週間このルーティーンに従うと，持久力と全体的な体力が大幅に向上する。心拍数を上げるには，より速く，より長い運動が必要である。その結果，20 分間の運動中により多くの距離を走ることができるようになる。また，上限の 75% MHR での運動は有酸素性であり，筋に乳酸が蓄積しないため，けがのリスクなしにスピードを安全に向上させることができる。

最初の数回のトレーニングの後，運動に関する心理的な尺度がわかり，それほど困難なく心拍数を増減させることができるようになる。75% まで運動を上げるのにどのくらいの時間をかけ，その後 60% までどのくらいの時間を惰性で走るかは自分で選択できる。この選択肢では，様々な動きを選ぶことができる。動作を速くすることで 75% にまで素早く増やし，徐々にペースを緩めることでゆっくりと 60% に回復することができ，その逆も可能である。

ハートレックトレーニングは，インターバルトレーニングの創造的なバージョンであり，同じ距離のきつい繰り返しではない。持久力，スタミナ，経済性，スピードの 4 つの体力要素をすべて向上させるために利用できるトレーニングシステムである。

ファルトレクシステムは 1930 年代にはじまり，1940 年代に Gunder Hagg と Arne Andersson によって有名になった。彼らは 1 マイル 4 分の魔法の壁を破ろうとしてマイル走の世界記録を交互に引き上げた。Hagg は最終的に 4 分 01 秒 4 にまでタイムを縮め，1954 年に Roger Bannister が 3 分 59 秒 4 で走るまで記録は 9 年間続いた。

一方，LSD トレーニングは，ペースと運動の一定性がすべてである。ジェットコースターのように心拍数を上げたり下げたりするのではなく，設定した時間，同一のジョギング，またはスローランニングのペースを維持するだけである。調子を整えるには，強度範囲（60 〜 75% MHR）の下限からはじめて，割り当てられた時間と距離を同じペースで維持する。運動を続けると，心拍数は徐々に 75% MHR まで上昇する。体力が向上してくると，同じ感覚でより高い強度でのトレーニングが容易になり，同じ時間でより長い距離を進んだり，同じ距離をより短い時間で進むことができるようになる。

注意事項：現在の調子によっては，反対のことが起こりうる。最初に激しく動きすぎてあっという間に心拍数の上限に達する可能性がある。もしそうならば，このゾーンに留まるために，トレーニング全体についてブレーキをかけて過ごす必要がある。1970 年代初頭のランニングブームについて，偉大なアマチュア哲学者である Walt Stack のアドバイス，「ゆっくりとスタートして，徐々

に終わりにする」を心に留めておくとよい。

　LSD トレーニングは，低レベルのハートレックトレーニングを突き詰めるために必要である。ハートレックトレーニングによって体力が向上すると，運動を 75% MHR に近づけ，それをより長い時間維持できるようになる。最終的には，75% MHR を超えないようにペースを落とす必要なく，ペースを維持したままトレーニングセッション全体を完了することができるようになる。この時点まできたら，LSD トレーニングを複合トレーニングに追加する準備が整ったことになる。LSD トレーニングは，より長く続けられるように低強度で行うが，考え方は同じである。望ましい長さに対して有酸素運動のペースを維持し，より高い持久力を得るためにその運動時間を徐々に増やしていく。そして，12 〜 16 週間の LSD トレーニングを終えたら，より高度でより高強度のトレーニングであるハートレックトレーニングを導入することができる。

　もう 1 つの注意事項：スポーツ医学の専門家は，オーバーユースによる障害を防ぐために，運動量の増加は，週に 10 〜 15% 程度までとするようにアドバイスしている。もちろん注意が必要だが，週に 10 マイル（16 km）からはじめた場合，1 週間に 1 〜 1.5 マイル（1.6 〜 2.4 km）を追加するだけでは少し慎重すぎるかもしれない。

持久力向上のためのトレーニング期間

　最終的には，本章で概説したトレーニングを長期間実行する。ただし，コンディショニング効果を引き出すのに十分な刺激を与える運動セッションを行うには，最低でも 20 分は継続する必要がある。ハートレックトレーニング中に 60 〜 75% MHR のゾーン内で心拍数を上げ下げする回数は，一般的な体力のレベルによって異なる。強くなって体力がつくにつれて，心拍数を目標値の上限まで上昇させるのに徐々に時間がかかり，リカバリーするのにかかる時間が短くなる。

　この 20 分という時間は短すぎると感じるかもしれないし，強度が低いので簡単すぎると思うかもしれない。このペースで身体を鍛えることができるのかと不安になるかもしれない。しかし，続けて欲しい。これは，適応のためのデリケートな期間なのである。筋系は，血液の供給がよいためにかなり早期に強くなり，より激しくよりよいトレーニングをする準備ができているような印象を与えるかもしれない。身体を鍛えるこの時期のはじめには，筋のこわばりや痛みを感じることがあるだろう。しかし，それらのちょっとしたうずきや痛みはすぐに克服され，エンジンが馬力を追加しはじめたことに気づくであろう。挫折を避けるために，状況に適した推奨された週数を終えるまで，ハード−イージーパターンのトレーニングを行うことがすすめられる。

基礎を構築するトレーニングパターンの例

　最も基本的なレベルでは，典型的なトレーニング計画をどのようにはじめ，標準的なハード−イージーパターンのパターンにどのように従うかを以下に示す。ここでは「ハード（高強度）」という言葉をかなり大雑把に用いるが，ハートレックトレーニングを行う日のことを指している。残りの日は「イージー（低強度）」の日で，60 〜 65% MHR にして継続的に運動するか，完全な休息とする。

これらの例は関連した原則を示すために策定したものであり，トレーニングプログラムではないことを確認しておきたい。本書の後半の章で紹介したトレーニングプログラムの例には，実際に行う量，強度，頻度の段階的進行が記されている。

第 1 週と第 2 週は，以下のパターンに従う。

- 高強度の日（月曜と木曜）：60 ～ 75％ MHR で 20 分間のハートレックを行う。この 20 分間には，ゆっくりとした簡単なウォームアップ運動や，60％ MHR 未満でのクールダウンの時間は含まれていない。
- 低強度の日（火曜と土曜）：65 ～ 70％ MHR の一定のペースで 20 分間のリカバリー運動を行う。高強度の日に実施したウォームアップとクールダウンを行う。
- 休息日（水曜，金曜，日曜）：休みの日とする。この日は，運動を行わない完全な休息日である。

うずきや鋭い痛みを感じたり，このルーティーンに慣れるのに時間が必要だと感じた場合は，これらのトレーニングをさらに 1 ～ 2 週間延長する。体調がよく，より高強度のトレーニングに進む準備ができている場合は，次のパターンに進む。

3 週目と 4 週目は，以下のパターンに従う。

- 高強度の日（火曜と木曜）：60 ～ 75％ MHR で 20 分のハートレック。
- 低強度の日（月曜と金曜）：65 ～ 70％ MHR で 25 ～ 30 分のリカバリー運動。
- ロングトレーニング（土曜）：月曜と金曜のトレーニングの時間よりも 5 分長くして，45 分に達するまで持続的な 65 ～ 70％ MHR の強度の低い運動を延長しはじめる。
- 休息日（水曜と日曜）：これらの日は休みとする。

このパターンを毎週 3 ～ 5 分ずつ増やして，30 分間のハートレックトレーニングができるまで繰り返す。トレーニングの長さを増やす準備ができているかどうかは，脚の感覚で判断する。ハートレックトレーニングは，芸術的ともいえるトレーニングシステムであり，自分の最終的結果を自由に決めることができる。適用するのによい経験則として，「4 つのうち 3 つ」の法則がある。つまり，4 週間目は短めか低強度のリカバリー週にするのである。

これらのゾーンにどのくらいの早さで量を追加するかについては非常に慎重に行い，結合組織を強化する機会を与えることで，けがをしないようにする。次に進む準備ができていることを示す 1 つの指標は，トレーニング中に進んだ距離が頭打ちになるところまで，体力レベルが向上したということが認められることである。

準備ができたら，次の 2 ～ 4 週間のための計画に進み，他の持久力構築トレーニング（long, slow, distanae：LSD）を追加する。LSD では 75％ MHR よりも強度の高いものは適用しない。

次の 2 ～ 4 週間は，以下パターンに従う。

- 高強度の日（火曜と土曜）：65 ～ 75％ MHR で 30 分間のハートレック。
- 高強度の日（木曜と日曜）：60 ～ 75％ MHR で 45 から 60 分間の LSD。
- 低強度の日（月曜と水曜）：65 ～ 70％ MHR で 30 ～ 45 分のリカバリー運動。

● 休息日（金曜）：十分にリカバリーするために休息をとる。

前のパターンから低強度のリカバリーのトレーニングの時間に，1トレーニングあたり5分ずつ追加しはじめる。木曜は45分，日曜は60分までトレーニングする。

これらの週の間，週6セッションに頻度を増やすことで，活動する筋に疲労が蓄積する日々を経験するようになる。また，リカバリー心拍数の目標の下限を60％MHRから65％MHRに引き上げ，ハートレックの強度を高める。これによりリカバリー時間が短くなり，より強度の高いトレーニングが可能になる。これらはすべて，筋に短期的な慢性グリコーゲン欠乏をつくり出すために細胞に刺激を与えてより多くの脂肪を燃料として利用するという意図的な試みである。低強度の日は，リカバリーを促進するが，リカバリーのための運動を抑え気味に行う強い意思も必要である。可能な限りリカバリーするために，目標心拍数の上限を70％に抑える。これらのトレーニングは確かに十分に強度が高いが，まだけがのリスクが低い範囲にある。

リカバリーの日に軽い運動をするのは罰のように思えるかもしれないが，以下の生理学的な金言を心に留めておいてほしい。トレーニングがより軽くより有酸素的であるほど，循環血液中に存在する酸素がより多くなる。そして，筋が脂肪からの燃料を高い割合で燃焼することができるようになる。つまり，グリコーゲンに変換するために食べる炭水化物を節約できるのである。

持久力を高めるためのゾーンの移行

持久力をつけるために低強度で楽なトレーニングを続けるだけでは，筋，靱帯，腱の強化という点では不十分である。もう1つは，まさに有酸素運動の定義（息をきらすような呼吸ではない）で，呼吸器系の筋がちょうどよい状態になりはじめているということである。いま，有酸素能力の上限に焦点を当てたゾーンへ移行する時がきた。付加する運動とスピードは，筋，靱帯，腱にもう少し多くのストレスをかけ，スタミナ，経済性，スピードのゾーンへとトレーニングトライアングルを移行するときに発生する高強度の無酸素コンディショニングの負荷に備えている。

この移行作業は，75〜80％MHRの定常状態ゾーンで行う。この2つの数値は，それぞれ有酸素ゾーンの上限と無酸素ゾーンの下限に位置している。このゾーンでのトレーニングは，生体力学的な能力をより高くより速い領域に押し進める一方，呼吸器系に適度なストレスを与えることができる。

われわれが意味するものを理解するために，28歳の女性が，ジョギングや楽な低強度のLSDランニングから定常状態のランニングに移行する以下の例を想像してみてほしい。

● 低強度の日には，小さく，細かく，小刻みなステップでジョギングをしているだけではなく，短いハートレックのペースアップのために楽なストライド走を交互に繰り返している。
● 長時間のフルストライド走ではないが，スムーズに長い時間，軽快で快適に走っている。
● 呼吸は激しくはないが，短い文章で話さなければならないかもしれない。つまり，ジョギングでは可能であった長々とした文章よりもはるかに短い文章による会話である。

- このペースで永遠に走ることができるように感じている。それは彼女が 16 ～ 21 km を走るのに適した状態と同じである。

この例と同じくらいの運動を選んだ自分を思い浮かべ，次のトレーニングパターンの例を自身のスポーツに適用してみよう。

持久力を強化するトレーニングパターンの例

本章の前半では，軽い強度の日と完全なリカバリーのための休息日を交互に行うハード–イージートレーニングの考え方を紹介した。確かに，低強度のトレーニングの日は，エネルギーの回復のためにそれほど時間を必要としなかった。しかし，それらは下肢の筋や腱を強くするための時間として重要である。トレーニングトライアングルがよりきついレベルになるにつれて，リカバリーのための日々がさらに重要になる。75 ～ 80% MHR の定常状態の高強度の運動日の間に効果的にリカバリーするには，低強度の日には 70% MHR 以下の運動を維持する必要がある。この重要なレベルにおいては，まだ低強度の日にも燃料として脂肪を燃焼させることに重点を置いて，トレーニングしているだろう。次のトレーニングのパターンを見直して，自分の持久力のパターンと比較してほしい。また，自分の選んだスポーツを行いながら，これらの原則に従っている自分自身を思い浮かべてみよう。次にあげる時間の例は，スポーツの違いによって大きく異なる。適切なトレーニングについては，第 III 部の興味あるスポーツの章を参照してもらいたい。

多くの人は土曜や日曜に時間があるため，長時間のトレーニングは週末に行うと仮定している（この例では日曜）。長時間のトレーニングを土曜に行う場合は，すべてを 1 日前倒しする。

- 日曜：65 ～ 75% MHR のゾーンで 45 ～ 90 分。このトレーニングは長いため，強度はかなり低いが，燃料の燃焼量が多いので，高強度の日であると考えている。
- 月曜と水曜：65 ～ 70 % MHR のゾーンで 20 ～ 45 分の軽いリカバリー運動をする。
- 火曜と土曜：75 ～ 80% MHR で 30 ～ 45 分間の一定強度の運動。これには，60 ～ 70% MHR で 5 ～ 10 分間行うウォームアップが含まれる。非常に軽くゆっくりとした運動を数分間行い，クールダウンする。
- 木曜：65 ～ 70% MHR で 5 ～ 10 分ウォームアップを行い，その後，心拍数を 70 ～ 80% MHR の間で上げ下げさせながら 15 ～ 20 分の心拍ハートレックを行う。
- 金曜：リラックスする。長くきついを運動してきたので休息をとる。

このパターンのトレーニングを数週間続けたら，タイムトライアルをしたり，競技会に参加したりして，自分がどのような状態になっているかを確認してみるのもよい。しかし，テストがあろうとなかろうと，トレーニングをフェーズ II へ，そして無酸素性作業閾値レベルの運動に引き上げる準備ができていることだろう。

基礎の構築とウエストラインのトリミング

・・・

　冬の休暇中に運動不足になり数キログラム体重が増えてしまうことがある。しかし，体重の問題を急いで改善するためには，文字通りスピードを落とし，次の点を考慮する必要がある。第一に，体重が気になるかもしれないが，冬に正しいタイプの基礎トレーニングを行うと，この問題により適切に対処できる。第二に，この時期は基礎づくり，つまり有酸素能力の基礎をつくるべきである。第三に，そのためには，低レベルの正しい強度を選択する必要がある。これは，有酸素能力の基礎の構築に役立つだけでなく，脂肪の燃焼や体重管理にも役立つ。

　わかりやすくするために，ここでは身体は炭水化物と脂肪だけを燃焼すると仮定する。身体は常にこれら2つを組み合わせて燃焼しており，どちらか一方だけを燃焼することはない。脂肪の利用を有酸素運動，炭水化物の利用を無酸素運動と定義することで，この説明がさらにわかりやすくなる。

　骨格筋は，速筋と遅筋という2種類の筋線維タイプからなっているとしよう。これらの線維は，運動強度によって変化する異なった動員パターンをもっている。速筋線維は遅筋線維よりも太く，小さい線維が常に最初に動員される。これをサイズの原理と呼ぶ。運動強度が高くなり，より多くの力が必要になると，より多くの速筋線維が動員される。力の出力またはスピードが増加すると，より多くのエネルギー産生が必要になると同時により激しい呼吸になる。言い換えれば，より多くの無酸素性のエネルギー，つまり炭水化物を利用しはじめる。パターンは次のようになる。強度を上げると速筋の動員が増える。速筋の動員が増えると無酸素的代謝が増える。無酸素的代謝が増えると炭水化物の利用が増え，脂肪の利用が減る。したがって，脂肪を燃焼させるにはゆっくり運動する必要がある。

　次の例を考えてみてほしい。85〜90% MHRで30〜40分運動した場合，ほとんどが炭水化物を燃焼することになる。炭水化物はほぼ毎日置き換えられているため，この方法では脂肪はほとんど減少しない。これが，多くの人が一生懸命運動しても体重が減らず，実際には体重が増えることもある原因である。燃焼される基質（脂肪または炭水化物）は，ほとんど利用可能な酸素の関数だといえる。心血管系と呼吸器系の状態は，燃費に大きな役割を果たす。有酸素的な体力の増加は，脂肪燃焼の増加を意味する。したがって，適切な強度で心肺系を改善するために適切な量の時間を費やす必要がある。考慮すべき要素は以下の通りである。

- 新たな血管が発達して定着するまでには12〜16週間かかる。
- 新たな血管が発達して定着するための刺激は，週に4〜5回，40分以上の一貫した有酸素刺激である。
- その刺激の強さは，無酸素性の代謝システムではなく，主に有酸素性の代謝システムに負荷をかけるものでなければならない。
- このプロセスには時間と忍耐力が必要である。

　言い換えれば，有酸素能力の基礎の構築と体重管理には，長時間の低レベルの定常状態の運動が必要であり，オフシーズンはそれを実施するのに最適である。

　最後に，運動時間と酸素借と呼ばれる概念について説明しよう。代謝の強さ（運動強度）が変化するとき（運動を開始したり，運動中に強度を変えるとき）はいつでも，一時的に不快感を感じたり，呼吸が激しくなることを経験する。これは，有酸素的代謝への依存から無酸素的代謝への依存へと一時的に移行したためである。数分後，その運動に呼吸器系と循環器系が追いつき（定常状態に達し），この短期間の酸素不足が是正される。このような酸素が不足している時間を酸素借と呼び，運動の開始時や強度の変化によって生じる。

　これが意味することは何だろうか。運動をはじめると，無酸素性代謝や炭水化物への依存度が高まる酸素借を経験する。10〜15分後には落ち着き，強度が十分に低いと依存度は脂肪に戻る。

この調整をしても，炭水化物よりも脂肪のほうが多く使われはじめるまでには30分ほどかかる。これが体重管理のために30～40分間しっかり運動しなければならない理由である。基礎の構築に重点を置いた，オフシーズンのプログラムを系統的に計画し，忍耐強く行うことによって，一石で二鳥を落とすことができるのである。

有酸素性持久力の維持

　われわれは，持久力を向上させるためのトレーニングとして，60～75％MHRとかなり広い範囲の目標心拍数を示した。また，持久力を高めるためには，75～80％MHRというやや狭い具体的な範囲を提案している。持久性の範囲における他の2つの目標心拍ゾーンには，有用な目的がある。それらは，リカバリーゾーンとして知られている。これらのゾーンでトレーニングを行うことで，筋が再構築されながら持久力が維持され，グリコーゲンの新たな供給によってリフレッシュできる。グリコーゲンは，長くて激しいトレーニング中に利用される非常に重要なエネルギー源である。

　筋は燃料として脂肪を使用することに加え，グリコーゲンという炭水化物も燃焼させる。この2つの燃料を区別するには，脂肪をディーゼル燃料，グリコーゲンをロケット燃料と考えるとよい。脂肪（ディーゼル燃料）は，脂っこくゆっくりと燃焼するエネルギー源であり，効率的に燃焼させるには大量の酸素が必要である。グリコーゲン（ロケット燃料）は，非常に揮発性の高いエネルギーで，酸素がなくても燃焼できるが，効率的に長時間燃焼させることができない。車のエンジンとの類似点をもう少し詳しくみてみると，筋がエンジンのシリンダーであり，キャブレターによってガソリンと酸素が送り込まれ，点火プラグからの電気で発火することを想像してほしい。制御された爆発がピストンを上下に駆動し，筋が骨を前後に動かすのと同じような動きを生み出す。しかし，想像上のエンジンと身体の間には，重要な違いが1つある。筋細胞は2種類のエネルギーを同時に燃焼できるため，燃料効率が非常に高くなる。ディーゼル燃料もロケット燃料も一緒に燃焼されるので，ゆっくりと燃焼する脂肪燃料が高温で燃焼するグリコーゲンによって発火する。

　このすべてが65～70％MHRの運動の範囲で適切に行われる。これは，この低レベルの強度でペースを遅くするとより多くの酸素が供給され，常に利用可能な遊離脂肪酸をより多く燃焼させ，グリコーゲンを節約できるためである。

　もちろん，60～65％MHRの運動のゾーンでさらに効果的なリカバリーが可能であるが，このレベルになると非常に遅くなるため，誰もが気楽に取り組めるわけではない。したがって，試合に執念をもち，1日でもトレーニングを行わなかったら体力が低下してしまうと強迫観念に取り憑かれているアスリートであれば，このゾーンに留まることがすすめられるのは，重要な競技会の前日だけである。

　運動に夢中になり，より高いレベルの体力を獲得したいならば，次章でスタミナ，経済性，スピードを追求するためのガイドラインを提示している。さて今度は，古い格言に従う時である。より速くレースをしたければ，より速くトレーニングしなければならない。

休養，リカバリー，復帰

　休養とリカバリーは，筋や心血管系への刺激と同様に重要である。適切なリカバリーができなければ，トレーニングはより困難になり，けがのリスクが高まり，適応が停滞してしまう。残存する痛みや疲労感は，適切なトレーニングと合理的なリカバリーを処方する研究に基づく，パフォーマンスの向上につながるトレーニング方法に取って代わられた。リカバリーのためには，栄養，睡眠，軽い運動日，ストレッチ，サプリメントなどが必要になる。しかし重要なことは，筋組織がリカバリーし，再生するための時間が必要であるということである。筋が，組織内の微細な損傷を修復しエネルギー供給を回復させるためには，低強度の活動を 24 〜 48 時間行う必要がある。通常は，安静時心拍数の測定でリカバリー状態を検出できる。

　これを考えてほしい。修復状態にある筋骨格系は体内の生理学的活性を高めることにつながる。例えば，血流の増加，組織の修復の促進，エネルギーの変換と貯蔵の増加，冷却，老廃物の除去の亢進などである。心臓はすべての活動を駆動するエンジンであるため，その回転数は通常よりも高くなる。したがって，心臓の回転数を 24 時間 365 日モニターすると，平均安静時心拍数の非常に小さな増減を追跡できる。24 時間の間に 1 〜 2 拍の心拍数の増加があれば，リカバリーが不完全であることを知らせるのに十分である。もちろん，信頼できる平均安静時心拍数を得るためには，まず信頼できる安静時心拍数のデータのベースラインを確立しておく必要がある。これには，朝起きて最初に安静時心拍数を測定することがすすめられる（詳細は第 1 章と第 2 章を参照）。

　安静時心拍数だけでは身体がまだ活発な状態にあり，リカバリーが不完全であることを知らせることができない場合もあるが，他の心拍数のデータは利用することができる。心臓の健康に関するデータの新しい知見から，心拍変動（heart rate variability : HRV）は，アスリートや運動愛好家にリカバリーに関するより多くの事柄を提供できる新しいツールとなっている。かつては，HRV を測定するために，心電図によって心筋の電気的活動を追跡して実際の心拍の間隔を測定していた。しかし現在では，胸部や手首の心拍計やスマートフォン用の新しいアプリによって HRV の測定と利用が可能になり，より実用的になっている。

　心臓専門医は，心臓の健康状態を測る指標として各拍動間の変動である HRV を長い間使用してきた。HRV スコアは 0 から 100 まであり，スコアが低い（変動が少ない）と健康状態が悪く，スコアが高い（変動が大きい）と健康状態がよいことを示す。HRV スコアは 20 〜 30 歳の間にピークに達し，その後減少する傾向がある。 健康な人の平均 HRV スコアは 60 近くになるが，これも年齢によって異なる。

　では，これは何を意味するのだろうか。一般的に，HRV は身体の健康状態，体力，トレーニングを実施する能力を示す。HRV が低い場合は体力が低下しており，ストレスに適応できないことを示し，逆に HRV が高い場合は体力があり，ストレスに耐える能力が高いか，以前のストレス要因から回復していることを示している。リカバリー期間中，つまり運動をしていない時や睡眠中には，安静時心拍数応答の変化をみる必要がある。心拍間隔の変化を追跡することで，平均安静時心拍数と合わせて有益なデータを得ることができる。HRV の測定は，臨床現場だけでなくアスリートでも広く使用されるようになり，身体がトレーニングからどれだけリカバリーしたかを判断する

表5.1　年齢，体力別の HRV スコア		
男性	**年齢（歳）**	**体力が高い人の HRV スコア**
	18 ～ 25	68
	26 ～ 35	64
	36 ～ 45	60
	46 ～ 55	56
	56 ～ 65	53
	66 ～ 75	52
	75 以上	53
女性	**年齢（歳）**	**体力が高い人の HRV スコア**
	18 ～ 25	65
	26 ～ 35	61
	36 ～ 45	58
	46 ～ 55	57
	56 ～ 65	53
	66 ～ 75	49
	75 以上	49

Umetani et al. (1998); Voss et al. (2015); www.elitehrv.com.

のに役立つ。もう少し日々の分析が必要であるが，リカバリーしたかどうかに応じてトレーニングセッションをより効果的に調整することができるため，努力する価値はある。

　表 5.1 に年齢別の HRV を示した。このデータは，アスリートや非アスリートを含む複数の情報源から引用したものである。HRV の計算は簡単ではないため，計算を行うシステム（睡眠や活動を追跡できるオウラリングなど）に投資することをすすめる。

　以降のいくつかの章では，さまざまな種類の体力，つまり有酸素性体力や無酸素性体力を対象にしたトレーニングの取り組みについてみてみる。本章では，運動強度は特定のエネルギー供給系を対象にしており，そのため強度に応じた適応が起こることがわかった。しかし実際には，ほとんどの運動セッションでは強度が変化し，特定のエネルギー供給系に焦点を当てていても，利用されるエネルギー供給系も頻繁に変化する。トレーニングに対する従来の取り組みは，最良の結果を達成する方法として，特定のエネルギー供給系に集中して刺激を与えることに重点が置かれてきた。しかし，現在の研究の進展によって，一般的な体力や減量でさえも，与えられたセッションの中で運動強度を変化させることが非常に有効であり，目標によってはさらに優れている可能性があることが示唆されている。運動強度を変化させる方法には，インターバルトレーニング，サーキットトレーニング，ハートレックトレーニングなどがある。これらの取り組みは，トレーニング中に最大強度から低い強度まで連続的に強度を変化させ，複数のエネルギー供給系を同時に向上させてバランスを取りながら，特定のエネルギー供給系を多用することで生じる様々な生理学的課題に耐えられるようになる。

　一般に，これらの取り組みはすべて，激しい運動とリカバリーを組み合わせたインターバルトレーニングに似たもので，次のような利点がある。

- 単位時間あたりの消費カロリーが多い
- 有酸素性と無酸素性の両方のシステムの適応
- 移動速度の向上
- 退屈しない

　もちろん，インターバルトレーニングは万人向けではない。運動強度が高ければ高いほど早く疲労し，不快感が大きくなり，さらにはけがをしやすくなる。したがって，一般的には十分なレベルの基礎体力をつけてから検討したほうがよいだろう。インターバルトレーニングでは，1回のセッション中に2〜10回の強度の変化がある。インターバルセッションを成功させるには，適切な強度で運動の部分を実行できるように十分にリカバリーする必要がある。

　インターバルトレーニングでよくみられる誤りは，運動の強度が高すぎ，休息インターバルが短すぎて十分にリカバリーができずトレーニングが失敗することである。原則として，強度の高い部分では短いほど強度を高くし，リカバリーインターバルの長さは利用するエネルギー供給系によって決める。例えば，100 mのスプリントを10回行った場合，スプリントの間に3〜5分間のゆっくりとしたジョギングやウォーキングによるリカバリーが必要である。これらのスプリントでは主にATP–CP系が使用されており，補給に3〜5分を必要とするからである。

　インターバルトレーニングは通常，運動と休息の比率を使用して計画する。したがって，15秒で100 mを走行し，3分のリカバリーをする場合，運動と休息の比率は1：12になる。400 mを90秒で走行し3分のリカバリーをする場合は，運動と休息の比率は1：2になる。インターバルトレーニングは楽しくて有益であるが，運動と休息のバランスが適切になるように注意深く計画する必要がある。適切な強度でトレーニングを完了できるようにする。休息インターバルが短すぎるとリカバリーできず，最後の3回のスプリントは80％のスピードでしか走れないかもしれない。それではトレーニングの意味がなくなる。インターバルトレーニングのより具体的なガイドラインについては，後の章のいくつかで紹介した。

（古川　　覚）

第6章

無酸素性作業閾値の向上

　本書では，各章の情報を論理的に順序立てて提示することを心がけている。つまり，閾値のトレーニングには一定のレベルの有酸素性体力が必要なため，無酸素性作業閾値（anaerobic threshold: AT）について意識する前に，前章で学んだ有酸素性能力を向上させるということは理にかなっている。本章で述べるように，無酸素性作業閾値はどれだけ激しく，どれだけ長く運動できるかを決定するため，競技に向けた体力づくりにおいて最も重要な変数である。これは，最大心拍数（MHR）の何パーセントという固定的なものを指すのではなく，持久力が向上しスタミナトレーニングがフェーズⅡからはじまると，一般的に 75% MHR から 85% MHR に引き上げられるような流動的なものである。

　第1章から第4章では，心拍数の応答と測定の背景，および心拍計の利用について解説した。第5章では，フェーズⅠの基礎的トレーニングから体力づくりへの歩みをはじめた。また，心血管系，呼吸器系，筋細胞の機能を大幅に改善できる低強度または強度を組み合わせたトレーニングを利用して，持久力を向上させ強化する方法も学んだ。それにより，すべての本格的なアスリートがパフォーマンスをよりよく，より速くするための基盤となる有酸素性持久力の優れた基礎をつくってきた。ある時点では，トレーニング量に関係なく，有酸素性体力はほとんど変化しなくなる。しかし，体力を向上させ，速くなり，無酸素性作業閾値を向上させることが，究極の目的になるかもしれない。本章では，AT について詳しく説明する。

　最大心拍数の 75% を超える強度までトレーニングを進めると，強い筋がつきはじめる。フェーズⅡトレーニング（75〜85% MHR でのスタミナトレーニング）中には，短く簡潔な文章でさえ長すぎると感じ，会話のテストなど成立しえないと思えるようになるだろう。呼吸に集中しながら，トレーニング相手からの質問に息を切らしながら「はい」や「いいえ」と答えたり，「今は話せない！」と早口で言うのがせいぜいではないだろうか。トレーニングのフェーズⅢである 85〜95% MHR の経済性のトレーニングでは，呼吸が止まりそうに感じることさえある。

　本章では，スタミナをつけることで目標のペースを希望の時間維持するための準備をし，距離，スピード，強度を組み合わせながら，経済性（最小限の酸素とエネルギーを利用してレースペース

で進む能力）を向上させることで，競技会に挑戦するようなピークパフォーマンスに向けて自分自身を追い込むための方法を学んでいく。

　これまでに，体力を向上させる能力に対する自信を獲得してきていることを願っている。スタミナと経済性（本章で扱う）とスピード（第7章で述べる）を向上させるには，本書に書かれている内容を信頼することがさらに重要になる。より速く走りたいのであれば，より速いトレーニングをする必要があるが，より広範囲で集中的なトレーニングによるけがのリスクも懸念される。われわれの推奨事項に従うことで，けがや病気などで失敗するリスクを減らすことができる。では，水泳，ランニング，自転車競技，スキー，ボートなど，好きな活動をより高い強度で行うための準備をしてほしい。いまこそペースを上げる時である。

スタミナ（AT）トレーニングに対する生理的適応

　なぜ，ある種のトレーニングを行うのかを常に理解することが重要である。第5章では，持久力のトレーニング中にどのような変化が起こり，そのトレーニングに何が期待できるのかについて説明した。これら最初に起こった適応は，その後の適応のもととなる。初期の適応は広範囲に及ぶが，後の段階で続く適応はより洗練されたものととらえることができる。$\dot{V}O_2max$ と無酸素性作業閾値という用語についてはすでに説明した。この節では，持久系アスリートの成功の強力な予測因子である無酸素性作業閾値（AT）を中心に述べる。持久系アスリートにおいて $\dot{V}O_2max$ が高いことは必須条件であるが，ゴールラインで選手を分けるのは，多くの場合，AT が最大運動のどの割合にあるかということである。簡単に言うと，2人のアスリートが同じ $\dot{V}O_2max$ だった場合，AT の高いアスリートが勝利する。持久系アスリートにおける無酸素的トレーニングは，AT を向上させることが目的である。AT を向上させるためのアプローチについては，次の節で説明する。

　スタミナトレーニングに対する適応には多くのものがあり，筋骨格系，心肺系ならびに内分泌系（ホルモン）の変化も含まれる。内分泌系は，持久力向上のフェーズではそれほど高められてはいなかった。筋骨格系の適応は，より長い距離にわたって収縮力が増加することから生じる。トレーニングのこのフェーズでは，動きの速度が上がる。これは，筋がより強い力で収縮し，全体的な強度と構成に大きな変化をもたらすことを意味し，フェーズⅢおよびⅣで起こる別の生化学的変化の基礎となる。この収縮力の増加により，望ましい速筋線維の動員が増し，より速いスピードへの道が開かれる。この時点までは，短いハートレックトレーニングのペースアップを除いて，ほとんどの運動で遅筋線維のみの動員が必要であったといえる。

　心肺系は，運動中は全体的に高いレベルで働くためさらに強化される。具体的には，呼吸数を上げることでより多くの酸素の供給が可能になり，さらに重要なこととして，より多くの二酸化炭素の排出が可能になる。さらに，呼吸筋の収縮速度が速くなることで，呼吸筋の可動域が広がり，フェーズⅢとⅣで行われるより激しい運動への基盤も築かれる。

　フェーズⅡでは，エネルギー利用と乳酸耐性の両方に関連する巧妙な生化学的変化がもたらされはじめる。この仕事率の増加により，初期の炭水化物への依存度が増し，より計画的な休息と栄養が必要になる。また，乳酸に耐える能力を高め，過度に不快に感じることなくより高い仕事率で

スマートトレーニングによって，力強く完走できるように，数キロメートルにわたって一定の作業能力を維持するための準備ができる。

運動できるようになる。

　このフェーズで起こるすべての変化によって，身体は数キロメートルまたは数時間にわたって一貫して維持できる作業能力を身につけることができる。これは，長期間にわたってより高い作業率を維持するための体温の調節，血流の維持，老廃物の除去および持続したエネルギー供給などの身体の能力を意味するので非常に重要である。

　フェーズⅡの目標は，より高いレベルで機能するようすべてのエネルギー供給系の能力を巧みに向上させることであり，最終的な目標は，フェーズⅢおよびⅣでより強度の高い運動を設定するということである。実際には，フェーズⅡは中間または移行ステップと考えることができる。これらの目標を達成する方法をみてみよう。

スタミナの向上

　さて今度はエネルギー供給系にもう少しストレスをかけて，無酸素性作業閾値での運動の同化（構築）効果に着目した移行ゾーンで身体を動かしてみよう。スタミナトレーニングの明らかな利点は，自分のペースを長く維持できるようになることだが，同様にこのタイプのトレーニングは，トレーニングトライアングルにおけるフェーズⅡのスタミナの段階から，フェーズⅢの85〜95% MHRの経済性トレーニング，および第7章に示す95〜100% MHRのフェーズⅣのスピードゾーンに移行したときに起こる，高強度の無酸素性トレーニングの異化（分解的）効果に備えるためにも重要である。この時点での目標は，無酸素性作業閾値または乳酸性閾値，つまりエネルギー供給系が有酸素性への依存から無酸素性への依存に移行するポイントの近くでトレーニングを行うことで，有酸素能力の上限を高めることである。

　無酸素性作業閾値（AT）という用語は，様々なトレーニング環境で広く使用されている。コーチ，アスリート，トレーナーは，一般的にトレーニングの強度を決定するためのポイントとして AT に注意を向けている。したがって，AT の正確な測定とトレーニングプログラムで使用するための解釈に多くの注意が払われてきた。文献では，この 75 〜 85％ MHR のゾーンを表わすために，無酸素性作業閾値，乳酸性閾値，換気性閾値など，いくつかの用語が使用されている（注：エリートアスリートでは，AT はしばしば 90％ MHR を超えることがある）。

　これらの用語はすべて同じことを指している。つまり血中乳酸濃度の定常状態がみられなくなり，それが蓄積し，筋でより酸性の環境がつくられる運動のレベルを指しているのである。乳酸性閾値は筋活動のいくつかの現象を説明するもので，乳酸値の上昇には多くの理論がある。乳酸は，アセチル–CoA と呼ばれる物質に還元するのに十分な酸素がない場合に，無酸素的代謝で生成される。また，乳酸は代謝作業率が高いときに大量に発生するが，これは利用できる酸素が少ないためである。したがって，運動強度に関連しているようにみえる。他の理論家は，乳酸が蓄積するためには臨界の運動強度と一定の出力が必要であることを示唆している。この出力は，多くの炭水化物を燃焼させ，より多くの乳酸を生成する速筋線維の動員の増加によってのみ可能になる。速筋線維は無酸素的要素が強く，これが乳酸の生成量の増加を説明している。

　特定の強度と関係なく，乳酸の蓄積速度は非線形で，最終的には筋収縮を阻害する。したがって，人の筋線維分布は無酸素性作業閾値に影響を与える可能性がある。さらに，乳酸レベルの増加は二酸化炭素のレベルが高いことを示すので，運動強度の増加に伴って換気量も増加する。こうして，換気量の非線形な上昇もみられる（このため，換気性閾値という用語がある）。運動強度は乳酸蓄積の主な決定要因であり，強度が高くなるほど蓄積が多くなる。400 m 走や 800 m 走などのトラック競技は，3,000 m 走や 10,000 m 走よりもはるかに乳酸濃度が高くなる。体内では常に乳酸が生成されており，トレーニングを受けたアスリートの安静時レベルは，通常 1.5 〜 2.0 mmol/L であるのに対して AT がみられるのは 4 mmol/L といわれていることに注意してほしい。

　先に進む前に，もう 1 つの重要な問題に対処する必要がある。無酸素性作業閾値は各個人やスポーツによって大きく異なる。また，トレーニング過程全体でも，体力に応じて個人の中でも大幅に変わりうる。無酸素性作業閾値は最大心拍数（MHR）の 65 〜 95％でみられる。トレーニングをしていない人は，通常，心拍ゾーンの下限（65％ MHR）で無酸素性作業閾値に達するのに対し，本当によくトレーニングされた人は，95％ MHR まで運動しても無酸素性作業閾値に達しないこともある。

無酸素性作業閾値（AT）トレーニングの主な利点

　AT が重要な理由は，AT を超えた強度で運動できる時間が限られているからである。つまり，AT を上げることで，より高い強度でより長い時間，一定速度で運動することができる。さらに，AT を超えるとグリコーゲンが主な燃料源となるため，エネルギーの供給量が限られてしまう。AT が向上しているかどうかを評価するには，常に以下の質問に答える必要がある。これらの 4 つの質問のうちのいくつか，あるいはすべてに「はい」と答えられたら，おそらく AT が向上している

だろう。

- 同じスピードで走っているとき，心拍数は時間の経過とともに減少しているか？
- 同じ絶対心拍数でより速く走ることができるか？
- 自分の最高速度でより長く走ることができるか？

さらに，「5 km や 10 km のレースで早くゴールできるようになっているか？」という質問に「はい」と答えることができればまちがいなく AT は向上している。

　ここで，AT トレーニングの価値が広く受け入れられているわけではないことに注意する必要がある。測定誤差，個人差，食事，その他の要因が結果に影響を与える可能性がある。また，局所的な筋作用は明らかに筋における乳酸濃度に影響を及ぼすが，これは必ずしも身体全体の乳酸の量を意味しているわけではない。それでも，自身の AT を知ることは，特定の運動負荷に対する心肺系の応答を改善する高強度トレーニングの効果を確かなものにする。この単純な取り組みは，競技のタイムが改善しているかどうかを判断するのに役立つ。いずれの場合も，成功は特定の運動負荷に対する反応をモニターし，評価する能力にかかっている。

スタミナトレーニングへの移行

　残念なことだが，第5章に記載した持久力トレーニングでは，レースで競う準備ができたとは言えない。トレーニングペースでゆっくりとレースを走ることはできても，それ以上速く走ったときに生じる筋のこわばりや痛みは，それに見合う結果を見出せないだろう。この節では，その不利益を克服するために有効な，2つのことについて説明する。

1. 順位やタイムを気にせず，ただ笑顔で完走することが目標で競技会に参加するための準備方法
2. 目標の競技会でのタイムや他のアスリートと競う場合に必要な，より激しく高強度のトレーニングに備える方法

　スタミナトレーニングの主な目的は，より長い時間をかけて呼吸器系にストレスをかけることである。簡単に息切れしないように能力を改善したい。また，激しい息遣いができるようになり，末梢が酸素負債を生じないことを望んでいる。他のすべてのエネルギー供給系もよりよい状態にするが，スタミナトレーニングの主眼は，次のレベルのトレーニングに備え，AT を引き上げることにある。

　次の一般的なガイドラインは，フェーズ I (持久力)トレーニングからフェーズ II (スタミナ)トレーニングに移行する準備ができているかを確認するためのものである。

- フェーズ I のトレーニングを少なくとも週3回，8 ～ 12 週間着実に一貫して行う（頻度を週5 ～ 6 回に上げればより短い期間でも効果がある）。
- 開始時と同じスピード（ペース）で30 分以上継続的な運動をしたときに感じられた努力度が

無酸素性作業閾値（AT）の心拍数の測定

では，AT での心拍数をどのように測定するのだろうか。絶対的な正確さを求めるならば，お金を払って研究室でテストしてもらうしかないが，そこそこ正しい結果を得るための簡単な方法もいくつかある。

最初の方法はトークテストで，短時間で簡単に行うことができる。平地（トラックが理想的）で，おしゃべりが好きな友人と一緒に 30 分ほど走る計画を立てる。ゆっくりとスタートし，そのペースを 5 分間維持しながら，元気に会話を続けながら常に心拍数をモニターする。5 分後，少しスピードを上げて心拍数のモニターと会話を続ける。会話を続けることが困難になるまで，この手順を 5 分ごとに繰り返す。会話が困難になった時点がおおよそ AT に当たるため，心拍数を記録する。

AT での心拍数を測定する 2 番目の方法は，もう少し正確な結果が得られる。トークテストと同様に，5 分ごとにスピードを上げるが，今回は 1 人で声を出さずに走る。この方法の鍵は，心拍数を注意深くモニターすることである。スピードを上げるたびに，最初の 60 〜 90 秒は心拍数が上昇し，その後は横ばいになることがわかる。しかし，3 回目，4 回目，5 回目にスピードを上げた後は，心拍数は横ばいにならず，徐々に上昇し続ける。観察した最後の横ばいの心拍数（定常状態とも呼ばれる）が，AT の指標となる。この手順は，自転車，水泳，ローイング中にも実施することができる。

AT の心拍数がわかったが，この数値は何を意味し，どのように利用するのだろうか。ご存知のように，この心拍数は，その上にいるか下にいるかによって，異なる適応が起こる閾値を示している。この時点で，簡単な指標としては，フェーズⅠとⅡで運動をしている間は心拍数が AT 以下で，フェーズⅢとⅣに移行すると心拍数が AT 以上になるということである。言い換えると，AT の心拍数は，異なるフェーズで強度の確認に利用できる。これにより，各フェーズで望ましい適応を確保することができる。

目標は，トレーニングによって AT 値を徐々に上昇させることである。8 週間ごとに AT を再テストし，その結果に応じて適切に強度を再設定する必要がある。

顕著に低下する。

- 安静時心拍数が 10 〜 20 拍 / 分低下する（人によって変動が大きいので，具体的な数値を示すことは難しい）。
- フェーズⅠトレーニングの最初にはじめたときの心拍数，スピード，ペースで運動した場合の心拍応答が 5 〜 7 拍 / 分有意に減少する。
- 同じ目標心拍数でもより速い心拍数，スピード，ペースが可能になる。
- けがや疲労を恐れることなく強度が上げられるという自信がある。

これらの変化がみられたら，フェーズⅠトレーニングによって 75 〜 85% MHR の範囲でトレーニングを開始する準備ができたと考えてよいだろう。

スタミナを向上させるためのトレーニングテクニック

スタミナトレーニングの方法はいくつかあるが，ここではスタミナ向上を目的とし，同時に心拍計を効果的に活用した 3 つの方法に焦点を当てる。1 つの方法を単独で使用してもよいし，組み

合わせてトレーニング内で 2 つまたは 3 つすべてを交互に実施してもよい。この説明では，60 〜
75% MHR のゾーンで 5 〜 10 分間の軽い運動でウォームアップを行い，同じ時間をかけて心拍数
を 60% MHR 未満まで下げるクールダウンを行うことを想定していることを覚えておいてほしい。

● **方法 1**：ハートレックトレーニングは，スタミナの向上に簡単に適応させることができる。第
5 章に示した目標心拍ゾーンを拡大し，85% MHR まで運動し，リカバリーとして 70% MHR 未
満まで下げる。15 〜 30 分の間に，心拍数を 75 〜 85% のゾーンに到達させるためにどれだけ激
しく運動するか（速く走るか），70% 以下でリカバリーするためにどれだけ軽く運動するか（ゆっ
くり走るか）を感覚によって判断し，ジェットコースターのようにこのゾーン内で心拍数を何度か
上下させる。

● **方法 2**：AT，つまりスタミナを向上させる 2 つ目の方法はテンポトレーニングで，これは，
平均的なアスリートが 15 〜 30 分間行う継続的な運動として定義されている。時間の範囲は，体
力レベルとスポーツ種目によって異なる。より長い距離を移動するスポーツの上級者（自転車競
技など）であれば 60 分に延長しても構わないが，栄養と水分補給に関する他の課題が問題になっ
てくるので，これを超えることはめったにない。トレーニングは，ウォームアップのために 60 〜
70% MHR のペースで 5 〜 10 分間の低強度〜中強度の運動からはじめる。80% MHR に達するま
でペースを上げる。これにより，トレーニングの AT 期がはじまるタイミングを知ることができる。
80% MHR になったら，心拍数が 85% MHR の目標ゾーンの上限レベルに達するまで強度を上げ
ていく。85% MHR になったら，トレーニングのテンポに合わせる。心拍計が 85% を超えたこと
を知らせてきたら，そのたびにペースを落とす。

● **方法 3**：インターバルトレーニングは，スタミナを向上させるための効果的なテクニックの 1
つである。インターバルトレーニングでは，リカバリーインターバルがあるので，簡単に速く動
くことができ，また，繰り返す時間や距離が短いので，心拍数を 75 〜 85% MHR の目標ゾーン
まで早く上げることができる。走る距離を短い区間に分け，それぞれの区間の後に心拍数を 70%
MHR 以下にするための休息インターバルを設定する。例えば，20 分間のテンポランの代わりに，1.6
km を 3 回走り，心拍数が回復するまで 1.6 km ごとにジョギングのインターバルを行う。ランナー
のインターバルトレーニングは，ほとんどの場合 400 m トラックで行うのが最も都合がいいので，
同じような区間設定なら，1,600 m 走と 400 m のジョギングになる。

インターバルトレーニングの適用に関しては，本章後半の「経済性を向上させるためのトレーニ
ングパターンの例」の項で，インターバルトレーニングを唯一のトレーニング方法としてより詳細
に説明している。そこに示した原則は，スタミナインターバルトレーニングの観点から，ここに関
連している。

ほとんどのコーチやアスリートは，スタミナを改善するために，85% MHR，あるいはそれに近
い強度での連続したテンポトレーニングを好むようだが，これら 3 つの方法は，すべてスタミナ
を向上させるために利用することができる。各トレーニングタイプは，ランニング，ボート，水泳，
自転車などに関係なく，フェーズ I レベルと比較してより速いスピードが求められる。要は，強度

のレベルを上げる（もっと頑張る）ということであり，つまり，より速いことが必要になる。とは
いえ，それぞれのトレーニングタイプにはそれぞれのメリットがある。

　ハートレックトレーニングは，芸術的，創造的あるいは哲学的な人や，インターバルトレーニン
グの管理的な面を好まない人に適している。また，競技会に参加して，笑顔でゴールしたい人にも
適している。心拍数を目標の85％までどのように速やかに上昇させるかの選択肢をもつことによっ
て，スピードトレーニングの効果も期待できるだろう。また，ハートレックトレーニングは，イン
ターバルトレーニングのように走ったり止まったりすることがなく，定期的にスピードを上げるこ
とができるので，ゆっくりと走るのがじれったいと感じる人にもよいだろう。

　テンポトレーニングは，水泳，自転車，ランナー，ボート，およびクロスカントリースキーの選
手に適している。これらの種目のアスリートは，無酸素性作業閾値のペースで感じられる運動感覚
を大いに鋭敏にすることができる。テンポトレーニングはコンパクトにまとまっているため，ハー
トレックやインターバルトレーニングよりも時間効率がよい。ただ，20〜30分間高強度を維持
しなければならないため，精神的に負担が大きい傾向にある。ハートレックやインターバルトレー
ニングでは，高強度を維持するのは非常に短時間で，通常5分以内である。

　スタミナゾーンにおけるインターバルトレーニングは，ペースと心拍数を一致させようとするた
め，ペース感覚が向上するという付加的な利点もある。また，心拍数を上げる時間が短いため，ト
レーニングのペース，すなわちスピードが速くなり，少しずつ経済性が高められる。

スタミナを向上させる AT トレーニングパターンの例

　トレーニングの効果を最大化するために，高強度の運動の日にハートレックトレーニングとイン
ターバルトレーニングを交互に用いることを検討してほしい。毎週のトレーニングパターンに多様
性をもたせることができるだろう。このパターンは，目標や体力レベルに応じて，2つあるいは3
つのトレーニング方法を用いる。

　多くの人は土曜や日曜に時間があるため，長時間のトレーニングは週末に行うことを想定してい
る（この例では日曜）。LSD（long, slow, distance）トレーニングを土曜に行う場合は，すべて
を1日前倒しにする。以下に示した例の実施時間は，スポーツの違いを考慮して，大きな幅をも
たせてある。より適切なトレーニングについては，興味あるスポーツの章を参照してほしい。

- 中強度の日（日曜）：65〜75％ MHR ゾーンで45〜90分の LSD。このトレーニングは，長
さに応じて持久力を維持したり強化したりすることができる。時間が長いため強度はかなり
低いが，燃焼する燃料が多いため，中強度から高強度の日とみなす。
- 低強度の日（月曜と水曜）：65〜70％ MHR で20〜45分の軽いリカバリーのための運動を
する。このゆっくりとした軽い運動をすることで，食べる炭水化物を節約し，グリコーゲン
に変換するのに必要な時間を確保できる。代わりに，主なエネルギー源として脂肪を燃焼さ
せることができる。
- 高強度の日（火曜）：75〜85％ MHR で15〜30分の継続的なテンポトレーニング。これには，

5 ～ 10 分のウォームアップと，80% MHR への移行時間は含まない。数分間の非常に軽いゆっくりとした運動でクールダウンする。

- 高強度の日（木曜）：ウォームアップ後，75 ～ 80% MHR で 45 ～ 60 分間，中強度でより長い定常状態のトレーニングを行う。週に 3 回の高強度のトレーニングをこなせる上級者の場合は，80 ～ 85% MHR のハートレックトレーニングで代用してもよい。ただし，高強度のトレーニングを導入すると，オーバートレーニングやけがのリスクが高まるため注意が必要である。また，週に 3 回の高強度のトレーニングに移行する場合は注意が必要である。実際には，毎週 3 回に移行する前に，まずは 8 週間ほど隔週で週 3 回に移行すべきである。

- 休息日（金曜）：リラックスする。長く強度の高い運動をしたので，休息する。

- 低強度から中強度の運動日（土曜）：翌日は長時間の中強度の運動トレーニングを行うことがわかっているため，月曜と水曜に行うような軽い運動を行うだけでもよい。あるいは，ウォームアップの後に，80% MHR で 6 分間のインターバルトレーニングを 3 回行い，3 分間の軽いリカバリー運動で心拍数を 70% 以下まで下げてもよい。

このパターンを 3 ～ 4 週間繰り返す。原則として，2 ～ 4 週間同じ強度で同じトレーニングを行うまでは，強度の高いトレーニングを追加したり，強度の高いトレーニングに移行したりしない。

AT トレーニングを適切なものよりも激しいものに変えることは簡単である。運動を 85% MHR 以上の経済性ゾーンの運動をすることは，進歩にとって致命的なことになりかねない。心拍数がその限度を超えはじめた場合は，努力，ペース，ストローク数，ペダル速度などをもとのレベルに戻す必要がある点に注意が必要である。

有酸素的なパフォーマンスのためのトレーニングは，一般に精神的に厳しいものではなく，それゆえ疲労の極限まで追い込むものではないという概念を理解することが重要である。そう，崩れるように跪いたり，自転車から落ちそうになったりするようなトレーニングを行うには，時と場所がある。これらについては後で説明する。心拍計とガイドラインを使ってトレーニングすることは，巧妙な策略を得ることといえる。その策略は，その日の目標を達成することと，目標を超えないことの間の微妙なラインを見つけることである。このような策略によって，トレーニングを爽快で刺激的なものにすることができ，シャワーを浴びてからソファに倒れ込んで昼寝をしなければならないほど深い疲労に悩まされることはないので，トレーニングの一貫性に繋がっていく。これらのガイドラインによって，現在の体力レベルと目標に合った最適なトレーニングが計画できることになる。すべては「私にとってはどうなのか？」という問いに答えるためである。

目標とするゾーンを超えたトレーニングは，厳しいほうがよいと誤解している人と同じ結果を招くことになる。競争相手より激しいトレーニングをする必要はない。競争相手に知恵を使って勝てばよい。

一見逆説的に思えるので，説明が必要だろう。AT トレーニングに関してあまり認知されていない点は，主観的運動強度が同じレベルでも，移動速度はより速くなっているということである。これは，AT とその時の実際の心拍数は非常に流動的なためである。現在の体力レベルによって，AT を経験するのが 65 ～ 95% MHR になるかもしれない。スタミナがフェーズ II の 75 ～ 85% MHR

で向上することを強調するのは変だと思われるかもしれないが，トレーニングのすべてのフェーズでATを向上させることができる。そう，トレーニングの過程でATでの心拍数は高くなるが，皮肉なことに，ATにおいて常に呼吸が激しくなりはじめるため，運動レベルの上昇に気づかない可能性がある。単に調子がよくなるだけなのである。

とてもいいニュースがある。ATトレーニングを行うことで，知らず知らずのうちに移動速度が速くなる。ATゾーンに入ると，話をしたくなくなる。運動を不快に感じるはずだが，トレーニングに設定した主要部分の時間は継続可能である。クールダウンを終えて数分程度で，歩いているときに強い活力を感じるはずである。フェーズⅡに入ると，この素晴らしく生産性の高い75〜85％MHRのゾーンでのトレーニングでは乳酸があまり蓄積せず，筋が硬直せず，緊張したり，伸びたり切れたりすることはない。トレーニングをうまく調整すれば，翌日にこわばりや痛みを感じることはないだろう。

次の節では，経済性トレーニングに移行するためのガイドラインを，次章ではより高強度のインターバルトレーニングにいつ移行するかについて，より明確なガイドラインを示す。さてここで，慎重に次のトレーニングゾーンに進み，経済性向上のためのトレーニングの目標を詳しくみていこう。

経済性トレーニングに対する生理学的適応

トレーニングトライアングルを次のレベルのコンディショニングに進めると，85〜95％MHRの高ストレスのトレーニングにより体力が向上する。適切な刺激を与えることで以下のような適応が起こる。

- 呼吸器系へのストレスによって，肋間筋と横隔膜の筋力が高まるため，最大酸素摂取量（$\dot{V}O_2max$）がさらに高まる。
- より多くの乳酸の存在に反応して筋の毛細血管床の広さが増加する。これにより，筋の内外での血流が促進され，より多くの酸素の供給と老廃物の除去が可能になる。
- 四肢がより広い可動範囲で機能するため，柔軟性が向上する。
- より強い運動により多くの筋線維，特に速筋線維が動員されるため，筋力が増強する。
- より高い強度で集中力が必要なため，精神力，神経，筋の間の協調性が増す。
- 下垂体が刺激されるため，ヒト成長ホルモンの放出が増加し，筋の発達反応が促進する。

不幸な副作用の1つとして，激しいトレーニングによる高ストレスの結果として，性欲が減退することがある。すべてを得ることはできないのである。

経済性の向上

ここでの経済性という体力の要素は，筋ができるだけ酸素とエネルギーを使わずにレースのペースを維持する能力と定義する。85〜95％MHRのゾーンに達するのに十分な速さで激しいトレー

ニングを行うと，より強く，より大きな筋に発達する。言い換えれば，より多くの筋線維を動員して，筋線維全体に負荷を分散し，個々の筋線維の負荷を減らす。200 km/ 時で走るようにつくられた車のエンジンのように考えてほしい。この最高速度では燃費が悪くなり，運転コストがかなり高くなる。しかし，100 km/ 時にスピードを制限すると燃費が大幅に向上するため，より経済的に走行できるようになる。

効率性（efficiency）と経済性（economy）という 2 つの語は，同じ意味で使われる傾向にあるが，これを区別しやすくしてみよう。効率性は身体のバイオメカニクスに関連づけた考え方であり，経済性とは身体が動くために使用する酸素や燃料の使用についてのものである。再び車に例えると，ハンドルから手を離したときに右に引っぱられる車のホイールアライメントを修正すると，非効率な動きがなくなり，より経済的な運転ができるようになる。バイオメカニクスに取り組んでフォームを改善することで同じような結果が得られる。より大きなエンジンを構築するために，目標よりも速いペースでトレーニングすると，レースの初期の最大下のペースの時に必要とされる燃料と酸素が少なくてすむ。これは，燃料供給を維持し，疲労の発生を遅らせるのに役立つ。

経済性向上への移行

トレーニングの経済性フェーズでは，エネルギー供給系への長時間，高められたストレスによって引き起こされる激しい無酸素運動における異化作用に焦点が当てられる。経済性フェーズでのトレーニングでは，ある程度の筋の損傷が引き起こされる。経済性トレーニングに身体的なメリットがあることは言うまでもないが，精神的なメリットも期待できる。酸素不足による深い疲労の苦しみや痛みを経験する。そして，大きな悪いオオカミが，家を吹き飛ばすほどに息づかいが強くなったことを知る。つまりは，精神的な強さが高められるのである。

経済性トレーニングは，第 7 章でトレーニングトライアングルのフェーズ III から 95 ～ 100％ MHR のフェーズ IV（スピード）のトレーニングに移行したときに，よりリスクの高い異化作用をもつ高強度の無酸素運動に備えるためにも重要である。現時点では，高度な無酸素性の運動で蓄積される乳酸の負荷に対処するように，身体に教え込むことに焦点が当てられている。

フェーズ II（スタミナ）トレーニングからフェーズ III（経済性）トレーニングに移行する準備ができているかどうかを判断するための一般的なガイドラインは，次のとおりである。

- 75 ～ 85％ MHR のゾーンでのフェーズ II のトレーニングを 4 ～ 6 週間，安定して着実に行う。
- 高速でより高い心拍数で走っている場合でも，AT で感じられるつらさの感覚に目立った変化がない。
- 最初のトレーニングと同じ心拍数，ペース，スピードで動いたときの心拍応答が 5 ～ 7 拍 / 分大きく減少する。
- 当初のすべての心拍数を利用したトレーニングゾーンで，より速いスピード，ペース，心拍数になる。
- けがや疲労を恐れずに強度を上げることができるという自信ができる。

　最も重要なことは，いくつかのレースに出場して現在の体力レベルを測定することで，より高い
レベルのトレーニングに移行する準備ができているかどうかを知ることができるということであ
る。ベストタイムを出したいとかライバルに負けたくないという気持ちは，より強度の高いトレー
ニングを行う準備ができていることを示している。

経済性向上のための運動

　4～6週間程度のスタミナトレーニングを終えると，経済性トレーニングをさらに追加する準備
が整う。1つのトレーニングゾーンから次のトレーニングゾーンへと移行するためにわれわれが推
奨するトレーニングは，古き良きハートレックである。スタミナトレーニングのセクションで利用
したのと同じパターンの毎日のトレーニング（ランニング，自転車，クロスカントリースキー）に
続いて，心拍数を95% MHRまで上げるために，長い時間坂を登ることで，高強度の運動日をさ
らにきついものにすることができる。水泳選手の場合は，ドラッグスーツを着用したり，ハーネス
を装着して運動をしたりすることで抵抗を高めることができる。ボートの場合は，ローイングエル
ゴメータの抵抗を増やしたり，水上でのストローク率を上げたりしてもよい。下り坂や平地におけ
るリカバリー運動は，心拍数が70% MHR以下になるように十分に遅くする必要がある。平地で
のその他の運動は，同じ目標心拍数を達成するのに十分な速さで行わなければならない。

　典型的なハートレックのセッションでは，30～45分のセッション中に20～30秒から数分程

競技会で必要とされるよりも高い強度でトレーニングをすると，レース中の身体の動きがより経済的にな
る。試合のペースを維持し疲労を遅らせるために，必要な燃料と酸素が少なくなる。

度の高強度の運動を数回含む必要がある。

　ハートレックトレーニングは適用させやすいのが魅力的であるが，おそらく経済性向上に最も効果的で，一般的なトレーニングはインターバルトレーニングであり，特に心拍数のモニタリングに利用しやすい。以下の議論は余計な情報のように思えるかもしれないが，心拍ゾーンのトレーニングをどのように組み込むのかを注意深く検討し，それらをどのようにインターバルトレーニングに適用できるかを確認したいので，しばらくつき合ってもらいたい。

　レースのペースで酸素とエネルギーの利用を最小限にできる身体の能力，すなわち経済性を向上させたいと思っているランセッタという女子自転車競技選手の例について考えてみる。例えば，彼女が 32 km のタイムトライアルレースで勝つためには，平均 32 km/ 時で走らなければならない。彼女は，毎日 32 km をレースペースで走るのはおそらく無理だと考え，距離を 3.2 km ごとに分けることにした。1 回のセッションでその分けた区分を複数回走った。彼女は，3.2 km を 1 回走った後，呼吸とエネルギーを回復させるために短い休憩を入れれば，その 3.2 km を繰り返すごとに平均約 40 km/ 時で走ることができるだろうと考えた。その後，32 km/ 時に減速することで，32 km 全体を休憩インターバルなしに目標の 32 km/ 時で走ることができ，レースに勝つことができるかもしれない。実際のところ，短い区分にして休憩インターバルを入れて練習することで，彼女は目標距離を走りきる練習をすることができた。

　しかし，40 km/ 時で 3.2 km の区間を 10 回行うトレーニングがきつすぎて，すぐに倒れてしまうようなことになるのかどうか，彼女はどうしたらわかるのだろうか。あるいは，彼女が 3.2 km の距離をさらに繰り返したくなったら，どうすべきだろうか。答えはすぐに出せるが，まずは，彼女が何をしようとしているのかを考えてみよう。

　このシナリオを読んで，インターバルという語が頻繁に使われていることに気づいただろうか。そう，ここではこれまでに考案された最も効果的で一般的なトレーニングシステムであるインターバルトレーニングについて話している。インターバルという言葉は，繰り返し行われる高負荷の運動の間のリカバリー期間を指すことに気づいているはずである。研究室でもスポーツ現場でも用語が不正確に使用されているため，ここで指摘しておきたい。質の高い短時間の運動と運動の間におけるこのリカバリー期間を監視することは，リカバリーインターバル中に低下している心拍数を大切なデータとして監視することである。しばしば，インターバルという言葉は，より高強度で繰り返される距離や時間を指すために用いられ，リカバリー期間には別の語が与えられることが多いがここでは違う。これは，「私にとってはどうなのか？」という問いに答えるために，有効で信頼できる科学的な方法を提供しているのである。

　すべてのトレーニングが実験であることを認めれば，答えの糸口をつかめる。すべての実験は，決まった数値と変わりうる数値で構成されているということを信じてくれれば，答えに近づくはずである。自分の変わりうる数値について調べるために何かを測定する必要があること，および実験中に既知の値は変更できないことがわかっていれば，インターバルトレーニングの利点が全容として簡単に理解できるだろう。何よりも，既知の数値と可変の数値に対する応答を測定するうえで心拍計は最適なのである。おそらくいまならば，インターバルトレーニングの公式（リカバリーのためのインターバルとともに，目標時間での反復回数と繰り返される距離を掛けた数）が，どのよう

にして広まったかがわかるかもしれない。

　ランセッタのインターバルトレーニングセッションに戻って，インターバルトレーニングの発明につながった実験的な形式を使わない場合に，どのように機能するかを確認してみよう。トレーニングのこのフェーズでの目標は経済性を向上させることである。彼女は，インターバルトレーニングを計画するために，すべてのアスリートやコーチがすべきことをした。彼女は，全体の距離を任意に短い区分に分割した。3.2 km ということに特別な意味はなく，1.6 km の反復でもよかった。85 〜 95％ MHR のレベルの強度を維持することが可能な距離であれば，距離は短くても，実際のところ重要ではない。彼女は，レースペースよりもかなり速いペースで走れると確信できる短い距離を選んだ。次に，目標とするレース全体の距離である 32 km を走ろうと決めた。もちろんこれは，既定の 40 km/ 時のスピードで，3.2 km の 10 倍走らなければならないことを意味する。これを維持できることを確認するには，心拍数を 70％ MHR 未満に戻すために，反復の間にどれだけの休息時間をとるかを任意に決定する必要がある。彼女は，遅い速度でゆっくりと走ることで十分であると考えている。以下は，彼女のトレーニングのインターバル式である。

　　　ゆっくりとした 16 km/ 時のリカバリーインターバル運動を伴い，
　　　40 km/ 時のスピードで 3.2 km を 10 回走行する

　トレーニング中にこれらの条件（40 km/ 時で 3.2 km を 10 回繰り返す）を満たせなかった場合はどうなるだろうか。彼女は，トレーニングの強度が非常に高いため，10 回の繰り返しすべてを行うことができないとか，10 回すべての反復で 40 km/ 時を維持することができないとか，わずか 1.6 km の運動ではリカバリーできず 3.2 km を必要とするとか，あるいはすべての基準を満たしても，100％の徹底的な運動で疲れ果ててしまい練習としては不適切なものであると感じるかもしれない。

　もし，基準を満たすために 100％の努力が必要なことがわかったら，彼女は自分の健康や全体的なトレーニングに対する適応を危険にさらしていることに気づかず，困難に耐える根性をもっていることを誇りに思ってしまうかもしれない。あるいはもし，上記の最初の 3 つのいずれかの結果だったら，失敗したと感じることもあるだろうと思われる。いずれにせよ，自分が思っていた体力が得られておらず，調子の悪い日だったとか，その日の天候に対応できなかったようだとして，幸せな心境ではないだろう。トレーニングが失敗すると自信を築けないことはよくわかる。

　予想に反して，本格的なアスリートのためのこのトレーニングフェーズでは，アスリートの体力や能力，精神的な強さが問題になることはほとんどない。問題になるのは，可変のトレーニング条件（変数）がなく，既知のトレーニング条件（定数）だけが示された場合である。これでは，物事がうまくいかなかった理由をみつける余地がない。ランセッタのトレーニングを分析すると，何が起こっていたかを正確に判定するために，3 つの既知の条件と 1 つの可変の条件を必要としていたことがわかる。彼女は，運動が答えであることがわからなかった。彼女は，40 km/ 時がきつすぎるのか楽なのか，どうやってわかるのだろうか。1.6 km のゆっくりとしたリカバリー運動の後に，再び走行する準備ができているかどうかをどうやって知ることができるだろうか。32 km は長すぎるのか，短すぎるのか。これらの質問に答えるためには，まず，彼女のトレーニングの目的を再

確認する必要がある。トレーニングの4つのフェーズを経て，トレーニングトライアングルを上がっていくとき，すべてのレベルにおいて，運動によって体力向上の効果が得られなければならない。

　彼女のフェーズ III のコンディションにおけるこの時点での目標は，経済性を向上させることであり，そのためには85 〜 95％ MHR のゾーンでの運動が必要である。したがって，トレーニングの計画は，スピードと反復する距離の長さの組み合わせで，心拍数が目標ゾーンに入ることを想定してはじめなければならない。目標心拍数が決まり，3.2 km の区間を走りたいのだから，繰り返す距離も決まってくる。リカバリーインターバルを 16 km/ 時で 1.6 km とするので，これも既知の条件となる。したがって，この日はスピードが可変条件（変数）になるはずである。

　変数が何であるかがわかったので，彼女のインターバルトレーニング式は実験の形式に従うことができ，既知の条件の詳細を書き込むことができる。既知の条件は繰り返し回数，走行距離およびインターバルの長さであり，彼女が知る必要があるのはペースが正しいかどうかである。ランセッタの最大心拍数は181 拍/分なので，85〜95％ MHRの目標心拍ゾーンは154〜171 拍/分となり，トレーニングは以下のようになる。

　　　　16 km/ 時での 1.6 km のリカバリーインターバル走行を伴い，

　　　　3.2 km を 10 回，154 〜 171 拍 / 分になるように（　　　）km/ 時のスピードで走行する

　さて問題は，彼女が適切な運動をするためには，どのくらいのスピードで走る必要があるかということである。ランセッタが心拍数の上限を超えずに 32 km/ 時を超えるスピードを出すことができないならば，レースに勝つ準備ができていないことは明らかである。40 km/ 時で走行できるのであれば，おそらくすぐにレースに出る準備ができているといえる。彼女がトレーニング全体でさらに速く走行できるようであれば，上を目指して目標を変更してもよいだろう。

　もし彼女が条件に達していない場合は，このフェーズでより多くの時間を費やし，再びこのトレーニングを試すことによって，より体力を向上させることになる。数週間後には，彼女のスピードが向上し，目標とする 40 km/ 時までペースを上げることができるようになる。その時には，彼女はペースを目標の速度である 32 km/ 時まで落とし，リカバリーインターバルなしで 32 km 全体を走行できるはずである。このような実験的な式と心拍数モニタリングの組み合わせの利点は，毎週同じトレーニングを繰り返し，体力向上の進捗を詳細に追跡できることである。同じ運動で，彼女はより速くなる。運動の条件設定の手段として，心拍数を常に利用することを心がけよう。

　この式は，他のレベルの体力を向上させる可能性も秘めている。低強度で長い距離の反復を行うことで，スタミナを向上させることができる。

　　　　16 km/ 時で 1.6 km のリカバリーインターバルを伴い，32 km/ 時で 8 km の走行を (　　) 回

　また，ランセッタの目標心拍数 75 〜 85％ MHR を追加すると，式は次のようになる。

　　　　16 km/ 時で 1.6 km のリカバリーインターバルを伴い，

　　　　32 km/ 時で 136 〜 154 拍 / 分になるように，8 km の走行を (　　　) 回

　このシナリオでは，自分の目標ペースを維持するための準備がどの程度できているかを知ること

ができる。もし彼女が 154 拍 / 分を超えずに 1 ～ 2 回の走行しかできないのであれば，スタミナが向上するまで数週間このトレーニングを続ける必要がある。

　第 7 章では，ランセッタは，ピークに達する必要があるシーズンの終盤のことを見据えている。その時点では，彼女はパワーと乳酸耐性を向上させる必要がある。その後，リカバリーインターバルを変数として使用して，より高い強度のトレーニングを行うことができるだろう。

経済性を向上させるためのトレーニングパターンの例

　経済性を高めるためのこのパターンでは，多様性に富み，トレーニング効果を最大化するために，高強度の運動の日に 3 つの異なるトレーニングが含まれている。多くの人は土曜か日曜に時間があるので，長時間のトレーニングは週末に行うことを想定している。この例では日曜を当てているが，長時間のトレーニングを土曜にする場合は，すべてを 1 日前にずらす。この例では，スポーツの違いを考慮して，時間に幅をもたせてある。より適切なトレーニングについては，興味のあるスポーツの章を参照してほしい。

- 高強度の日（日曜）：60 ～ 75% MHR で 60 ～ 90 分間の LSD トレーニングを行う。
- 低強度の日（月曜と金曜）：65 ～ 70% MHR で 20 ～ 30 分の軽いリカバリー運動。
- 高強度の日（火曜）：70 ～ 95% MHR で 30 分間のハートレックを行う。
- 休息日（水曜）：休みをとる。
- 高強度の日（木曜）：90 ～ 95% MHR で 400 m × 12，休息インターバルは 70% MHR 未満。
- 中強度の日（土曜）：75 ～ 80% MHR で 20 ～ 30 分の中強度で定常状態の運動。

このような高強度のトレーニングでは，リカバリーの日に注意を払う必要がある。誰もが高強度のトレーニングをすることができるが，賢いアスリートはいつ休むべきかを知っている。低強度のリカバリーゾーンで十分にゆっくりとトレーニングを行うのは，自己管理を必要とする課題である。われわれが知っている多くのアスリートは，このような低強度のリカバリー心拍ゾーンにとどまってトレーニングすることがいかに難しいかを訴えている。しかし，十分で完全なリカバリーができなければ，すぐにオーバートレーニングになったり，病気やけがをしたりする可能性がある。

　なかなか気がつかないが，インターバルトレーニングの最初の部分を速すぎないようにするには，かなりの自己管理が必要になる。トレーニングの開始時にフレッシュで元気があるとき（レースの日と同じように），出だしが速すぎて，結果としてきつくなりすぎるという悪い癖がつきやすい。スタートが速すぎるということは多くの人が経験している。結局のところ，気分がよいときにペースを 95% MHR 以上に上げられない人はいないのではないだろうか。

　スタートが速すぎると，すぐにポジティブスプリットのいらだちを感じるに違いない。ポジティブスプリットとは，レースの終盤や 1/4 のタイムが最初の区間よりも遅くなることである。スタート時に無理をして，レースの終わりに抜かれるのは恥ずかしいというよりも，非常に落胆するものである。落ち込んだ思いをしていると，諦めてさらにペースを落としてしまうことになる。

　残念なことに，インターバルトレーニングにはまさにそのような誘惑がある。インターバルトレーニングは，あくまでレースの再現が想定にあることを理解していなければならない。レースで行う必要があることをトレーニングで行っておきたい。最初は我慢してトレーニングの反復を進める。スタート時にゆっくりと楽に進めることは何も悪いことではない。最後により速く走るためのエネルギーを確保しておくことを意味するのである。

　そのためには，トレーニング全体の最初の 1/3 から 1/4 の間に，目標心拍ゾーンの下限に達するようにする。トレーニングを続ける間，上限に達するのにそれほど苦労はしないはずである。むしろ，上限を超えないように注意してほしい。上限を超えてしまうと，トレーニングが真のスピードワークのようになりすぎて，すぐにピークに達してしまう可能性がある。トレーニングの強度については第7章で説明する。

　最初のうちはスピードを出しすぎないようにするための方法として，運動区間の中に小区間をつくり，途中で自分のペースを測定できるようにしておく。例えば，3分30秒のペースで800 m を反復しているとする。これをさらに200 m と 400 m の小区間に分ける。400 m の小区間は 1 分 45 秒，200 m の小区間は 52 〜 53 秒になる。最初の 200 m を 46 秒で通過した場合，最後の 200 〜 300 m のときに死ぬ思いで調整しなくてもすぐに調整できるだろう。

　この時点で，体力は競技レベルにまで向上しており，個人記録も着実に向上しているはずである。運動強度を 95 % MHR まで高め，大胆なスポーツの偉業について語る人生になった。オーバートレーニングによるけがや病気をせずに生き残るための鍵は，70 % MHR 未満の有酸素運動レベルで，楽なゆっくりとした低強度の運動を行うリカバリー日にある。オープンクラスのアスリートにおける基準では，高強度の運動 1 日につき，1 日のリカバリー日が必要である。年配のアスリートや才能が控えめなアスリートの場合は，軽い運動日を 2 〜 3 日連続でとるのが賢明である。

　次のスピードトレーニングの章では，シーズンの終わりやチャンピオンシップでのパフォーマンスのためのピーキングの科学とそのテクニックを学ぶ。これらのトレーニングは，トレーニング中とトレーニングの間の両方で，より長いリカバリー期間が必要になる。心臓に，たくさんの幸せなビートがありますように！

（古川　　覚）

第7章

スピードと
パワーの向上

　スピードは危険だ。車を運転していても，スポーツに参加していても，スピードを扱うのは難しい。だから，気持ちを引き締め，ブレーキを注意深くチェックしよう。ここでは，トレーニングの4番目で最後のフェーズに入り，身体能力を最高の状態に引き上げるためのトレーニングをしようとしている。これまでで最高のパフォーマンスを発揮できるようになるだろう。そのためには，スピードと関連の深いパワーを取り入れることで，スピードについての理解を深める必要がある。

　スピードのトレーニングは非常に重要で，実施しなければ決して速く走ることはできない。さて，もっと速く走るためにはどうしたらよいだろうか。それは簡単で，より速く走れるように練習することである。外に出て1.6 kmを10分（1 kmを6分15秒）のペースで5 kmを走るのであれば，1.6 kmあたり10分のペースで走るのが得意になるだけである。1 kmを5分54秒のペースで走りたいのであれば，どこかの時点でそのスピード以上のペースで走らなければならない。これまでに，有酸素能力の基礎を確立し，無酸素性代謝を向上させるために高強度の運動を行って無酸素性作業閾値を高め，16～20週間の定期的な運動を行っているはずである。これらの成果は，筋への負荷を大幅に増加させながら高速で行う高強度の筋収縮を必要とするスピードフェーズのための基礎を築くために重要である。この基礎は，キックのスピード，経済性ならびに運動の効率に大きな効果がある。パフォーマンスとは速く走ることであり，速く走るためには，速く走る練習をしなければならない。その準備が整ったのである。

　第5章では，最初に持久力を構築するためには最大心拍数（MHR）の75％未満，持久力を強化するためには75～80％ MHR，持久力を維持するためには65～70％ MHR（または60～65％ MHR）のように目標ゾーンを示した。持久的トレーニングは，より強度の高い運動のための基礎を築くと同時に，運動後の身体のリカバリーを助ける。第6章では，無酸素性作業閾値でトレーニングしながら，運動強度を75～85％ MHRに高めることで，スタミナを向上させる方法を示した。次に，無酸素性作業閾値（85～95％ MHR）を超えるトレーニングでペースを大幅に上げ，経済性を向上させる方法を示した。このように，トレーニングの最初の3つのフェーズに関する説明を段階的に進めてきたが，ここで95～100％ MHRで向上する運動能力の要素であるスピードと

パワーについて説明する。

　スピードとパワーという言葉はしばしば同義的に用いられるが，実際にはまったく異なる。時に混乱するのは，パワーとスピードのトレーニングはどちらも 95 〜 100% MHR の同じ心拍ゾーンで行われるということである。しかし，スピードは 95% MHR 未満でも向上しうるのに対し，パワーは 95 〜 100% MHR のゾーン，簡単に言えば最大努力でしか向上させることができない。パワートレーニングは，全力を必要とする爆発的な力発揮が必要であるが，スピードは最大心拍数以下のゾーンの範囲でも向上させることができる。言い換えれば，パワートレーニングは，より高い強度（最大強度）で行われる。簡単な例をあげると，400 m 走を反復するインターバルトレーニングはスピードトレーニングであるが，40 m のスプリントはパワートレーニングになる。多くのアスリートは，同じ運動セッションでパワートレーニングとスピードトレーニングを行っている。本章の後半で，これらのトレーニングの例を紹介する。

　さらに興味深い点として，パワートレーニングはスピードの向上に役立つが，スピードトレーニングは，必ずしもパワーを向上させるとはいえない。持久系アスリートにとっては，パワーよりもスピードのほうが重要である。持久系競技では，断続的なパワー発揮ではなく，平均速度が速いことが勝利につながる。スピードトレーニングには有酸素運動と無酸素運動の両方があるが，パワートレーニングはほとんどが無酸素運動である。この 2 つの要素の違いを理解することが，トレーニングプログラムを適切に計画することに役立つ。

　本章では，スピードとパワーの両方を向上させる方法について説明する。これにより，必然的にレース距離全体にわたって，より速い平均速度でのランニング，自転車，ローイングができるようになる。この 2 つの要素を明確に区別するために，パワートレーニングは 10 秒未満の全力疾走が必要であるのに対し，スピードトレーニングは，競技会のペースにもよるが，10 秒から 10 分ほど続く運動が必要なことが想定できる。前述の 400 m と 40 m の例を思い出してほしい。

　ここで混乱する可能性があるのは，パワートレーニングとスピードトレーニングの両方でみられる心拍数の応答についてである。興味深いことに，どちらのトレーニングも方法は異なるが，通常，運動終了時の心拍数は同じような結果になる。違いといえば，パワートレーニングでは心拍数の応答がすぐ起こるのに対し，スピードトレーニングでは心拍数が運動中ずっと上昇し，最後に最大値に達する点である。

　どちらのタイプのトレーニングでも，真の最大心拍数に達するためには，何度か繰り返す必要があるかもしれない。例えば，トレーニングが 10 秒間だけ登り坂をスプリントするというものであれば，真の最大心拍数に達するためには数回のスプリントを行う必要がある。パワートレーニングを 1 回実施した直後の心拍数は，驚くほど低いこともある。これは，スプリントタイプの運動は短時間で行われるため，心拍数が発生した大きな酸素負債に追いつく前に終了してしまうことによる。そのため，リカバリーインターバルがはじまる時に心拍数がどれだけ急上昇するか，心拍計を見続けなければならない。その場合でも，心拍数が 95 〜 100% MHR のゾーンを下まわることがあるが，心配する必要はない。ただ，心拍数が 60% MHR 未満に低下するまで毎分確認して完全にリカバリーするようにし，パワートレーニングの反復中には最大努力を継続することが必要である。

パワーとは，時間の経過とともに運動する能力に関係し，どれだけ速く力を発揮できるかということで，これをわかりやすく言うと，加速して再燃装置をオンにできるかということである。パワーのある人ほど，物事をより速く行うことができる。持久的トレーニングでは，パワーは重大な要素ではないが必要な構成要素である。自転車競技にとって，坂道を登ったり，ゴールまでスプリントしたり，逃げ選手を追走するにはパワーが必要である。ゴールに向けて最後のスパートをしたり，坂道でスピードを維持したりするランナーにもパワーが必要である。だからこそ，一連のトレーニングにパワーのトレーニングを取り入れることが必要であり，最終フェーズに設定されているのである。

トレーニングは，レース中の心拍応答を反映していることを覚えておいてほしい。最初の新鮮な状態のときには運動がしやすい。そのため，心拍数は意外と低い可能性がある。呼吸は最高レベルに激しいが，心拍数はトレーニングの初期，短い繰り返しの終わり，またはその両方で応答が遅れることがある。

プログラム例を示す前に，背景となる重要な情報をみてみる。トレーニングの種類によって筋に与える影響が異なる。一部は筋を構築（同化）し，他のものは筋と脂肪を分解（異化）する。同化反応と異化反応の両方を引き起こす運動もある。そのため，運動プログラムをはじめた当初は，筋の構築と脂肪の分解がみられる。ただし，強度が低くても筋の分解が起こる可能性もある。例えば，必要とされる運動時間が非常に長いマラソンやアイアンマンディスタンスのトライアスロンのように，75 〜 80% MHR にあたる強度で長くゆっくりと持久的運動を行うと，筋の異化につながる可能性があるので，注意深くモニターする必要がある。実際，これらの競技のアスリートは，体脂肪

ランナーにはフィニッシュラインで最後のスパートができるパワーが必要である。

も筋量も少ないために低体重であることが多い。

　あらゆることを考慮に入れると，無酸素性作業閾値以下でのトレーニングは，最初は筋に対して同化効果があると考えられる。そのため，あまりリスクは高くない（ただし，85 〜 95% MHR の経済性レベルの運動であっても，特にセッションが 60 分を超える場合は，筋に異化作用を及ぼす可能性がある）。体力づくり運動の最後のカテゴリーである 95 〜 100% MHR ゾーンで行うスピードとパワートレーニングは，身体への負担がさらに大きく，適切な休息と栄養とのバランスを慎重にとる必要がある。このことが，ゆっくり走るのは週に 6 〜 7 日行ってもよいが，スピードとパワーのトレーニングは週に 1 〜 2 日しか行ってはならない理由の 1 つである。このレベルのトレーニングは，完全なスプリントスピードと乳酸耐性をつけるために必要であり，いずれも最高のパフォーマンスを実現するために必要なものである。チャンピオンシップシーズン前の最後の数週間のトレーニングにスピードトレーニングとパワートレーニングを加えると，まちがいなく成果を感じることができるだろう。

スピードトレーニングとパワートレーニングの生理学的適応

　パワートレーニングとスピードトレーニングへの移行は，競技会に参加して競うための準備ができていることを意味する。これまで，苦労しながら基盤づくりを進めてきたが，後はエンジンを微調整して始動させるだけである。しかし，もう少しの辛抱が必要である。フェーズ I から III までは，制御や管理が可能であり，そして何よりも安全に着実な向上を経験してきた。この最後のフェーズでは，フルスロットルで運動することになるが，以前のフェーズの内容が適切に身についていることを確信できる場合にのみ，この先に進むことができる。その準備ができているかどうかについての基準は後ほど詳しく説明するが，ここでは最終的な生理学的調整と適応についてみてみる。これらの調整では，基礎的な運動の 3 つのフェーズと融合させて，完璧なフォームと機能を維持しながら，高エネルギーで動作するよく整備されたマシンをつくり出すのである。

　フェーズ I および II では，主に心肺系の適応を生じさせた。フェーズ III では，心血管系の適応に加えて多くの生化学的適応を引き起こした。フェーズ IV では，これらの生化学的適応に加えて，心血管系と呼吸器系の両方を強化し，最終的に総合的な体力とパフォーマンスを向上させる。期待できる適応は以下の通りである。

- 高強度セッションからのより早いリカバリー
- 加速と最高速度の大幅な向上
- 筋の生化学が改善され，耐性が高まり乳酸などの代謝老廃物の除去が亢進
- 速筋線維，遅筋線維の神経機能の動員の改善
- エネルギー産生率の向上とグリコーゲン貯蔵量の増加
- 技術とフォームの改善
- より速いスピードで必要とされる可動範囲の拡大による可動性と柔軟性の向上
- 高強度の運動と速筋線維の動員による筋力のわずかな増加

- トレーニング総量減少による気分状態の改善
- トレーニング総量減少による筋痛の減少
- 最大運動時の高い換気率による換気機能の向上
- パフォーマンスの向上

　もう 1 つ適応を加える必要があるが，それはより精神的なものである。フェーズ IV では，高強度の最大運動を繰り返すことで，精神的な強靱性を向上させることができる可能性がある。身体がより高レベルの乳酸耐性を獲得するのと同じように，筋が救済を求めて悲鳴をあげているときに，心が身体に対してリラックスし，諦めないで続けるように伝えることも学んでいく。スピードトレーニングとパワートレーニングを行うことで，ゴールラインに近づくにつれてペースが落ちてきたとしても，さらに頑張ろうとするときに筋が硬くならないようにする方法を学ぶことができる。これは，筋が硬くなっても，可能な限りゆっくりと減速するので「死に際の芸術」ということもできるだろう。「そうだ，這って進むことになっても，隣の人よりも速く這えばいいのだ」ということもある。スピードワークは，速くなるだけでなく，速い時間を長く保つことにも有効である。スピードトレーニングとパワートレーニングをすれば，精神的強靱性が確実に高まる。

　まとめると，これらの最終的な適応により，最適なパフォーマンスを発揮できる状態になる。この時点で，運動を楽しみ，成果をはっきりとみることができるようになるのである。身体は引き締まって（願わくは）速く動けるようになり，正しい栄養補給によって目標を達成することができるだろう。

スピードとパワーの向上

　けがをしないように，ピーキングの数週間にわたって，ゆっくりとトレーニングを進める必要がある。心理的に良好な状態というのは健康を維持し，トレーニングルームやスポーツ医学のクリニックに行かないことにかかっているかもしれない。そのため，われわれはトレーニングのすべてのフェーズにおいて，ゆっくりと進めていくことを推奨しているのである。このようなリスクの高いレベルでの課題は，高強度のトレーニングを少ない量で慎重に組み合わせながら，トレーニング中のリカバリーインターバルを最大にして，スピードとパワーのトレーニングから次のスピードとパワーのトレーニングへと移行することである。

　ここで，本書で最も重要な考え方である「努力が答えであり，その努力は心拍計で効果的に測定できる」ということに戻ってみよう。確かに，自分のペースを知ることは重要なスキルであり，トレーニングの確かなメリットだが，運動の困難さや容易さ，リカバリー期間の質を測定することは，身体に対して完璧な適応を保証するための最良の方法である。

　トレーニングのペースや運動の速度を選ぶことはできるが，適切に選択できたかどうかは，そのトレーニングがどれだけ困難か容易かを測定してはじめてわかる。これが，心拍計からのフィードバックである。心拍計は，常に「私にとってはどうなのか？」という重要な質問に答えるガイドを提供しようとしている。

区分	スプリットタイム	休息インターバル (% MHR)	焦点	% MHR*
ウォームアップ	10分00秒			< 75
800 m × 2	2分30秒	< 65	スピード	> 95
400 m × 3	65秒	< 65	スピード	> 95
75 m × 4	最大努力	< 60	パワー	> 95
40 m × 5	最大努力	< 60	パワー	> 95
クールダウン	5分00秒			< 75

表7.1　中距離ランナーのためのスピードとパワーのトレーニング例

*心拍数が95%を超えると100%にまで及ぶことがある。これはスピードトレーニングでもパワートレーニングでも起こりうる。

　この点を理解し，運動の程度をモニターすることが何を意味するのかを説明する最良の方法は，アスリートが総合的な持久力を向上させるために行っているスピードトレーニングの実際の典型例を示すことである。われわれの示す例には，本書のすべての考え方がまとまっているので，後の章であげるトレーニングプログラムの計画例を予想できるだろう。ランニングと自転車の例を示すが，どちらも詳しい方法とその組み合わせ方を紹介した。

　最初の例は，全体的なスピードを向上させるためのセッションである。このトレーニングにはスピードとパワーの両方の要素が含まれている。**表7.1**にスピードを重視したトレーニングとパワーを重視したトレーニング例を示した。ランニングの例で選択したスプリットタイムは，現在1.6 kmを5分30秒で走れる中距離ランナー用である。

　この高強度のインターバルトレーニングでは，高速で高強度の運動と，反復の間の十分なリカバリー時間のバランスがとれている。距離は3,300 mと短いが，ジョギングやウォーキングなどの非常に低強度の運動を多くすることで，酸素負債や乳酸の蓄積を解消することができる（ランナーにより体力がつき，より速くなると，追加の要素を加えることができる）。スプリットタイムは，身体の状態のよいランナーが，1.6 kmを5分30秒で走り，心拍数を目標の95%以上に上げるのに十分な速さでなければならない。ペースが遅すぎてランナーの心拍数を95%以上に上げられない場合，もっと速く走るのは構わないが，リカバリーインターバルの目標心拍数にならないまま次の反復運動を開始することはすすめられない。

　このインターバルセッションでは，距離が短くなるにつれてスピードが増加する。距離が75 mになり，さらに40 mになっても，どちらもパワーを向上させるために最大のスプリントペースで行う。800 mと400 mでは，このペースをすべての距離にわたって維持できないので，最高のスピードでは走れない。これで，スピードトレーニングとパワートレーニングの違いを理解できたのではないだろうか。

　2番目の例は，幸運にも丘陵地帯に住んでいる意欲的な女子自転車競技選手であるランセッタのためのパワーとスピードを組み合わせたトレーニング例である。彼女のトレーニングを**表7.2**に示した。自転車競技では，ランニングやクロスカントリースキーと同様に坂を登ることがあるため，スピードとパワーを同じ区分として扱うことができる。

表 7.2　自転車競技選手*のためのスピードとパワーのトレーニング例

区分	スプリットタイム	休息インターバル (% MHR)	焦点	% MHR
ウォームアップ	22 km/ 時で 16 km			＜ 70
4 分坂を登る × 6	4 分 00 秒	＜ 60% MHR 4 分 00 秒〜 5 分 00 秒	スピード	95 〜 100
クールダウン	16 km			＜ 70

*対象者は 39 歳，女子自転車競技選手。最大心拍数：181 拍 / 分，95 〜 100% MHR：172 〜 181 拍 / 分，＜ 60% MHR：109 拍 / 分

このような状況ではランセッタは，最大の努力で非常に短い距離を激しく速く走り，リカバリーのためにコーチが「休暇」と呼ぶもの（つまり，仕事を休んだ日のような長い休息インターバル）をとる。休息のインターバルにおいて，彼女が反復運動の間に自転車から落ちるほど疲れているため，心拍数が 60% MHR に戻るまで時間がかかる。そのため，以下のようになる。

172 〜 181 拍 / 分の心拍ゾーンで 4 分 × 6 と，心拍数を 109 拍 / 分未満に戻すための，非常にゆっくりとした楽なペダリング，あるいは惰性で丘を下るような方法を特定しないリカバリーインターバルを設ける。

このアプローチのよいところは，ランセッタ自身がリカバリー状態を客観的に監視できることである。より困難なヒルクライムからのリカバリーに時間がかかるようになると，心拍数が低下するのがより遅くなり，インターバルの休息時間はより長くなる。これは正しい変数を監視するもう 1 つの利点である。十分な休息を取らずにスピードやパワーのトレーニングを反復すると，反復運動のスピードが低下するため，刺激が減少するということを忘れないでほしい。

中距離ランナーのためのトレーニングとランセッタのトレーニングの主な違いは，一方はスピードとパワーの両方を鍛えるために最大パワー（40 m と 75 m スプリント）を使っているのに対し，他方は，最大下のスピード（最大パワーではない）を使用して，パワーよりもスピードをターゲットにしていることである。繰り返しになるが，パワー対スピードのセッションを導くために時間のパラメータを使用すると，セッションは数秒ではなく数分になることがわかる。これらのアプローチは，どちらも異なる意味で価値がある。どちらを使用するかは，多くの場合，最大の努力と速度で運動することがどれほど快適で安全かによって決まる。

賢明なアスリートは，何が起こっているかをみている。体力やレースでのパフォーマンスを向上させるために複数の方法が利用できることを知っておく必要がある。次は，スピードとパワーを向上させる技術を具体的にみていく。

スピードトレーニングとパワートレーニングへの移行

外に出て音速の壁を破る前に，「インターバルトレーニングや高強度トレーニングをする準備ができているだろうか？」と自問する必要がある。多くの場合，アスリートはより強度の高いトレー

Edwin Moses：初期の心拍数のパイオニア

・・

　以下は，心拍計を使用して，トレーニングの既知の数値（定数）と可変の数値（変数）を決定する別の例である。これは，おそらく世界で最も偉大な 400 m ハードル選手であるエドウィン・モーゼス（Edwin Moses）にとって，努力に基づいたトレーニングがどのように報われたかを示すよい例である。モーゼスは 122 レース連続で無敗を維持しながら，1976 年と 1984 年のオリンピック（米国は 1980 年のオリンピックをボイコット）で金メダルを獲得した。アトランタのモアハウス大学で工学の学位を取得した彼は，客観性と数値に興味をもち，心拍計に適応させて自分のトレーニングを行った。

　1980 年代初頭に遠隔測定ができる胸部ストラップを特徴とした心拍計が利用できるようになったとき，モーゼスはその機器を使って，ほとんどのスプリンターが苦手とする持久力とスタミナのトレーニングを行うことを自らに課した。具体的には，ピードモント公園の芝生や丘陵地で，無酸素性作業閾値トレーニングのためのテンポランに取り組んだ。彼は AT ゾーンの心拍数で，クロスカントリースタイルのトレーニングを継続的に行った。春と夏の競技シーズン中，トラックでのスピードトレーニングの間のリカバリーインターバルに目を転じた。彼は心拍数が 60%MHR 未満に完全にリカバリーするまで，ハードルを超えるスピードやパワーの繰り返しやスプリントをはじめなかった。

　オリンピックの金メダルと，陸上競技の中でも最もハードな種目の 1 つである競技での 122 連勝に加えて，モーゼスは 400 m ハードルの世界記録を 4 回も更新した。エンジニアと心拍計を大切に思わなければいけない。

ニングを実施する前に，十分にコンディションを整えておく必要がある。ランナー，クロスカントリースキーヤー，ボート選手，その他の持久系アスリートの場合，簡単なガイドラインとしては，約 5,000 m 程度の最大努力のタイムを自分で測定することである。そのとき，1,000 m のスプリットに注意する。最後の 1,000 m のスプリットが最初の 1,000 m のスプリットとほぼ同じであれば，より強度の高い運動を実施する準備ができている。その差が 3 ～ 4% を超える場合は，さらに継続的で一定の持久運動が必要である。自転車競技の場合，平坦なコースで約 16 km の長い距離を走る必要がある（つまり，最初と最後の 1.6 km のスプリットが同じ程度かどうかである）。水泳の場合，1,600 m が適切な距離で，最初と最後の 200 m のスプリットを比較するとよい。

スピードとパワーを向上させるトレーニングテクニック

　より強度の高いトレーニングへ移行することは，レースのパフォーマンスを高めるためにきわめて重要である。目標を達成するためには，有酸素能力の基礎を築くための継続的な距離トレーニング，無酸素運動に移行するための定常的運動とテンポトレーニング，レーススピードと無酸素性作業閾値（AT）の変化に対応するための経済性トレーニングなど，いくつかのトレーニングアプローチがある。スピードとパワーの獲得には，AT の上昇と動きのスピードの向上が必要である。スピードトレーニングにはさまざまな形態がある。

- 高強度の継続的な運動（ペースランニングと呼ばれることが多い）
- 最大有酸素運動速度（約 3 分間維持できる最大速度）の 80 ～ 175% となる強度変化を伴うイ

　ンターバルトレーニング

● これら2つの組み合わせ

　インターバルトレーニングと高強度の連続的なトレーニングのいずれも，AT以上の強度で，特定の時間，実施する必要がある。これを実施するには，適切な強度を決定するために試行錯誤の期間が必要である（例として，第6章のランセッタの経済性とスピードの節を参照してほしい）。心拍数は強度を示す最もよい指標だが，スピードやペースと併せて使用しなければならないこともある。

　非常に高い強度では，最大有酸素運動速度を超える強度の範囲でMHR応答がみられるため，心拍数をモニターして指針として使用する機能が損なわれる。また，激しい運動のために，心拍応答は遅れる。アスリート，特に自転車競技選手，ランナー，水泳選手，ボート選手は，1.6 kmあるいは1 kmあたりの時間（分），または時速を使用して，代替の評価とすることができる。多くの時計，コンピュータ，GPSシステムでは，リアルタイムで速度をモニターすることができる。通常，レースペース以上で行われるインターバルの区分や反復運動では，多くのレベルで心拍数が最大になることがすぐにわかるだろう。前述のように，心拍数の応答はしばしば遅れ，強度を正確に判断するのに十分な情報が得られない。そのため，最大での運動時や最大下での運動時（スピードとパワートレーニング）の場合は，スピードと心拍数の両方を使って強度をモニターする必要がある。その後，心拍数を使ってリカバリーインターバルをモニターし，次の運動への準備ができているかどう

自転車競技では，心拍計で正確な測定が行えないような激しい運動中には，心拍数の代わりにスピードやワット（パワー）を測定してもよい。

かを判断することもできる。

　これで,運度強度をモニターするために心拍数を使用することに十分精通したことだろう。スピードを使用して強度を簡単にモニターするには,走っている距離と走るのにかかる時間に注意をはらう必要がある。そのために,スプリットタイムを使用する。例えば,クロスカントリースキーヤーで,5 kmのかなり平坦なコースのゴールタイムが21分未満と設定するものとする。

　これを5つの1 kmの区間に分割する。1 kmあたりの平均タイムは4分12秒でなければならない。この4分12秒を目標にして,この目標以下のタイムで1 km区間を滑走できれば,必要な速度で滑走できることになる。これは,心拍数ではなく速度を利用して強度を決める例である。その後,心拍数をリカバリーの目安として利用する。

高強度の連続した運動（high-intensity, continuous exercise : HICE）

　スピードを向上させるための最初のアプローチは,高強度の連続した運動（high-intensity, continuous exercise : HICE）である。このトレーニングは,テンポエクササイズに似ている。しかし,テンポトレーニングは後半でペースを落としながらきつさと心拍数を一定に保つが,HICEトレーニングではペースを一定に保ち最大になるまで心拍数を上げていく。つまり,HICEトレーニングはタイムトライアルやレースのようなものである。

　HICEトレーニングは,スポーツにもよるが,AT値を大きく上まわる強度で20分以上続ける必要がある。例えば,90〜95% MHRの強度からはじめて,100% MHRに近い強度で終了する。運動セッションの継続時間はスポーツによって大きく異なり,強度のレベルも決まってくる。自転車ではランナーよりも長い時間,最大レベルの運動を行うことができるが,ボートや水泳ではランナーよりも時間が短い。これがなぜなのか完全にはわからないが,後者のスポーツでのほうが複雑なスキルが必要とされることが関係しているのかもしれない。強度レベルは,疲労や疲労困憊がはじまる直前に運動セッションを終える必要がある。よって,通常,HICEトレーニングは強度が高いという理由で,レースよりも短い距離で実施する。HICEは,テンポと運動の点でレース状況をシミュレートするが,スピードはより速い。また,疲労が発生しているときにフォームを維持しようとするため,フォームとメカニクスの改善に取り組むことができる。アスリートがよく犯す誤りは,HICEのセッションが速すぎて,時間が短すぎてしまうことである。

　HICEの強度と時間を決める際には,3つの1/3という考え方をする。最初の1/3は比較的快適で,「もっと速く走れた」と思える程度にする。2番目の1/3では,疲れておりフォームを維持することを考えはじめるが,痛みという面ではまだ許容範囲にある。最後の1/3では,すべてが失敗に終わることがないように,ただひたすら頑張る。走行の開始時から終わりに向かってペースによって応答が大きく異なるため,ペースの選択はきわめて重要である。一般的な人は週に1回のHICEセッションで十分である。

　HICEセッションの例を示す。ある男性ランナーが10 kmを50分で走ることを目標にしているとしてみよう（1 kmを5分）。彼が5 kmを25分で走ることができると仮定するのは理にかなっている。しかし,5 kmは短いので,これでは全体的な強度は低くなる。このランナーが5 kmの

HICE セッションを行う場合，5 km の目標タイムを 23 分 45 秒にすることで，1 km を 4 分 45 秒，あるいは 400 m あたり約 1 分 54 秒に短縮することができる。

　終了時の心拍数は 10 km でも 5 km でも同じで最高値になるが，50 分後ではなく 23 分 45 秒後に達する。この考え方を理解すれば，どのような長さの HICE セッションも組み立てることができる。

　次に，ハーフマラソンを 2 時間 10 分未満で走りたい人の例をみてみる。この場合，マイルスプリットは 1.6 km あたり約 9 分 55 秒（1 km を 6 分 10 秒）になる。HICE セッションでは，1.6 km を 9 分 30 秒（1 km を 5 分 54 秒），あるいは 1.6 km を 9 分 15 秒（1 km を 5 分 44 秒）で 11.2 km（7 マイル）走る。この場合も，ハーフマラソンと 11.2 km 終了時に最大心拍数に達する。

　また，ボートの例をみてみる。ボートで 10 km を 40 分でを目標にしたとする。ボートでは一般的に 500 m のスプリットタイムを使うことから，これは 500 m あたり 2 分に相当する。つまり，20 分で 5 km を楽に漕ぐことになるるわけだが，HICE 目標を設定すると，500 m のスプリットが 1 分 52 秒にし，5 km を 18 分 40 秒で終えることになる。繰り返しになるが，どちらの場合も終了時の MHR は同じで，最大運動である必要があるが，条件は異なっているのである。

　このように，HICE はスピードと高強度のトレーニングを導入するのに適した方法であることがわかる。ただ，HICE はパワー向上には効果がない。そのため，われわれはインターバルトレーニングに着目するのである。

インターバルトレーニング

　インターバルトレーニングは，AT 以上で様々に時間を変えて，通常，全体を通して高い強度で行う。実際，運動のスピードを維持する時間は比較的短いので，常にレースペースよりもかなり速くなる。これは HICE トレーニングとよく似ているが，通常インターバルトレーニングはより高速で行い，さらに重要なことは，目標心拍数を下げるためのリカバリー運動やその時間が含まれることである。

　インターバルトレーニングセッションの例として，5 km 走のスピードとパワーの表（**表 7.1**）を参照してほしい。インターバルは HICE とは異なり，決められた時間や距離で連続的に運動を行うのではなく，リカバリーインターバルで区分けされた一連のトレーニングの一部を実行する。休息と運動の比率は変えてもよく，セッション内での運動の部分を多くしたり少なくしたり，適宜調整できる。心拍数をリカバリーの目安として用いている例として，ランセッタやエドウィン・モーゼスの例を再度みてほしい。これらの例では，アスリートがリカバリーできたことを示す指標として 60% MHR を使用した。多くの場合，コーチは時間と心拍数の両方を使用してリカバリーを進める。心拍数はリカバリーの最低基準であり，インターバル時間によってリカバリーを確実なものにする。例えば，コーチは心拍数が 60% MHR 以下になるまでの時間に加えて，リカバリーインターバル全体が適切となるように時間を設定することもあるに違いない。

　この追加の休息がないと，テクニックが損なわれてしまうとの意見もある。さらに，テクニックが損なわれると，コーチはより高い運動強度でよいフォームを維持できないという，さらなる懸念をもつだろう（水泳では，長年この方法でトレーニングを続けてきている）。色々な長さで反復運

乳酸についての論考

おそらく，スポーツのパフォーマンスやトレーニングにおいて，乳酸ほど否定的な注目を集めているものはない。乳酸は疲労，疲労困憊，筋痛や筋損傷，オーバートレーニングなどの原因とされている。しかし，本当にそんなに悪いことばかりなのだろうか，これほど注目される価値があるものなのだろうか。

血中乳酸のプロファイリングは，上級レベルのコーチやアスリートがトレーニングの質と量を監視するために一般的に使用している。乳酸値の測定には，乳酸性閾値（LT）に関する知識が必要である。LT は，通常，乳酸が著しく蓄積する運動強度と定義されているが，これを知ることがなぜ重要なのだろうか。理論的には，乳酸が蓄積している場合，その濃度は最終的にエネルギー産生と筋活動を損なうほど高くなるため，パフォーマンスがいつ終わってもおかしくない。この理論は，乳酸濃度がエネルギー産生と筋活動の両方を制限すると信じられていることに基づいている。

アスリートの乳酸のピーク濃度は，トレーニング状態，筋線維組成，さらには食事によって大きく異なる。乳酸値のピーク濃度が16〜17 mmol/Lのアスリートも11〜12 mmol/Lのアスリートもいる。明らかに，この反応には個人差が大きい。乳酸値をモニターする場合は，標準化されたガイドラインにとらわれず，個々のプロファイルを作成する必要がある。残念ながら，個人差や測定値に関係なく，4 mmol/L のが広く一般的に LT と呼ばれている。さらに，アスリートの安静時乳酸値は 0.9 mmol/L から 2.9 mmol/L の間で変化するため，4 mmol/L に達するまでの乳酸反応量には大きな個人差がある。17 歳未満のアスリートでは，乳酸データの正確性はさらに低くなる。

乳酸値は比較的簡単で安価に測定できるようになった。しかし，それでも科学的な精度と正確さが求められる。精度と正確さが欠けると，多くのコーチにとって大きな失敗の原因となる。血液量，汗の汚れ，空気に触れる時間，休息時間などを管理できていないと，矛盾や不正確さの原因となる。最初のプロファイリングは，これらの条件のほとんどをより適切に制御できる実験室の条件下で行うのが最適である。

では，乳酸をモニターする価値はあるのだろうか。答えはイエスでもありノーでもある。正しいデータが収集できていると確信がある場合はイエスであるが，そうでない場合はノーである。17 歳未満のアスリートから収集した乳酸データの大半は一貫性がなく，ほとんど何もわからない。また，乳酸値はどれだけのことを説明してくれるのだろうか。

バーモント大学では，アクティブリカバリーとパッシブリカバリーという 2 つの条件下で連続した試行でのパワー出力を観察した研究を行った。6 回連続した試行で乳酸をモニターした結果，アクティブリカバリーのほうが高いパワー出力が得られたが，乳酸値には両条件間に差はなく，乳酸濃度だけでは疲労を説明できないことが示唆された。このことはトレーニングにどのような影響を与えるのだろうか。

一部の科学者は，LT での速度がパフォーマンスの最も正確な予測因子であると強く主張している。そうであれば，2 つのシナリオが考えられる。第一に，乳酸のピーク濃度が低い人は LT が 4 mmol/L で生じる前に，より速く動ける可能性がある。第二に，乳酸のピーク濃度が高い人はより高い LT を維持できるので，LT においても速く動けるかもしれない。矛盾しているように思えるが，この矛盾は，LT はすべてのアスリートにおいて 4 mmol/L であるという思い込みによっている。これはおそらく真実ではない。むしろ，アスリートによって異なっており，換気や二酸化炭素の生成量などの生理学的なマーカーを利用して科学的に決定する必要がある。乳酸測定に頼る前に，これらの要因を組み合わせて真の LT を決定する必要がある。その場合でも，乳酸測定だけに頼って強度のモニタリングを行うのは賢明ではない。

乳酸は，有酸素性の低強度の運動条件下でも常に生成される。パワー系アスリートは，有酸素系アスリートとは対照的に乳酸を生成する能力にばらつきがあり，速筋線維の割合が高いため，より多くの乳酸を生成する可能性が高い。ただし，これはある一定の乳酸濃度で長期間にわたっ

てより多くの運動が行えるという意味ではない。乳酸値は，食事や気温，安静時の状態，標高など多くの要因の影響を受ける。乳酸値を利用する場合は，心拍数，主観的運動強度，仕事率，酸素消費量などの他の生理学的マーカーを組み合わせて使用し，できるだけ管理された方法で測定する必要がある。例えば，ウォームアップが 2 分異なり，前のセッションより 2 分遅く測定しただけで乳酸値は確実に変わってくる。こういったことによって，誤った結果が示されて誤解を招くおそれがある。

動を行うのは，運動，ペース配分，および戦略を判断するのに役立つとともに，状況に応じて精神的に集中するのにも役立つので生産性も高くなる。

　レースのペースよりも速く走るインターバルセッションは，戦略的にスケジュールする必要があることを再度確認しておきたい。この速いスピードは，インターバルトレーニング計画の中心的なものであり，レースペースよりも速いスピードになっている時間は，実際のレースの時間よりも短いので，こなすことはできるだろう（ここでもランセッタの戦略を参照してほしい）。

　表 7.3 にあるランナーの実験室でのデータを示した。以下に示す例は，収集した生理学的データを使用して，適切な高強度セッションを計画する方法を示したものである。

　このアスリートの AT 時の心拍数は約 163 拍 / 分で 1.6 km あたり 7 分 45 秒（1 km あたり 4 分 48 秒）のペースであった。AT を科学的に測定できない場合の簡単な指標は，トークテストを行うことである。会話に支障があったり，または静かになったりしてしまうときは AT 強度に近い。これらの数値を使用して，AT を基準としたトレーニングプログラムを作成できる。運動強度として選択した心拍数が増加すると，通常は運動の時間が短くなる。代わりに，1.6 km を 163 拍 / 分未満で 60 分以上走ることもできる。いずれにしても，このアスリートの場合，効果的なスピードと閾値を基準とした運動は 163 拍 / 分以上であり，1.6 km あたり 7 分 45 秒（1 km あたり 4 分 48 秒）未満のスプリットでなければならないことがわかる。

　HICE では，たとえスピードが同じであっても，トレーニング中は心拍数が次第に上昇する。こ

表 7.3　男性ランナーの生理学的データ	
年齢	41
体重	71 kg
身長	170 cm
予測 MHR（220 − 年齢）	179 拍 / 分
実測 MHR	182 拍 / 分
AT%最大値	80%
$\dot{V}O_2max$	58 mL/kg/ 分
AT 時心拍数	163 拍 / 分
AT 時 $\dot{V}O_2max$	47 mL/kg/ 分
最高 400 mスプリット	58 秒
AT 時マイルペース	7 分 45 秒（1 km あたり 4 分 48 秒）
5km ベストタイム	20 分 46 秒

の現象は，心血管系ドリフトまたは心臓クリープ現象と呼ばれ，ほとんどの場合，体温上昇によって
いる。これは定期的な水分補給で補うことができる(これは第2章で説明した)。このため，トレーニングの強度は，心血管系ドリフトを補正する必要があるが，これは運動の強度を少し下げることで簡単にできる。短時間の運動セッションの場合，それに応じて強度を増加させる必要がある。例えば，セッションが20分しかない場合，この例のアスリートの場合は，心拍数170拍/分かそれ以上で開始することを選択してもよい。HICEセッションでは，アスリートはセッション終了時に最大努力に近づく必要があることをもう一度確認しておこう。要は，HICEは難しいトレーニングなのである。

インターバルトレーニングや HICE トレーニングはいつ開始するか

インターバルトレーニングや HICE トレーニングを実施するには，しっかりとした有酸素能力の基礎をつくることが必要で，通常12〜16週間のトレーニングが必要である。通常，オフシーズンや冬のシーズンに，有酸素能力の基礎が鍛えられる。高強度のトレーニングは負荷が高いため，トレーニング量を減らす必要があり，テーパリングプログラムと似ている。実際，多くの成功したアスリートは，テーパリングプログラムの一部としてインターバルトレーニングを実施しており，高強度で少量のトレーニングのみを行うテーパリングプログラムの有効性については多数の科学的研究により実証されている。そのため，高強度のセッションは試合の8〜10週間前から本格的にはじめる必要がある。このようなセッションの成功のためには，ある程度の代謝酵素の適応も必要だが，運動強度の増加に対する基礎的な筋骨格系の適応よりもかかる時間が短い。インターバルトレーニングや HICE トレーニングの目標は，試合の強度や精神状態のシミュレーションをはじめることである。以前の例を24週間のトレーニングプログラムに当てはめると，次のようになる。

16週間，週5日，低強度で定常負荷のトレーニングを行い，有酸素能力の基礎をつくる
4週間，定常負荷の運動日4日とHICEを1日
4週間，定常負荷の運動日3日とHICE日を1日，インターバル日を1日

スピードとパワー向上のためのトレーニングパターン

強度の高いトレーニングをはじめるときは，3〜4週間は週に1回だけにするのがよい。これで，新しいスピードに適応できるはずである。その後，少なくとも3日以上の間隔をとって，週に2回のセッションを設定する。一般に，どのレベルでも週に2回のセッションで十分であり，インターバルの休息期間を短くしたり，運動部分をより速くしたりすることで向上していくだろう。

プログラムを組み立てる際，多くの場合，曜日よりもトレーニングの種類のほうが多いことに気づくだろう。一般的なルールとして，週5日を基準にして十分な体力レベルに達するということであれば，3日は定常負荷の持久力トレーニングに，2日はスピードトレーニングに割くのがよい。

曜日	焦点	方法
月曜	スピード	HICE
火曜	休息	
水曜	持久力	LSD
木曜	スピード	インターバル
金曜	休息	
土曜	経済性	テンポ
日曜	持久力	LSD

表7.4　高強度のトレーニングを取り入れた週間プログラムの例

その場合，週5日のトレーニングのうち，1日がインターバルで1日がHICEになるということもあるだろう。高齢のアスリートは，週に2回以上の高強度セッションを行うと，確実にリカバリーが難しくなる。

高強度トレーニング間のリカバリー

トレーニングセッションの間にどれくらいのリカバリー時間が必要なのか，という疑問はよく聞かれる。当然のことながら，これはセッションの強度，体力レベル，1日に複数のセッションを行ったかどうか，年齢，そしておそらく最も重要なのは食事の習慣にかかわっている。食事をするのに最もよい時間は，運動直後，特に炭水化物に強く依存する高強度の運動後だといえる。食事の質は，炭水化物が筋に補給される量に影響する。一般的な目安として，炭水化物の再充填には少なくとも24時間かかるとされている。よって，高強度のインターバルトレーニングを何日も連続して行うことはすすめられない。通常，セッションの間に2日間を挟む（月曜と木曜に実施するなど）ことで，十分なリカバリーが可能である。高齢のアスリートの場合は，リカバリーに時間がかかるため，間隔のスケジュールをより慎重に設定する必要がある。**表7.4**にこの段階での1週間のトレーニングプログラムを簡単にまとめた。

表7.4に示したプログラムの概略では，スピード，パワーおよび持久力のセッションを組み合わせることができる。また，1日をHICE，もう1日をインターバルにすることで，最大速度と最大下の速度の両方を目標にすることができる。週に2回の持久力の日には，レースペースを意識するために，少し速めの経済性トレーニングによって，苦労して獲得した持久力の基礎を維持することができる。このようなバランスのとれたプログラムでは，すべての運動セッションで適切な努力をすることができるように，十分なリカバリーの日も用意されている。両方のスピードトレーニングの後にリカバリーの日を組み込んでいるが，これは通常，いくらか長いリカバリーが必要になるためである。

レーストレーニング中には，速く走るためには速く走らなければならないということを再度確認しておこう。速くボートを漕ぐ，速く走る，速く自転車を漕ぐ，速く泳ぐなどのことは，生理学的，心理的，ならびに生体力学的な努力を必要とする。そのような努力は不快なものでもあり，多くの

アスリートにとって，これが最大の課題となる。運動強度が高くなると，呼吸の不快感，脚や腕の重量感，胸が焼けるような感覚が襲ってくる。これらは，レースで感じられる徴候である。ATを上まわる速さで運動し，心拍数と呼吸数が最大に近い状態でその運動に耐える時間は，レース環境への準備になる。基礎および基盤的トレーニングをすべて完了したら，次はより強度の高いトレーニングが必要なのであって，競技に備えるには，高強度のトレーニングを組み合わせて行う以外に方法はない。ただし，適切な計画を立て，独自のデータに基づいてトレーニングセッションを作成する必要がある。

　最後の注意として，インターバルトレーニングのリカバリー時間は十分慎重に計画してほしい。リカバリー時間は，運動時間の質を左右するため運動時間よりも重要である。休息が少なすぎると疲労はすぐにやってくるし，休息が多すぎると変化のための刺激が少なくなってしまう。アスリートを疲れさせることは誰にでもできるが，アスリートを速くすることは誰にでもできることではないのである。

（古川　　覚）

第Ⅲ部

トレーニング
プログラム

第8章

効果的な
トレーニングプログラムを
計画する

　ここまで，心拍計を正しく用いるために必要な情報のほとんどについて説明してきた。第III部では，いくつかのスポーツにおけるトレーニングプログラムの例を紹介していく。ただし，これから紹介するプログラムを最大限に活用し，トレーニングを最適化するためには，適切に構成されたプログラムの要素と，プログラムを計画する際に考慮すべき要素について学ぶ必要がある。そうすることで，関連する専門用語に精通し，適切な刺激とリカバリーを可能にする段階的な進行が安全にできるようになるだろう。

　トレーニングプログラムは日々のガイドラインとなるため，何週間も何ヵ月も前に計画しておく必要がある。考慮すべき要素は，頻度，タイムおよび継続時間などの単純な要素（これから詳しく説明する）から，エネルギー供給系のより複雑な側面にいたるまで数多くあり，最大限のパフォーマンスを発揮するために，これらのすべての要素を適切に展開させていく必要がある。第1章で述べた最初に向上させるべき持久力，すなわち有酸素能力を基礎としたトレーニングトライアングルを思い出してほしい。トレーニングトライアングルは，その基礎の構築に最も時間がかかることを示している。すべてのプログラムは低強度または少ない量の運動からなり，しっかりした基礎をつくることからはじまる。そこからプログラムは高強度の閾値に進み，最終的に非常に強度が高く，非常にスピードが速いゾーンに入る。

　また，持久力，スタミナ，経済性，スピードの4つのトレーニングフェーズを再確認してほしい。これらのフェーズは，有酸素的から，わずかに無酸素（経済性），高度に無酸素的（パワー）までのエネルギー供給系をカバーする。トレーニングトライアングルは，エネルギー供給系を段階的に向上させることが重要であることを強調している。無酸素系を向上させるためには，適切な持久力（有酸素）の基盤が構築されていなければならないのである。

　初期の体力レベルにもよるが，適切な有酸素能力の基礎をしっかりたしたものにするには4～20週間かかる。本書では，原則として有酸素能力のレベルを最大酸素摂取量によって分類するが，その分類を**表10.2**，**表10.3**に（138ページ）に示した。しかし，多くの人は最大酸素摂取量などを測定するために必要な技術を利用することができないため，5 km走にかかる時間を利用した

表8.1　レベルの異なるランナーの5kmレースのタイム	
初級者	29分30秒以上
中級者	22分30秒〜29分29秒
上級者	22分29秒未満

分類を示した（**表8.1**）。**表8.1**をみれば，自分が初級者，中級者，上級者のどこにあてはまるかがわかる。なお，適切な有酸素能力を構築するためには，初級者で16〜20週間，中級者で12〜16週間，上級者で4〜12週間が必要であろう。

これでトレーニングプログラムの構成が理解できたと思われるので，次にプログラム計画に関連するその他の要素や用語について述べる。

プログラムを計画するための要素

トレーニングと心拍数の利用についての議論を進めるにあたり，トレーニングプログラムを計画する際に考慮すべきトレーニングの概念と変数を確実に理解しておく必要がある。心拍数は非常に重要な変数であるが，測定ツールの1つである。優れたプログラムを計画するためには，運動を指導する際の8つの基本的な原理・原則を理解する必要がある。

1. 頻度　　2. 強度　　3. 継続時間　　4. 種目
5. 過負荷　6. 特異性　7. 可逆性　　　8. 維持

つまり，現在の体力のレベルは，これら8つの原理・原則によって決まるのである。それぞれについてより詳しくみていく。

頻度とは，1週間に何回運動するかを示す目安である。基本的な体力づくりのガイドラインでは，週に3〜5回のペースで行うことを推奨しているが，これは強度と継続時間の相互作用に大きく依存している。基本的に，初級者は週に3〜4回運動し，1日おきに休息日を設定する。中級者は週に4〜7回運動する。上級者は週に15回まで運動することができる。競技指向のアスリートの多くは，有酸素運動を1回とウエイトトレーニングを1回組み合わせたり，1回の運動をゆっくり実施し，もう1回を速く実施したりして1日に2回の運動をする。つまり，競技指向のアスリートは，少なくとも週に7回は運動をしていることになる。

強度とは，トレーニングがどれだけきついかを示す尺度で，進行状況に応じて評価しなければならない。第1章で，強度は最大心拍数に対する割合（% MHR）または最大酸素摂取量（% $\dot{V}O_2max$）で評価することを示した。心拍数は，強度を推定する最も単純で最も効果的なツールである。適切な強度を選択することで，その時点でのトレーニングフェーズに必要な適応を促すことができる。トレーニングプログラムがきつすぎたり進行が早すぎたりすると，けがをしたり，後に強度を高くするための適切な基盤（体力）が身につけられないことが多い。最初からきちんと自分

の体力を分類することで，正しい強度を選択することができる。

　継続時間とは，運動セッションやリカバリーインターバル，反復などの時間の長さを指す。原則的に，継続時間が長いほど強度は高まる。運動中は疲労が蓄積されるため，トレーニングの速度やペースを遅くしない限り，継続時間は経過とともに強度の要素の1つとなる。いずれにしても，継続時間は最終的には強度を決定する要素となる。継続時間は，一定の強度の刺激を確保するために調整することが多いので重要である。また，運動中にエネルギーを補給する必要があるかどうかも決定される。継続時間と強度は，密接に関連している。

　種目とは，実施する活動の種類のことを指し，ランニング，水泳，自転車などが運動種目の例である。種目は，効率，特に力学的効率や代謝効率の向上と関連している。心拍数が同じでも，活動によって消費カロリーが異なるため，消費エネルギーに影響を及ぼす。また，同じ心拍数でも，種目が異なると，強度や主観的運動強度も異なることがある。トライアスロンでは，バイクやスイムでの140拍/分よりも，ランでの140拍/分のほうが快適に感じられることが多い。

　ここまで述べてきた4つの要素（頻度，強度，継続時間，種目）は，いかなる運動プログラムの初期の計画においても中心となる原理・原則である。次に述べる4つの要素は，プログラムの漸進性に関連している。

　過負荷とは，筋系に対する要求を増加させることを意味している。つまり，単に筋系により多くを要求することを意味する。過負荷は時間の経過とともに量や強さをどれだけ増加させるかということで，プログレッション（漸増）と関係している。原則的に，初級者や中級者の場合，いずれのセッションであれ2～3週間で量を10%以上増加させてはならない。しかし例外として，総走行距離が1週間で16 km以下の場合は15%以上増加させてもよい。この増加は，少なくとも毎週3回の運動セッションを実施することを想定している。言い換えると，負荷を増加させる前に，同じ負荷での運動セッションを少なくとも8回は続ける必要がある。

　例えば，初級者が月曜，水曜，金曜に4.8 kmのランニングをすると，週に14.4 km走ることになる。2週間後には5.6 kmを3回，つまり週に約16.8 kmにまで増やすことになる。この例では漸増の進行が遅いように思われるが，けがや筋損傷の予防に役立ち，同時にエネルギー供給系が新たな過負荷に適応するための十分な時間が与えられることになる。運動量の割合で負荷の増加量を算出すると，増加量が少なくなるためやりにくい。代わりに時間を増加させれば測定や監視がしやすくなる。

　特異性には，代謝特異性と筋収縮特異性の2つの要素がある。特異性とは，代謝系や筋骨格系それぞれに適切なストレスをかけることである。例えば，優秀なランナーがプールで400 mを泳ごうと努力するのをみたことがあるだろうか。基本的に，練習やトレーニングによって特定の筋を収縮させることで効率がよくなる。ランナーにとってはスプリントが必要であり，自転車にとっては坂道走が必要なのかもしれない。また，トライアスロン選手にとってはトランジションが必要なのかもしれない。要するに特異性というのは，筋の収縮時に代謝活動と連動して働く中枢神経系を調整することに関係している。多くのアスリートにとって，その種目に最も重要となるさまざまなスピードや強度でのトレーニングが必要になる。ここで特に重要なのはスピードトレーニングであるが，これも持久力の基礎が構築されている場合に限られる。レブロン・ジェームス（LeBron

James：NBA の選手）は，ダンクでフリースローの練習をしないし，ヨーヨー・マ（Yo–Yo Ma：チェリスト）は，バイオリンを使ってコンサートの準備をしない。彼らのトレーニングは特異的なのである。

　可逆性とは，獲得した体力は失われてしまうということである。体力が低下する時間は，アスリートごとに，また体力の種類によって異なる。例えば，有酸素能力は約 10 日間運動をしないと低下しはじめる。筋力は 30 日程度では低下しない。アスリートは，この点を理解するのに苦労することが多い。トレーニングをしないと，1～2日で有酸素能力が低下してしまう，つまり，体力が失われてしまうと考えている。そのため多くのアスリートは，重要なレース，特にマラソンやアイアンマントライアスロンのような長いレースのために必要な適切な休息をとらない。実際，よくトレーニングされた有酸素系アスリートの体力は，少なくとも7日間では低下しない。むしろ，適切な休息をとることでパフォーマンスが向上する。これはテーパリング中に起こる。体力を獲得することは難しいが，体力を維持することは比較的容易であるということを覚えておいてほしい。

　維持の原則と可逆性の原則は，多少関連がある。維持とは，現在の体力レベルを保つということを意味する。体力の維持は，体力を向上させるよりもはるかに少ない労力で達成できる。単に体力の維持を目的とするのであれば，現在のトレーニング量を 30～40％減らしても達成できる。ただし，トレーニングのある時期では，量を減らして強度を上げることでパフォーマンスを向上させることができる。トレーニングのテーパリング期では，非常に高い強度（通常，90％ MHR 以上）を維持していれば，量を 80％まで減らすことができる。そのため，多くのアスリートは，大きなレースまでの数週間，大幅に量を減らしながらもスピードと強度を上げることによってレースでより速く走ることができる。これは，「ピーキング」と呼ばれ，一般的にシーズン終盤のチャンピオンシップにおけるパフォーマンスに備えて行われる。

　これらのトレーニングプログラムの原理・原則を理解したところで，心拍トレーニングのゾーンを使用してトレーニング中にそれらをコントロールする方法について考えてみよう。けがをすることなく，必要なパワー，スピード，持久力の要素を向上させるために，論理的かつ体系的なプログラムを構築しようとしていることを思い返そう。

ピリオダイゼーション（トレーニングの期分け）

　プログラム計画の要点に入る前に，トレーニングプログラムの全体像をみておく。このことをピリオダイゼーション（期分け）と呼び，全体的なトレーニングプログラムの構成を描くのである。トレーニングプログラムは，12 週間，6ヵ月，1年間にも及び，オリンピック選手にとっては4年にもなる可能性がある。プログラムの長さに関係なく，その段階的進行は科学的原則に基づいて構成する。ピリオダイゼーションを正しく計画すれば，多くの場合，心拍数による強度とトレーニングサイクルをおおよそ一致させることができる。より長くゆっくりとした基礎を構築するサイクルでは，全体的にかなり低い心拍数（安静時と運動中）を特徴とし，フェーズⅠの持久力ゾーンにあたる。強度の高いサイクルに入ったときには，レースコンディションの準備期のように，運動中の心拍数を大きく上昇させる。

　体系化されたプログラムは，マクロサイクル，ミクロサイクル，メゾサイクルと呼ばれる期間において総合的な体力の様々な要素に焦点を当てる。持久力，スタミナ，経済性，スピードの4つのフェーズのトレーニングはこの期間に合致している。一般的に，マクロサイクルは，ミクロサイクルおよびメゾサイクルのような特異性や詳細に欠けており，トレーニング期間がより長いものと定義されている。例えば，6ヵ月のトレーニングプログラムのマクロサイクルであれば，持久力の基礎づくりのために，最初の12週間は単純で低強度の有酸素トレーニングが計画されることもある。

　ミクロサイクルは期間がより短く，体力の他の側面に焦点を当てる。例えば，6ヵ月間のトレーニングプログラムで，最初の12週間をマクロサイクルとした場合，その後4週間のミクロサイクルを2つ続けることもある。この2つのミクロサイクルには，スタミナを改善するためのスピード，ヒルワーク，テンポラン，柔軟性に焦点を当てる場合がある。ミクロサイクルの間，パフォーマンスやレースに必要な経済性など特定の要素にもう少し焦点を当てることもある。

　メゾサイクルは，ピリオダイゼーションの最後の部分であり，特定のスキルに取り組むよう計画された単一のセッションである。ランナーのメゾサイクルでは，ペース，スピード，パワーの向上および力学的な面に重点を置くことがある。自転車競技のメゾサイクルでは，体位や登坂姿勢に焦点を当てたり，水泳では，ストローク技術が中心になることがある。

　ピリオダイゼーションでは，プログラムの特定のフェーズで求めている適応のタイプを詳細に検討する必要がある。そのことにより，トレーニングを体系化して，適応するのにどのくらいの時間がかかるのかを考慮し，トレーニングプログラムのどこで競技会に参加するのかを決定することになる。トレーニングプログラムを計画する際には，最終目標，つまり結果を確認する必要がある。「トレーニングプログラム終了時に，パフォーマンスに関して何を求めるのか」と自問してみてほしい。これを明確にできれば，さかのぼって必要な適応を得るために適切な時間を確保することができる。こうすることで，進行が早すぎることで生じる基本的な誤りやけがのリスクが少なくなる。

　ピリオダイゼーションというレンズを通して，トレーニングプログラムの一般的な構造を振り返ることができれば，より一般的なコンディショニングが早期に行われ（マクロサイクル），これらは徐々により具体的になっていく（ミクロサイクルとメゾサイクル）ことになる。これらのそれぞれの期間内で強度，距離，リカバリー，およびその他の変化も確認することができる。ここでも，心拍数は適切な適応を得るために必要な強度の範囲内でトレーニングを実践するためのガイドになる。プログラムを体系的に計画することが重要なのである。

負荷漸増の原則

　負荷漸増の原則は，持久系の運動にも，瞬発系の運動にも適用できる。運動生理学における主要な法則は，筋を繰り返し運動させて疲労状態にし，さらに繰り返して負荷をかけることによって，筋を適切な状態にできるということである。

　この原則の最もよく知られた応用は，ウエイトトレーニングである。われわれは，ウエイトを挙上することで筋力が向上することを知っている。軽いウエイトを何回も持ち上げる方法と重いウエ

イトを数回持ち上げる方法の 2 つがよく知られている。どちらの方法も効果があるが，多くの筋線維を刺激して動員させるためにウエイトを十分な回数挙上できるか，または十分な重さである場合に限られる。この場合，アスリートは限界に達して，筋が震え，苦闘し，力を使い切るまで過負荷の状態になる。

どちらのタイプのウエイトトレーニングにも副次的な体力向上効果がある。標準的な 10 回の反復を例に考えてみよう。10 回の反復は安全で筋力向上にも効果的である。まず，試行錯誤を繰り返しながら，7 回以内の反復で筋が疲労する重量を選ぶ。8 回，9 回，10 回目の反復で過負荷が生じ，適応が促進される。筋が十分な強さになり，過負荷に達することなくそのウエイトを 10 回挙上できたら，次のレベルの体力と筋力の向上のために負荷を増やす。この過程をどのくらい続けるかは目標によるが，より強くなるためにはより重いウエイトでより多くの負荷が必要になる。例えば，ウエイトリフティングの選手が，ベンチプレスで 95 ポンド（43 kg）で過負荷に達することがわかった場合，10 回の反復ができたら新たな過負荷にするために 10 ポンド（4.5 kg）追加する。さらに，105 ポンド（48 kg）で過負荷にならなくなると，115 ポンド（52 kg）まで続ける。

では，ウエイトトレーニングでの漸増負荷の原則をウォーキング，ジョギング，ランニングに応用してみる。実際，この例はどの持久系スポーツにも創造的に展開することができる。これらの活動における負荷は体重である。ただし，負荷を大きくするために体重を重くするということではない。実際，体型がよくなるほど実質的に動かす重さは減ることになる。したがって，負荷を増やすには次の 3 つの方法がある。

1. セッションの時間を長くする ― 同じペースでより長くウォーキング，ジョギング，ランニングをする
2. 重力に逆らって体重をより高く持ち上げることで強度を高める ― より速くウォーキング，ジョギング，ランニングをする
3. 傾斜角度を変えて強度を上げる ― 坂道を登ったり，丘を駆け上がる

言い換えると，ウォーキングで体力がつくということは，非常に軽いウエイトを何回も挙上するのと同じことである。ジョギングは，それほど重くないウエイトを，それほど多くない回数持ち上げるのと同じことである。ランニングは，重いウエイトを少ない回数持ち上げるのと同じことである。丘を駆け上がるのは，最大のウエイトを数回持ち上げるのと同じことである。

強度の低い心拍ゾーンで遅いペースでのトレーニングは時間がかかるが，強度の高いゾーンで速いペースでのトレーニングは早く終わる。心拍数，忍耐力，目標によって，どの程度の時間を費やすかが決まる。

段階的進歩とリカバリーの監視

心拍数をモニターするという考え方については，すでによく知られている。また，ペースが同じであれば継続時間を長くすると強度が増し，一般的に継続時間が長くなると，リカバリーがより必要になることも理解されている。しかし，心拍数は応用の幅が広く応答性にも優れているので，適

応の状態だけでなく，短期的・長期的なリカバリーの状態をモニターすることができる。次節では，短期的・長期的な心拍応答をみてセッション内の強度とリカバリー状態をコントロールすることで，オーバートレーニングを防ぐための指針を示す。

セッション中のリカバリーのための心拍数の利用

通常，運動中の心拍応答は，運動強度を反映している。運動セッション中は，坂を登った後などに強度が増して，心拍数が高くなることがある。これは，トラックでのスピードインターバルセッション中にも起こる。強度が短時間増加した後にある程度リカバリーするためには，減速するか停止する必要がある。このようなときは「次のインターバルを行う準備ができているか」と問うことが重要である。運動中のリカバリー期の心拍数が，安全に導いてくれる。

リカバリー期の心拍数をモニターすることで，次のセッションをいつ開始すればよいかが判断できる。原則的として，十分なリカバリーの基準として65% MHRが用いられる。ただし，これは厳格なルールではない。数秒しか続かないような高強度のスピードトレーニングやパワートレーニングをしている場合は，800 mのインターバル走に対して50% MHRをリカバリーの基準として選択するコーチもいる。リカバリー期の心拍数にとって肝心なことは，スピードや負荷を大きく低下させずに十分な質を確保し，完全なトレーニングが行えるよう十分なリカバリーを達成しなければならないという点にある。一般的に，体力のあるアスリートは，リカバリー期の% MHRを高く設定している。

適切な心拍数の回復は，次の運動までにいかにうまく，どの程度リカバリーしたいかによって異なる。一般的に，個々の運動が速いほど，強度が高いほどリカバリーが必要になる。例えば，85% MHRでの反復走では，95〜100% MHRでの反復走よりもリカバリーは少なくてすむ。

例を示す。コーチが，50% MHRをリカバリーの目標として選択したとする。アスリートの心拍数がそのレベルまで下がったら，トレーニングを再開したり次に進んだりする。ここで，20歳のランナーの最大心拍数を200拍／分とする。セッションは，トラックで200 m走を10回の繰り返す構成である。コーチはトレーニング中，アスリートのタイムや心拍数を用いて，いつ次のスタートをすべきかを判断する。タイムと心拍数を組み合わせて判断するコーチもいる。この例では，心拍数が100拍／分（50% MHR）を下まわるまで，次の200 mを走らせない。これは，特定の運動セッション内のみの心拍数をモニターすることでリカバリー中の心拍応答を利用した例である。

セッション後のリカバリーのための心拍数の利用

心拍数測定の技術の進歩により，運動セッションの後も長時間（24時間以上）データを収集できるようになった。心拍数を長時間モニターできるため，運動日の間の休息日やリカバリー時のデータが収集できる（日という単位での心拍数の回復状態ということもできる）。これにより，毎日のトレーニング強度の指針とすることができ，前のトレーニングや試合から十分にリカバリーできていなければ修正することもできる。これにより，急性のオーバートレーニングやけがの可能性を減らすことができる。

　図 1.2（11 ページ）をみてほしい。ここでこの図で表わしていることを説明する例を示す。安静時心拍数を記録する習慣があり，朝起きたときの平均心拍数が 52 拍 / 分だったとする。日曜に16 km のランニングをした。月曜に起きたときの安静時心拍数は 55 拍 / 分であった。月曜にはトラックでのスピードトレーニング（量は少ないが強度は高い）が予定されていたため実施した。火曜の朝起きた時の安静時心拍数は 56 拍 / 分であった。これは，日曜のトレーニングからリカバリーできていないため（月曜のトレーニングによりさらに悪化した），火曜は非常に軽いトレーニングにするか，できれば完全な休息日にすべきであったことを意味している。このことは，なぜ優れた記録管理が役立つかを示している。この方法を用いれば，月曜（火曜）のトレーニングを調整し，1 〜 2 日以内に安静時心拍数が正常に戻ることが確認できただろう。そうでない場合は，オーバートレーニングなどの深刻な問題が発生する可能性がある。こうなると，長期間の休養と戦略的な栄養指導が必要になる。

　運動中だけでなく 1 日を通して心拍数に注意を払うと，リカバリー状態や次のトレーニングへの準備について多くのフィードバックが得られる。これもまた，けがの可能性を減らことに役立つ。

オーバートレーニングの回避

　安静時やトレーニング中の心拍数を測定することで，オーバートレーニングを回避することができる。オーバーレーニングは複雑な問題であるが，心拍数のデータを利用することで，体調を整える初期の段階でトレーニングのやりすぎに気づくことができる。心拍数のデータは，好調な状態がピークを過ぎているのに，ランニングシーズンが続いていて，リカバリーしきれないというリスクを警告することもできる。

　もう 1 つの重要な概念はオーバーリーチングである。これは，特にきついトレーニングセッション後によく起こる短期のオーバートレーニングといえる。オーバーリーチングは通常，長く激しいトレーニング後の数日以内に起こる。オーバートレーニングは，トレーニングがきつすぎたり，レースの頻度が高すぎたりするときなどより長く，長期間に及ぶもののことを指す。オーバートレーニング状態は，十分な休息や栄養をとらずに，数週間から数ヵ月のトレーニングを行ったときに起こる。これは深刻な状態で，長期の休養と栄養への配慮，そして医学的介入が必要になる。それに対して，オーバーリーチングは通常，数日間の休息と栄養価の高い食事で対処できる。

　心拍計を利用すると，いずれのオーバートレーニング状態の発生を防ぐことができる。効果的に使用するには，以下の 2 つを行う必要がある。

1. 安静時心拍数および特定のトレーニングに対する心拍応答をできるだけ頻回にモニターし記録する。これは，数日，数週間，数ヵ月にわたって記録する必要がある。
2. 運動時心拍数と安静時心拍数がどのように応答するかを理解する。予想通り増減していることを確認する。

　1 つ目に対処するのは簡単である。2 つ目についてはもう少し先に読み進める必要がある。本来，安静時心拍数はトレーニング後 24 時間以内に正常に戻る。翌日，より強度の高いトレーニングを行う前に，このような状態になっていることを確認する必要がある。しかし，時間の経過とともに，

安静時心拍数と決められたトレーニングに対する心拍応答はどちらも減少する。安静時と運動時のどちらも心拍応答が低下するのは，心筋の機能が改善した結果である。つまり，心臓が強くなって1回の拍動でより多くの血液が拍出できるようになったのである（1回拍出量の増加）。完全にリカバリーできていない場合，組織の修復や燃料補給のために心臓が機能し続けるため，安静時心拍数は上昇する。さらにリカバリーできていないと，運動中の心拍数は，必要な血流を供給するのに十分なレベルまで増加しない。このことは，オーバーリーチングの初期にアスリートがときどき経験する不調や調子の低下の原因となる。あたかも，誰かが心拍数に制限をかけたように感じたりする。その結果，懸命に動こうとしても，必要な血液を供給するように心拍数を上げられないため思うように動くことができないのである。結果としてイライラを感じ，精神的にダメージのあるトレーニングになってしまう。脚も腕も重くなるので，アスリートにできる最良のことは，家に帰って食事をして寝ることである。

　12週間のトレーニングプログラムを決めるのはよいが，身体が必要としているのであれば，日々の計画を変更する柔軟さが必要である。問題は，心拍数がオーバートレーニングを示唆しているとき，どうすべきかということである。明らなことは，数日間運動量を減らすことである。一部のアスリートにとっては常にできるとは限らないが，高強度のトレーニングの強度や頻度を減らすなど，他にもいくつかの予防策が考えられる。

　まず最初に，アスリートがオーバートレーニングやオーバーリーチングの急性期にあるのか，あるいは長期の慢性的な問題の初期症状なのかを判断する。これを判断するために，アスリートに以下の3つの質問をしてみる。①「運動がより困難になってきているか，それとも楽になってきているか？」もし，同じトレーニング（つまり同じ速度）でもより困難になってきていると感じたらオーバートレーニングである。②「非常に疲れているにもかかわらず，質のよい睡眠をとることができないか？」もしそうならオーバートレーニングである。③「ルーティーンのトレーニングで，最大努力を発揮するのを難しいと感じるか？」もしそうならオーバートレーニングである。これら3つの簡単な質問は，オーバートレーニングがはじまっているかどうかを判断するのに役立つ。

　オーバートレーニングの初期段階は，まさにオーバーリーチングである。オーバーリーチングは一般的に，トレーニングの強度や時間が著しく増加した場合に発生する。これは，短期間にトレーニング量が顕著に増加する合宿などに参加している場合によくみられる。オーバーリーチングに関するよい情報としては，3〜4日間の計画的な休息と適切な栄養介入によって，比較的早く容易に対処できる可能性があるということである。

　症状を無視し，セッションを通してトレーニング中毒のような精神状態でトレーニングを続けると，必然的に典型的なオーバートレーニングになる。典型的なオーバートレーニングになると，より深刻な結果をもたらす長期的な問題になる。通常，オーバーリーチングのすべての徴候と症状に加えて，さらにいくつかの徴候がみられる。それは，安静時心拍数が上昇を続け，激しい運動をしたにもかかわらず，運動時の心拍数は抑制されていく。その後，免疫系の機能が低下し，結果として病気になったり病気の期間が長くなる傾向がある。この時点で，明らかにオーバートレーニングであり，数週間から数ヵ月間，トレーニングから離脱しなければならない。

　幸いなことに，安静時心拍数と運動時心拍数を定期的にモニタリングすることで，これらの初期

症状を発見することができる。これで,次のトレーニングの強度や時間を適切に修正して,オーバーリーチングからオーバートレーニングに移行しないようにすることができる。

　アスリートがオーバートレーニングに陥らないようにするための重要なポイントは,トレーニングプログラムを計画する際に,能力,栄養,年齢およびリカバリーのプロファイルを考慮することである。個別に計画したプログラムを用いることで,オーバーリーチングやオーバートレーニングが発生しているかどうかを早い段階で見つけることができる。適切なトレーニングプログラムを作成するには,漸進状況,期間,強度などの要因について理解する必要がある。また,トレーニングプログラムの期間を明確にしていく必要があり,そこから,第1章で説明した基礎を活かしたプログラムを構築しなければならない。

まとめ

　トレーニングプログラムの計画段階において考慮すべき要素について述べた。ここでそれぞれの要素を組み合わせて考えてみたい。**図8.1** のフローチャートは,特定の体力要素に焦点を当てたプログラムが時間的な観点からどのようになるのかをまとめたものである。この図は,一般的な時間の枠をつくってから,それらのセクションに戻って,より詳細を追加すると便利である。これによって,**表8.2** に示した 1,500 m ランナーの例のような,より詳細なトレーニングプログラムを

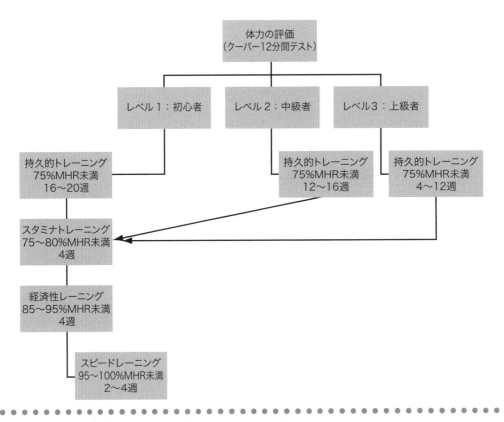

図8.1　トレーニングプログラム計画のためのフローチャート

表8.2　1,500 m ランナーの 1 年間のピリオダイゼーション計画								
サブ フェーズ	フェーズ							
	準備期：持久力, スタ ミナ（12 ～ 16 週）		試合期： スピード（4 週）		リカバリー期 （4 ～ 8 週）		早期移行期 （12 ～ 20 週）	
マクロ サイクル	量 持久力	強度 スタミナ	スピード HICE 経済性	パワー スプリント スピード	ファン / クロスト レーニング アクティブレスト		有酸素性・スキルの向上 低強度・多量 持久力	
ミクロ サイクル								

作成することができる。例えば，スタート姿勢などパフォーマンスの具体的な要素，または特定の要素に焦点をあてたトレーニングは，通常，ミクロサイクルで詳細に示される。このようなトレーニングの詳細は，1つのミクロサイクル（**表8.2** の一番下の行のセル）に記載される。

　効果的なプログラムを計画するためには，プログラムのそれぞれのサイクル中に発生する適応のタイプを知っておく必要がある。一般的に，トレーニングプログラム全体を通してみられるいくつかのサイクルがある。それらは，基本的サイクル(持久力構築サイクル)，試合期サイクル，リカバリー期，移行期のサイクルである。これらのフェーズを明確に定義したプログラムによって，理にかなった段階的な進歩がもたらされる。その結果，適切なタイミングでピークを迎えることができるようになる。また，適切なテーパー期も確保できる。さまざまなスポーツのトレーニングプログラムをみるときは，すべてのスポーツに同じ理論と構成が適用されることを忘れないでほしい。常に最も長いフェーズである低強度での持久力，つまり基礎構築のフェーズからはじめる。その後，期間は短いが，より具体的で高強度なフェーズのトレーニングを系統的かつ辛抱強く行う。一般的なモデルは，すべてのスポーツで同じである。唯一の違いは，そのスポーツで必要とされる特定の動きのパターンによるものである。例えば，水泳ではより多くの時間がドリルに費やされる場合がある。

　目標がレクリエーション運動の習慣化であれ，笑顔で競技会を終えることであれ，年齢別の賞を勝ちとることであれ，計画を立てることで目標達成の可能性が高くなる。たとえ 100％目標通りできなくとも，少なくとも心拍数に応じて調整できる大まかな方向性をもつことができる。このことは，運動時心拍数と安静時心拍数の両方にとって重要となる。そして，これを機能させるには，正しく記録を残していく必要がある。

（杉浦　雄策）

第9章

ウォーキング

　前章では，トレーニングの監視とその一般的な運動への応用について，多くの理論と実践的なアドバイスを提供した。本章で扱うウォーキングは最大下で行われるため，これまでに述べてきた考え方の例外としてとらえる必要があり，創造性に富んだ代替案が求められる。例えば，トレーニングゾーンは最大心拍数（MHR）に対する割合を用いて決定するが，ウォーキングでは真の最大心拍数よりわずかに少ない特定の心拍数を使用する。課題は，持久力とスタミナの向上という目標を達成するために，より低い強度のゾーンをみつけることである。

　トレーニングゾーンの範囲は幅広い。心拍数が実際に信頼でき，効果的であることを確認するためには，実施している運動に対する自分の感覚に頼る必要があるのかもしれない。心拍数を使ってどの程度の距離，どの程度の速さ，どの程度の強さで運動すべきかを判断する。この方法は，簡単に実践できるだけでなく，体力のレベルを上げるのに効果的な方法であることが必要である。

　本章では，漸進的負荷という過負荷の原則をウォーキングに適用する方法について学ぶ。軽いものは何度も持ち上げないと筋力が向上しないのと同じように，ウォーキングは重力に対する抵抗がかなり弱いため，筋が過負荷に達するためにはたくさん歩かなければならない。それに対して，スプリントは重い重量を数回持ち上げるだけで筋が過負荷に達する。いずれの場合も，毎分の心拍数で心臓の応答を追跡することによって，筋の酸素需要量を追跡できる。

　本章では，自分自身が科学的な「研究」の対象になることも求められる。トレーニングを計画する際には，継続時間，距離，ペース，そして特に心拍数の応答で決定される運動強度を操ることになる。トレーニング計画は実験計画に似ており，これらの要素を定数（トレーニングの中で制御される部分）または変数（変更可能な部分）のいずれかに指定する。

　以下に示すプログラムは，ウォーキングの体力をより高いレベルに引き上げるために個別化され，体系化されたプランである。改善に必要な質に達するのに十分な運動をしていることを確認するために心拍計を利用する。しかし，より重要なことは，オーバートレーニングになったり，シンスプリントやさらにひどい状態になるような挑戦をしないことである。

簡単な体力評価

・・

　　先に進む前に，次の問いかけをしなければならない。「現在の健康状態は良好だろうか？」「週に2～3回は少なくとも20分快適に歩き，週に1回は30分の長い散歩ができるように，日常的なウォーキングを楽しんでいるだろうか？」また「20分間で，少なくとも1.6 km歩けるだろうか？」もし「イエス」であるなら，以下の段落はとばしてもらってかまわないが，そうでない場合は，そのまま読み続けてもらいたい。

　　われわれのプログラムは，普段あまり運動をしない初心者を対象にしたものではない。20分のウォーキングを週に2～3回（そのうちの1回は少なくとも1.6 km）と，30分のウォーキングを週に1回という条件を満たしていない場合は，これらの基準に達するまで，非常にゆっくり，楽な散歩からプログラムをはじめよう。どこまで進むかを気にせず，示されている一連の運動の半分を達成することからはじめてほしい。20分のウォーキングを3回，30分のウォーキングを1回という目標を達成するまで，毎週2～3分のウォーキングを追加していく。20分で1.6 kmを試す前に，十分に休息をとるために散歩の合間に少なくとも1日休もう。このテストに合格したら，われわれの作成した次のトレーニングに進むことができる。

現在の体力レベルの分類

　自動車の運転免許証を取得する際は，適切な監督のもとで練習し，必要な知識を身につけ，最終的に免許証を取得するための試験を受けなければならない。この時点で，仮免許を取得し，十分に練習を積んでいるはずである。ここでも，いまの体力レベルを確認するためにテストを受ける必要がある。これは，出発点として適切なレベルのトレーニングを選択する際に役立つ。

　以下に示すテストの概要を注意深く読んで，すべての指示を理解していることを確認しよう。時間が記録できるように，時計かストップウォッチを持つことを忘れないでほしい。また，タイムトライアルの際には，歩行時の心拍数がどのくらいになっているかを知るために心拍計を装着する。心拍計を装着し，ストップウォッチを0にリセットし，深呼吸をしてトラックに向かおう。

　テスト中は，心拍計を毎分確認する。心拍数は滑らかで安定して増加することが予想される。しかし，疲れてテストの終了前に減速した場合には，テスト終了時の最大心拍数が正しくない可能性があることに注意する必要がある。

1マイル（1.6 km）ウォーキングテスト

1. トラックや表面が平らな道で測定する（標準的なトラックは1周400 m，1/4マイルである）。外側のレーンでは1マイル以上になるので，内側のレーンを歩く。トラックが使用できない場合は，自動車などの走行距離計でルートを測定する。この方法はそれほど正確ではないが，このテストには十分である。

2. 数分間の軽いウォーキングとストレッチでウォームアップする。

3. ストップウォッチを始動させて1.6 kmを歩きはじめる。スタートは速すぎないようにする。マーチングスタイルのような一定のペースで，強く押し出しているような感じで歩く。1.6 km地点に近づいたらペースを上げて力強くフィニッシュする。ストップウォッチを止める。テスト終了後は少し息が切れるが，疲労困憊になってはいけない。

ウォーキングの際に心拍計を使用することでトレーニングレベルを判定し，強度を最適化できる。

4. 　数分間，楽なウォーキングでクールダウンする。タイムを**表9.1**と比較し，ウォーキング
　　分類を決定する。

T. Iknoian, Fitness Walking, 2nd ed. (Champaign, IL: Human Kinetics, 2005), 13 より引用。

　前述の条件を満たしていれば，「ヘルス」に入っているだろう。「フィットネス」のカテゴリーで
あれば，レベル1のプログラムを使って，よりよい持久力の基礎を構築していこう。「アスリート」
のカテゴリーに達していた場合はレベル2から開始する。レベル2はスタミナを向上させるため，
特に筋系や呼吸器系を刺激していく。

ウォーキング中の最大心拍数の測定

　ウォーキングで最大心拍数をテストするときは，ちょっとした問題があることを知っておく必要
がある。第2章で説明した方法で最大心拍数を推定すると，あまり信頼できる結果にはならない。
他のスポーツや運動では，傾斜のあるトレッドミル上を速く走って決定した最大心拍数に対する割
合で目標心拍数を設定するのが一般的な方法である。しかし，強度の低いウォーキングでは，過酷

表9.1　1マイルウォーキングテストの結果によるウォーキング分類		
男性	**女性**	**分類**
16分以上	17分以上	ヘルス
13～16分	14～17分	フィットネス
13分未満	14分未満	アスリート

で厳しいテストによって筋系や呼吸器系に対して高い負荷をかけることができないため，最大心拍数に達するまで歩くことは事実上不可能である。とはいえ，目標心拍数を算出するためには，何らかの方法でテストをする必要がある。ここに記載した特別なテストは強度が高いため，医師の許可を得た場合しか実施してはならない。

　ウォーキングをする人のためのコノリー・ベンソン（Connolly–Benson）負荷テストでは，トレッドミルが必要になる。テストを開始する前に，トレッドミルの操作盤からの干渉がないか，心拍計をチェックする。心拍数が不規則でおかしいと思ったときは，受信機をトレッドミルの操作盤から離れたところに置いておく。

　まず，ウォームアップとして4.8 km/時で3分間歩く。次に角度を1%上げて1分歩き，さらに1%上げて1分歩く。このまま毎分1%ずつ角度を上げていく。ガードレールやハンドバーをつかまないようにする。心拍数を1分間に数回，注意深くモニターする。速度と傾斜の組み合わせについていけなくなったら心拍数を再確認してこの値を記録し，速度を遅くして角度を下げる。クールダウンのために数分間歩く。これで，ウォーキング目的のための最大心拍数を測定したことになる。

　ここで得られたウォーキングの最大心拍数は，このプログラムの段階的進行に，典型的な科学的実験の手法を用いるために重要になる。目標は，心拍数の上限を超えずに歩き続けることで，よりよい状態になることである。この手法における長期的な変数は，心拍数の上限を超えずに一定の距離を歩くのにかかる時間である。持久力が向上すれば歩くのが楽になり，心臓への負担が減り，より速く歩けるようになる。ペースや地形など他の要素を一定に保つことができるならば，現在の体力レベルは，測定するうえでの短期的変数である。実際，気温，風，地面の平坦度，以前のトレーニングからのリカバリーの程度，ストレスレベルなど，トレーニング日の心拍数に影響する要素は日によって異なる。心拍数の上限を超えないことで，持久力とスタミナを向上させるゾーンにとどまることができる。

　実際に，科学者はこれらのさまざまな条件を不確定な要素として扱っている。トレーニングするとき，条件に合わせて歩く速度を変えるなど，気持ちに余裕をもって運動しなければならないだろう。目標ゾーン内にとどまるためには，条件の悪い日には速度を落とし，よい日には速度を上げるのもよい。ペースは変わってかまわない。全体をみて，歩く速度ではなく，運動中の心拍数が1〜2週間一定であることを確認しよう。

　2〜3週間後には，同じ歩行速度における心拍応答が低下していることに気づくだろう。目標は，身体の状態がよくなるにつれて，1分間あたりの心拍数が徐々に減少していくのを観察することである。そのためには，トレーニングの目標時間を別に設定する。それぞれのトレーニングのプログレッション中は，目標心拍数を超えずに各プログレッションで設定された時間で歩けるようになるまで，同じトレーニングを繰り返す。

　レベル1では，体重が軽くてもより長い距離を歩くことを繰り返すことで持久力が向上する。

ウォーキングにおけるトレーニングゾーンの決定

　レベル1の目標心拍数の下限はウォーキングMHRの50%であり，上限はウォーキングMHR

の 75％である。レベル 2 まで続ける場合は，目標心拍数はウォーキング MHR の 85％になる。この範囲内で確実に上限を超えていなければ，ペースからみて安全である。ここでの課題は，少なくとも目標心拍数の下限に達するのに十分な速さで歩き，目標心拍数の上限を超えずに十分に速く，そして十分の距離を歩くことである。これらの目標心拍数は，体力測定の結果から決定する。

　歩く時間を増やすと定数が距離となり，変数は 1 マイルまたは 1 km あたりのペースになる。心拍数のハートレクプロトコルにしたがって，目標ゾーン内にとどまるようにペースを調整する。

　それぞれのトレーニングは，心拍ゾーンの下限ゾーン，リカバリーゾーン，上限ゾーンの 3 つで行う。

1. 目標心拍数の下限は，トレッドミルによる負荷テスト（128 ページ）で得られた MHR の 50％である。この値は，トレーニング開始時点で達しているべき毎分の心拍数である。5 分間のウォームアップが終わるまでに，この心拍数に近づくために十分な速さになっていなければならない。ここでは，まさに気楽なウォーキングのときの値を求めていると考えておいてほしい。

2. リカバリー心拍数は，ウォーキング MHR の 65 〜 70％である。目標心拍数の上限を超えはじめたときにこの値を用いる。心拍数がこの範囲に入るまで減速する。その後，再度ペースを上げ，再び目標心拍数の上限を超えはじめるまでさらに歩く。

3. 目標心拍数の上限は，トレッドミルによる負荷テストで得られたウォーキング MHR の 75％である。その値が疑わしいときは再度テストを行い，目標心拍数を再計算する。

　それぞれのプログラムのプログレッションは，より多くの時間を歩くことに挑戦できるよう計画されている。目標心拍数の上限に達したらスピードを落とし，心拍数をリカバリーの値になるまで下げ，そして再度上げる。最終的には，目標心拍数の上限に達することなく，トレーニング全体が実施できるようになる。それが達成できれば，次の段階に進む準備が整っている。

トレーニングプログラムの選択

　どのレベルからはじめるかは，ウォーキングテストの結果による。レベル 1 のトレーニングは有酸素性持久力の基礎を向上させ，レベル 2 のトレーニングはスタミナを向上させる。これらは，あらゆる持久系スポーツにおけるコンディショニングの最初の 2 つのフェーズである。ここで体力が向上することで，より挑戦的なことを試してみたいと思うようになるかもしれない。そうなったとき，全般的な体力の基礎がしっかり築かれたところからはじめられることになる。

　以下に示したレベル 1 と 2 のトレーニングは，難易度によって A・B・C をつけたプログレッションからなる。目標心拍数の上限を超えずに 1 つのプログレッションが完了できたら，次のプログレッションに進む。プログレッションから次のプログレッションへと移行するにつれて，求められる応答にはより長い努力が必要になる。レベル 1 の最後のプログレッションを完了したらレベル 2 に進む。

　以下のプログラムは，実験モデルに基づいているが，基本的に常に目標心拍ゾーンの上限が定数

であり，トレーニング中この上限を超えてはならない。変数は時間，距離およびペースである。例えば，レベル 1 ではバイオメカニクス的に最適と思われるペースで歩く時間が示される。そのペースは，筋骨格系へのストレスからリカバリーするために 1 週間の休みやマッサージ，医学的な治療を必要としないようであれば，ウォーキングテストで維持できたペースに近いはずである。

　トレーニング中に距離が延びて心拍数の上限を超えた場合は，70% MHR の目標リカバリー心拍数に下げるために，ゆっくりと楽なペースでのインターバルが必要になる。もちろん，リカバリーにゆっくりと時間をかけるほど所定の時間でカバーできる距離は短くなる。体力が向上するにしたがってリカバリーに必要な時間は短くなり，各プログレッションにおいて同じ時間でより多くの距離を歩けるようになる。最終的には，持久力が最適な段階に達し，健康的なレベルの心血管系の体力を享受できるに違いない。決められた時間をバイオメカニクス的に快適な最高速度で歩けるようになれば，朝の安静時心拍数と運動終了時の心拍数を観察することで，ウォーキングがどれだけ楽になったかを知ることができる。同じ速度をより低い心拍数で歩けるようになったということは，体力が向上したということである。時間を定数としたとき，改善した体力が測定される変数ということになる。

　ウォーキングのトレーニングプログラムのレベルは，測定した体力に基づいている。それぞれのレベルでの漸進的なトレーニングによって，体力を徐々に高いレベルに引き上げていく。各プログレッションは，運動時間に基づいている。最近の履歴とウォーキングテストの点数を参考にして，妥当な開始レベルをみつけよう。プログレッションを見直していくと，一定の週数，進行状況を追跡しなくてもよいことがわかるだろう。個々のプログレッションをどのくらい持続するのかは，心拍応答によって異なる。目標心拍数の上限を超えずにトレーニング全体を完了できるようになったら，次のプログレッションに進む。このプロトコルの利点は，完全に個人に合ったプログラムを提供できることである。つまり，「私にとってはどうなのか？」の質問に対して，可能な限りカスタマイズされた答えがあることを意味する。

レベル 1

　レベル 1 のトレーニングは，ウォーキングテストの時間に基づいて分単位で行う。体力の分類で最速は男性 13 分，女性 14 分であるため，目標時間を 30 分に設定した。毎週の長いウォーキングでは 10 分長くなる。ただし，現在の体力レベルに基づいた目標時間にカスタマイズするには，トレーニング開始時の時間をウォーキングテストでの時間の 2 倍にするだけでよい。つまり，テストでの時間が 15 分だったのであれば，30 分のウォーキングから開始する。この方法により，できるだけ早く持久力を高めるという目標を達成することができる。

　トレーニングは，楽な 5 分間の散歩からはじめ，心拍数を目標心拍数の下限（ウォーキング MHR の 50%）までゆっくりと上げる。目標心拍数の上限を超えずに，トレーニングができるようになったら，次のプログレッションに進む。

プログレッションA

月曜から金曜まで

30 分のウォーキングを 3 〜 4 日

土曜または日曜

40 分のウォーキングを 1 日

プログレッションB

月曜から金曜まで

35 分のウォーキングを 4 日

土曜または日曜

45 分のウォーキングを 1 日

プログレッションC

月曜から金曜まで

40 分のウォーキングを 4 〜 5 日

土曜または日曜

50 分のウォーキングを 1 日

　プログレッションCを完了した後，このレベル1を継続して，心血管系の健康と長期的なウエイトコントロールを楽しんでもよい。そのためには，単にレベル1のプログレッションCを継続するだけでよい。しかし，より高いレベルの体力に興味があるのであれば，1マイル（1.6 km）のウォーキングテストを再度行い，「アスリート」に到達できるかどうかを確認してほしい。もしもっと運動してより健康的になりたいのであればレベル2に進む。

レベル2

　レベル2のプログラムでは，ウォーキングMHRの85％まで運動の強度を上げていくため，心肺系の体力を向上させる強度の高いきついトレーニングになる。ウォーキングでスタミナレベルまで呼吸数と心拍数を上げる実際的な方法としては，上方への負荷，すなわち，坂を登るしかない。これにより重力に対する抵抗が増し，運動中の心拍数を大幅に上げることができる。階段，スタジアムの段差，丘，傾斜をつけたトレッドミルなどで実施する。

　レベル2プログラムの目標は，運動強度を上げてスタミナをつけることである。けがやオーバートレーニングのリスクを減らすためには，高強度の日と休息の日，低強度の日を分け，強度の高いトレーニングからリカバリーできるように，典型的なハード（高強度）－イージー（低強度）のトレーニングパターンに従う必要がある。また高強度の日には，トレーニングの前に5分間のウォームアップをしなければならない。リカバリーの日には，心拍数を目標心拍数の下限近くに保つことによって，リカバリーがより効果的になる。

　低強度のリカバリーの日は，20分以上で30分を超えない程度のウォーキングを行い，心拍数

表9.2	レベル2のハード（高強度）－イージー（低強度）のトレーニングパターン

パターン1						
日	月	火	水	木	金	土
長距離ウォーク	低強度	高強度	休息または低強度	高強度	低強度	休息

パターン2						
日	月	火	水	木	金	土
休息	高強度	低強度	高強度	低強度	休息	長距離ウォーク

をウォーキングMHRの50～60％に維持する。

　プログラムをはじめる前に，**表9.2** に示したハード（高強度）－イージー（低強度）トレーニングパターンのどちらかを選択しよう。長距離のウォーキングをするのに土曜か日曜のどちらがよいかによってパターンを選ぶ。

　どちらのパターンも柔軟にとらえる必要がある。必要に応じて，休息の日と低強度の日は自由に入れ替えてよい。しかし，高強度の日をとばした場合，その翌日を高強度の日にはせず，高強度の日が2日続かないようにする。実施しなかった高強度のトレーニングをとばしてパターン通りに進めるか，あるいはすべてパターンを1日前に戻して進める。長期的にみて，低強度の日を連続させても不利益を被ることはないが，高強度の日を続けることでけがをする可能性が増える。

　レベル2のトレーニングでも，実験的な形式を使用する。各プログレッションでは，登り坂をウォーキングする回数が設定されている。これらの登り坂のウォーキングは，目標心拍数の上限に達するまで続け，その後，心拍数が目標心拍数の下限に達するまで，下り坂や平坦なリカバリーインターバルへと進む。目標心拍数の上限に達するまでにかかる時間は，歩く面の傾斜度に依存する。このことにより，柔軟な設定が可能になる。つまり，傾斜が少ないほど目標心拍数に達するまでの時間が長くなり，傾斜が大きいほど目標心拍数に達するまでの時間が短くなる。とはいえ，目標心拍数の上限に達するまでの時間を測定しなければならないので，3つのプログレッションでは同じ傾斜にする。体力が向上した証拠は，目標心拍数に達するまでの時間がより長くなることである。登り坂を繰り返して登るウォーキングの間のリカバリーインターバルは，疲労が増すにつれて変わる。

　このプログラムは，プログレッションCが終了するまでにスタミナが大幅に向上するはずである。そしてそれ以上を望むならば，より強度の高い運動へと進める。それを証明するために，ウォーキングテストでどれだけ速く歩けるようになったかを確認してみる。

　レベル2の高強度の日は，目標心拍数の上限をより高くする。トレッドミルテスト（128ページ）に示したウォーキングMHRの85％から新たな目標心拍数の上限を算出する。目標心拍数に達したときにトークテストにうまく返答できなくなってきはじめたら，新しい目標心拍数が適切だといえる。すぐに「はい」とか「いいえ」と返事をしようとする気持ちを打ち消すほど，激しい息遣いをしているようでなければならない。

　同じ場所でトレーニングを続けるのであれば，時間が高強度の日の変数になる。スタミナが向上した証拠として，ウォーキング MHR 85％という目標心拍数に達するまでに時間がかかるようになるだろう。

プログレッション A

高強度の日

　目標心拍数の上限に達するまで坂を登る。時間が変数であり，これは傾斜度に依存する。目標心拍数の上限（ウォーキング MHR の 85％）に達したら，70％ MHR になるまで傾斜を下げる。これを 2 回行う。各トレーニングの前後にウォームアップとクールダウンのために 10 分間楽なウォーキングをする。

低強度の日

　リカバリー日には，目標心拍数をウォーキング MHR の 50 ～ 60％に維持しながら 20 ～ 30 分間ウォーキングをする。

長時間の日

　週に 1 回，ウォーキング MHR の 75％を超えずに 50 分間ウォーキングをする。この 50 分には，ウォームアップとクールダウンに必要なゆっくりで楽なペースのウォーキング時間は含まれない。

　プログレッション A を 2 週間続ける。2 週間後，坂を使わないリカバリーの週を設定する。リカバリーの週には，月曜から金曜まで 4 ～ 5 回，40 分間ウォーキングを行い，週末に 1 回 50 分間ウォーキングをする。

プログレッション B

高強度の日

　目標心拍数の上限に達するまで坂を登る。時間が変数であり，これは傾斜度に依存する。目標心拍数の上限（ウォーキング MHR の 85％）に達したら，70％ MHR になるまで傾斜を下げる。これを 4 回行う。各トレーニングの前後にウォームアップとクールダウンのために 10 分間楽なウォーキングをする。

低強度の日

　リカバリー日には，目標心拍数をウォーキング MHR の 50 ～ 60％に維持しながら 30 分間ウォーキングをする。

長時間の日

　週に 1 回，ウォーキング MHR の 75％を超えずに 55 分間ウォーキングをする。この 55 分には，ウォームアップとクールダウンに必要なゆっくりで楽なペースでのウォーキング時間は含まれない。

　プログレッション B を 2 週間続ける。2 週間後，坂を使わないリカバリーの週を設定する。リカバリーの週には，月曜から金曜まで 4 ～ 5 回，40 分間ウォーキングを行い，週末には 1 回 50

分間ウォーキングを行う。

プログレッションC

高強度の日

　目標心拍数の上限に達するまで坂を登る。時間が変数であり，これは傾斜度に依存する。目標心拍数の上限（ウォーキングMHRの85％）に達したら，70% MHRになるまで傾斜を下げる。これを6回行う。各トレーニングの前後にウォームアップとクールダウンのために10分間楽な低ウォーキングをする。

低強度の日

　リカバリー日には，目標心拍数をウォーキングMHRの50〜60％の間に保ちながら30分間ウォーキングをする。

長時間の日

　週に1回，ウォーキングMHRの75％を超えずに60分間のウォーキングをする。この60分には，ウォームアップとクールダウンに必要なゆっくりで楽なペースでのウォーキング時間は含まれない。

　プログレッションCを2週間続ける。2週間後，坂を使わないリカバリーの週を設定する。リカバリーの週には，月曜から金曜まで40分間のウォーキングを4〜5回，週末には1回50分間のウォーキングを実施する。

　好きなだけプログレッションCを繰り返してよい。ただし，坂を使った2週間のトレーニング後には，必ずリカバリーの週を設けることを忘れないでほしい。何らかの理由でこのパターンが中断され，2週間以上休んだときは，レベル1のトレーニングを少なくとも1週間行ってから，レベル2のより低いプログレッションからトレーニングを再開する。

トレーニングの継続

　レベル2が完了したら，優れた心肺機能を備えた非常に健康的なウォーカーとなり，他人がエレベータを使用していても，好んで階段を上がっていくようになるだろう。さらに，ジョギングやランニングに挑戦するかどうかを決めて，より高いレベルの体力を楽しもう。もしそう考えたなら，次章に進んでほしい。

（杉浦　雄策）

第10章

ジョギングと
ランニング

　運動プログラムを順守して実行するためには利便性が必要であり，ジョギングやランニングほど利便性の高い運動はない。スニーカーを履いてトレッドミルに乗るか，外に出るだけである。トレーニングが成功するための体系的なアプローチと，結果を出すために構造化されたプログラムがあれば順守性は高められる。本章に示したジョギングとランニングのプログラムでは，心血管系，心肺系，筋骨格系を刺激する運動による健康増進を考えている。残念なことに，健康と体力をより高いレベルに向上させようとすると，しばらくの間，けがや病気のリスクも徐々に増加する。これらのリスクが循環器系や呼吸器系に影響を及ぼすことはめったにないが，長期にわたる不適切なトレーニングによって，筋骨格系，特に脚の老化を早めてしまう可能性がある（関節炎など）。

　したがって，トレーニングがレースで競う能力に及ぼす影響だけでなく，身体の健康に及ぼす影響も理解する必要がある。アメリカスポーツ医学会（ACSM）は，当然ながら，運動はよい薬であると考えている。また，トレーニングの強度や量を上げていくことは有益であるが，より激しい運動は，健康上のリスクをもたらすことも知られている。幸いなことに，よく監視され，よく計画されたトレーニングの個別化によって，これらのリスクを最小限に抑えることができる。トレーニングの強度を規定するガイドラインは，安全で効率的なトレーニングプログラムを提供するために計画されている。したがって，7歳であろうと77歳であろうと，ランニングをはじめたばかりであろうと，何年も続けてきた人であろうと，気持ちよりも脚が早く老化しないようにしながら，残りの人生を走ってもらいたい。

　レクリエーションレベルであれ，競技レベルであれ，体力の向上には時間がかかる。調子がよくなるまでには，数週間から数ヵ月かかる場合もある。これまでの章では，すべての運動や活動について，その過程でみられる生理学的，生化学的およびバイオメカニクス的変化について考察してきた。本章では，ジョギング，ランニング，そして必要に応じてウォーキングやクロストレーニングによる生理学的，生化学的およびバイオメカニクス的変化に焦点を当てていく。

　ここで示すプログラムは，すでに基本的な体力があり，時間とエネルギーをより効果的に使いたいと思っている人向けにつくられている。直近の健康診断で危険因子が少ないことが確認されてい

ジョガーもランナーも，トレーニングの継続時間を徐々に増やしながら，低強度の運動で持久力の基礎を築いていく。ランナーの能力は，この基礎の上に構築され，より高いコンディションレベルに達する。

て，20分のジョギングを週に3〜4回行っており，そのうち1回は30分以上のジョギングを実施しているのであれば，レベル1のジョギングプログラムから開始する資格がある。この条件に当てはまらない場合は，まずは医師の許可を得て，その後，エントリーする条件に達するために，数ヵ月間かけて低強度でゆっくりとジョギングやウォーキングをしてほしい。現在，より頻繁にあるいはより長くランニングしているなら，現在の体力レベルを決定するために，必ず137ページで述べる$\dot{V}O_2$maxテストを受け，現在の体力レベルとランニングの目標に基づいて，レベル2か3のランニングプログラムを選択するとよい。

　ジョギングは体重管理に効果的な運動である。しかし，脂肪の燃焼で多くのカロリーを消費するにはかなりの距離が必要になるため，足底筋膜炎，アキレス腱炎，疲労骨折などのオーバーユースによる損傷の危険がわずかに高まる。筋や関節の硬さや腫れからくる痛みには，特に敏感でいてほしい。痛みを無視してトレーニングを続けてはならない。持久系アスリートが苦痛の壁と呼んでいるのは，100％の努力で最大のパフォーマンスを発揮している間，酸素負債の状態に追い込まれることによって生じる全身的な疲労と極度の消耗である。ただし，筋や靭帯，腱，骨の痛みは，けがの徴候であることが多いため無視してはならない。アスピリンや非ステロイド系抗炎症剤（NSAIDs）などの市販の鎮痛薬でごまかしてはいけない。トレーニングを中断して安静にし，症状がなくなるまでは再開しない。燃料として脂肪を最大限に燃焼させるためには，最大心拍数（MHR）の60〜75％の強度であることを忘れないでほしい。上限側か下限側かによって得られる効果はわずかに異なるが，いずれにしてもその間の強度であれば効果がある。

　ジョガーとランナーには，共通して重要な初期のトレーニング目標がある。それは，60〜75％MHRのゾーンでトレーニングをして持久力を向上させることである。多くのジョガーにとって，心血管系の健康，体重管理，さらには好調と感じる身体感覚も主要な目標だろう。競技会に参加するようなランナーにとって，持久力のトレーニングは，純粋にコンディショニングの次の段階を支えるための有酸素性体力の基礎を築くためのものである。ランナーのトレーニングパターンはより包括的で，ジョギングには必要とされないトレーニングを含める必要がある。

　ジョギングのためのレベル1プログラムは，持久力を向上させるために，目標心拍数のみに基づいた一連のプログレッションが特徴になっている。持久力を向上させるために，必要以上に頑張

らなくてもよい（必要以上にできたら，それはそれでよいことである）。体力の向上と体重管理の
ためだけにジョギングをしたいのであれば，139 ページの最大心拍数のテストを受ける必要がある。
しかし，レベル 1 のプログラムでは，最大酸素摂取量や無酸素性作業閾値を測定する必要はない。
MHR を測定したら，142 ページ以降のトレーニングプログラムに進む。

　レベル 2 のプログラムは，競技志向ではないが，5 km や 10 km，ハーフマラソン，フルマラソ
ンに出場して笑顔で完走したいレクリエーションランナーのためのものである。5 km, 10 km, ハー
フマラソン，フルマラソンの競技会で勝利したい，あるいは自己記録の更新を目指したい人は，レ
ベル 3 のプログラムが適している。

　「私にとってはどうなのか？」という疑問に答えるために，若干の自己評価と計算が必要になる。
まず，現在の体力レベルを分類する必要があり，次に，ジョギングやランニングでの MHR をみつ
ける必要がある。3 つ目に，無酸素性作業閾値を計算する必要がある（もし，レベル 1 のジョギ
ングプログラムだけに興味があり，前述した基準に達しているならば，現在の体力レベルを分類した
り，無酸素性作業閾値を測定したりする必要はない）。この情報は目標心拍ゾーンを計算し，最適
なトレーニングプログラムを計画するのに役立つ。

現在の体力レベルの分類

　レクリエーションや競技会を目的としたランナーならば，簡単な改変トレッドミルテストを実施
して $\dot{V}O_2max$ を予測する。その結果から表 10.1，表 10.2，表 10.3 を利用してトレーニングの
レベルを決定する。最も信頼性が高く正しい結果を得るために，テストを受ける前の数日間はトレー
ニングを徐々に減らしておく。

　ウォームアップのために非常にゆっくりとしたスピードでテストを開始する。テストの開始速度
(2%の傾斜で 9.6 km/ 時) が楽だと感じられたら，そのスピードからはじめてウォームアップと
してこれをテストのプロトコルに組み込む。

　各ステージで決められたスピードでトレッドミル上を走る（表 10.1）。そのステージが完了で
きなくなるまで，2 分ごとにスピードを調整する。完了できた最後のステージが，終了ステージで
ある。このステージに基づいて体力レベルを分類し $\dot{V}O_2max$ を計算する。MHR データを同時に収
集したい場合は心拍計を装着し，テスト終了時に心拍数を記録する。

　この $\dot{V}O_2max$ の予測は，アメリカスポーツ医学会（ACSM）が開発した式をもとにしている
(Williams & Wilkins, 1995)。表 10.1 に，あるスピードと傾斜で 2 分間走るために必要なおお
よその $\dot{V}O_2max$ を示した。$\dot{V}O_2max$ が確定したら，その値から現在の体力クラスをみつける〔表
10.2（男性），表 10.3（女性）〕。プログラムレベルは，表 10.1 から得られた $\dot{V}O_2max$ を表
10.2，表 10.3 のデータに照らし合わせて決定する。年齢に対応した行をみつけよう。

　例えば，30 歳の女性でステージ 4 まで完了できたとすると，$\dot{V}O_2max$ の予測値は 50.22 mL/
kg/ 分となる。これは「平均」に位置づけられる。したがって，レベル 2 のトレーニングプログラ
ムからはじめるとよい。

　レベル 3 のスコアであれば，144 ページからはじまるコンディションの高いステージで，心拍

ステージ	時間（分）	スピード（km/ 時）	傾斜（%）	$\dot{V}O_2max$（mL/kg/ 分）
表10.1　トレッドミルでのランニングテストに基づく $\dot{V}O_2max$ の推定				
0	2分	9.65	2	38.54
1	2分	10.5	2	41.46
2	2分	11.3	2	44.38
3	2分	12.0	2	47.30
4	2分	12.9	2	50.22
5	2分	13.7	2	53.14
6	2分	14.5	2	56.06
7	2分	15.2	2	58.98
8	2分	16.1	2	61.90
9	2分	16.9	2	64.82
10	2分	17.7	2	67.70
11	2分	18.5	2	70.60

表10.2　$\dot{V}O_2max$ に基づく体力分類（男性）

年齢	不可 (Poor)	可 (Fair)	平均 (Average)	良 (Good)	優 (Excellent)
15 〜 19	52 以下	53 〜 57	58 〜 65	66 〜 69	70 以上
20 〜 29	52 以下	53 〜 59	60 〜 69	70 〜 77	78 以上
30 〜 39	47 以下	48 〜 53	54 〜 62	63 〜 71	72 以上
40 〜 49	39 以下	40 〜 43	44 〜 55	56 〜 63	64 以上
50 〜 59	31 以下	32 〜 37	38 〜 51	52 〜 57	58 以上
60 〜 69	22 以下	23 〜 30	31 〜 42	43 〜 54	55 以上
	レベル 1		レベル 2		レベル 3

注意：この分類は持久系アスリートの体力レベルを反映したものである。アスリートでない人の値はかなり低いと考えられる。

表10.3　$\dot{V}O_2max$ に基づく体力分類（女性）

年齢	不可 (Poor)	可 (Fair)	平均 (Average)	良 (Good)	優 (Excellent)
15 〜 19	48 以下	49 〜 54	55 〜 61	62 〜 67	68 以上
20 〜 29	49 以下	50 〜 54	55 〜 62	63 〜 71	72 以上
30 〜 39	39 以下	40 〜 49	50 〜 55	56 〜 64	65 以上
40 〜 49	28 以下	29 〜 40	41 〜 48	49 〜 59	60 以上
50 〜 59	19 以下	20 〜 28	29 〜 40	41 〜 50	51 以上
60 〜 69	7 以下	8 〜 14	15 〜 25	26 〜 41	42 以上
	レベル 1		レベル 2		レベル 3

注意：この分類は持久系アスリートの体力レベルを反映したものである。アスリートでない人の値はかなり低いと考えられる。

数をモニターするトレーニングをすぐにはじめてよいだろう。しかし，持久力，スタミナならびに経済性が競技の本格的シーズンまで維持され，確実に適切な時期にピークを迎えられるようにするためにも，レベル1およびレベル2のプログラムをしっかり見直しておくとよい。

トレーニングゾーンの決定

次に，ランニング中の最大心拍数と無酸素性作業閾値の決定方法について学び，その情報を利用してトレーニングゾーンを決定する。

ランニング時の最大心拍数の測定

最大心拍数（MHR）と目標心拍数は，スポーツ種目によって異なる。トレーニングは目標心拍ゾーンに基づいているため，ランニングMHRを決定するランナー用のテストを2つの紹介した。真のMHRを決定する最適な方法は，心臓専門医のクリニックや生理学の研究室でトレッドミルによる負荷テストを行うことだが，多くの人はこのようなテストを受けることができない。本書で概説したテストは，適切な推定値が得られ，代替手段として十分活用できる。

1つ目のテストは第2章で説明したが，持久力よりもスピードを重視する人に適している。筋のこりや痛みを伴わないで，非常に強度が高く，スピードが速い運動を成し遂げるためには，非常に高いレベルの体力が必要である。

2つ目のテストの方法は以下に示すが，持久力と忍耐力はあるものの，体力レベルの低い人に適している。このテストのプロトコルは，トレッドミルによる漸増最大負荷テストの様式に基づいている。違いはトレッドミルを必要としないことである。速度と強度を漸増させていくが，最後の急な傾斜度の設定はない。

400mのランニングトラックをみつけ，着替えて心拍計を装着する。直走路の終端，曲走路がはじまるところからスタートする。以下に示したように8周するが，200mごとに運動時の心拍数を測定する。

　ラップ1：通常の歩行ペースで，楽に周回する。

　ラップ2：マーチングペースに近いペースで，次の周回にむけて速めに歩く。

　ラップ3：できる限りゆっくりしたペースで，1周ジョギングする。

　ラップ4：会話のできるペースで1周，楽にゆっくりとランニングをはじめる。

　ラップ5：短い文章なら話せる程度のペースで，軽く息がきれる程度に速く走る。

　ラップ6：質問に「はい」か「いいえ」でも答えられないほど，息を切らして激しく走る。

　ラップ7，8：最後の2周はより速く走り，それぞれの曲走路がはじまる地点でペースと強度を上げ，最後の周の半分は最大運動に達するようにする。

200mごとに心拍数を忘れずにチェックする。ラップ6まではそれぞれの終盤に，着実に徐々に増加すると予想できる。最後の2周では，心拍数を少なくとも4回注意深く観察する。

心拍計を時計のように手首につけて走っていると，数値を確認するのが難しいことがある。その

ような場合は，ランニング中は心拍計を手に持って顔の前に上げて確認する。心拍計を手に持ってしっかり保持するには，心拍計のリストベルトを小さな輪にして中指と薬指にはめ，さらに親指と人差し指で表示面の12時，6時にあたる部分を上下にはさんで，自然な動きで腕を前に振ったときに読みとれる位置にする。

　テストが終わっても，急に立ち止まらない。最後の周回後，心拍数を確認しながら歩きまわる。テスト中またはテスト直後に示される最大値は，真の最大値と1分あたり数拍以内の違いがある。しかし，われわれの目的にとってはこれで十分である。

　これらのテストを行う前に，医師から運動の許可を得ていることを確認する。テストの妥当性に疑問があれば，満足のいく結果が得られるまで毎週繰り返す。最大心拍数は年齢を考慮した予測式「220−年齢」から得られる値をはるかに上まわる場合も，下まわる場合もあることに注意する。

ランニング時の無酸素性作業閾値の測定

　多くの専門家によると，競技力の高いランナーは，無酸素性作業閾値（AT）での心拍数は85〜90％MHRとなる。無酸素性作業閾値は，酸素を取り込み，配分し，利用する身体の能力を反映しており，呼吸器系，循環器系および筋系の能力と健康状態に依存する。呼吸器系，循環器系，筋系は相互に関連しているが，それに加えて異なるレベルの作業能力も有している。これは，ATが体力における流動的な要素であり，ATと心拍数との間に直接的な相関関係があることを意味している。ATの値が極端に低い場合，心拍数は期待される85％MHRよりも低くなる。さらに驚くべきことは，このような低い心拍数であっても呼吸が激しくきつくなるということである。

　これは，持久力に焦点を合わせたトレーニングを行っているランナーの例によって説明できる。ほとんどすべてのトレーニングが60〜75％MHRの目標心拍ゾーンでの有酸素運動で行われているため，心血管系は多くの刺激を受ける。しかし，楽なトレーニングでは，呼吸器系や筋系への負荷は最小限に抑えられる。

　その結果，トレーニングの強度が高くなると安静時心拍数が有意に低下することからわかるように，心臓は強くなっているが，呼吸器系や筋系はあまりよい状態になっていないのである。

　一時的な休養や多くの低強度の長距離トレーニングの後は，73％MHRという低い心拍数でも，激しく呼吸していることに気づくことがある。これは，おそらくそのときのATでトレーニングが行われていることを意味している。しかし，心配はいらない。スタミナトレーニングを多く行うことによって，ATでの心拍数を80〜85％MHRまで上げることができ，経済性のトレーニングによって，数週間で90％MHRにまで上げることができる。

　正確ではないが，ATを決定するもう1つの便利な方法は，その運動が困難に感じられ，一言を発することもできないほど息を切らして速く走ることである。このペースは楽ではないが，3.2〜4.8 kmは続けて走ることができる。これは，現状のATでの心拍数とペースのおおよその値になる。

　ここまで解説してきたことを踏まえて，心拍計を使って運動をしてみよう。数分間ゆっくりとジョギングしてから，心拍数をこまめにモニターしながらペースを上げていく。主観的運動強度が，「一言を発するのがやっと」の段階に達したときの心拍数に注目する。これが実用目的でのATである。ATは1分間あたりの心拍数の連続のどこかにある流動的なポイントであり，その時点の状態を反

映する。運動強度に対する感覚は変わらないが，調子がよくなるほど心拍数は高くなり，ペースは
速くなるだろう。

　信頼できる MHR の推定値が得られたら，トレーニングゾーンを決定できる。トレーニングゾー
ンはスポーツ種目に特異的であるため，活動内容によって異なることに注意する。推定 MHR と付
録（224 ページ）を用いて，それぞれのゾーンにおける 1 分あたりの心拍数を決定する。

　　　長距離，持久力を高めるランニング：60 〜 75％ MHR

　　　低強度，リカバリージョグ：65 〜 70％ MHR

　　　最大のリカバリーおよびテーパージョグ：60 〜 65％ MHR

　　　スタミナラン：75 〜 85％ MHR

　　　経済性ラン：85 〜 95％ MHR

　　　スピードランとパワーラン：95 〜 100％ MHR

　これらのパーセンテージに基づいてトレーニングゾーンを記録し，トレーニング計画と監視に用
いる。

トレーニングプログラムの選択

　この節では，体力の 4 つの要素（持久力，スタミナ，経済性，スピード）のすべてを安全に向
上させるために 4 つのトレーニングフェーズをそれぞれ段階的に進行させる一連の理想的なトレー
ニングプログラムを紹介する。レベル 1 は，持久力を高め，よりよい健康や体重管理を目的とし
たジョガーのためのプログラムである。レベル 2 のトレーニングは，5 km，10 km，ハーフマラ
ソン，フルマラソンを完走したいが，エリートレベルのように競争をしたいわけではないレクリエー
ションランナーのための持久力とスタミナを向上させるためのプログラムである。レベル 3 では，
5 km，10 km，ハーフマラソン，フルマラソンで他の選手と競い，個人記録の更新を熱望する競
技ランナーに適した経済性，スピード，パワーをつくり上げる。またレベル 3 では，競技ランナー
がゴール前の直線コースをできるだけ速く走れるようになるトレーニングも取り上げ，適切なタイ
ミングでピークに達することができるようにする。

レベル 1：持久力を構築するためのジョギング

　少し強調しすぎかもしれないが，レベル 1 では目標心拍数の下限が 60％ MHR，上限が 75％
MHR という範囲が効果的である。実際，持久力を維持するには下限が適しており，向上させるに
は上限が適している。上限よりか下限よりかによって得られる効果はわずかに異なるが，いずれに
してもその間であれば効果がある。

　このプログラムでは，既定された数値（定数）と変数を用いる。それぞれのプログレッションに
おいて，トレーニングの継続時間と 1 週間の頻度が示されている。最も重要な定数は，目標心拍
数で示される運動強度である。これにより毎日の距離を変数として測定することで，体力の向上を
追跡することができる。例えば，トラックでランニングするとき，最初は 30 分で 3 〜 4 周しか走

　ることができないかもしれないが，3〜4週間後には心拍数の上限に達する前にもっと長く走れるため，30分で5〜6周走れるようになる可能性がある。心拍数がより早くリカバリーゾーンに戻るので，ウォーキングに費やす時間も短縮されるに違いない。

　トラックではなく道路を走るときは，近所の郵便ポストなどを目印に利用して，最初はどこで終了したかを記録する。目印とした郵便ポストを通り過ぎたら，すぐに次の目印の角のガソリンスタンドに向かう。また，トレーニング時間が半分経過した時点で方向転換して戻ってきたときに，スタートラインをどれだけ超えていたかを毎日，毎週，記録するという方法もある。

　それぞれのプログレッションを完了するために要する週数によって，終了時点の変数が決まる。つまり，体力の短期的・長期的な改善を評価するのである。

　ジョギングのペースと，目標心拍数の上限を超えた場合にリカバリーするのにどのくらいウォーキングする必要があるかによって，設定した時間でどれだけの距離を走れるかが決まる。われわれのハートレックプロトコル（heartlek protocol）を利用すると，変数は現在の体力レベルを反映するので，「私にとってはどうなのか？」という質問に答えることができる（ハートレックプロトコルの詳細については第5章を参照）。

　もし，すでにプログレッションAでカバーされている走行距離よりも長く走っていたとしても，目標心拍ゾーンを用いる導入として，プログレッションAのプログラムに従ってほしい。調子がよければ，プログレッションBにより早く進むことができる。

プログレッションA

　トレーニングの最初の5分間を使って，65％MHRを超えないよう徐々にウォームアップする。クールダウンとして，最後の5分間を使って，60％MHR以下になるようにジョギングやウォーキングをする。この10分間は，トレーニング全体の時間の一部として考える。

月曜から金曜

　平日の3日間は，ハートレックプロトコルで30分間ジョギングする。休息とリカバリーのために2日間とる。75％MHRになるまでジョギングする。その後，ウォーキングで60％MHRまで下げる。必要に応じてこれを30分間繰り返す。

土曜または日曜

　週末の1日は，ハートレックプロトコルで40分間ジョギングする。75％MHRになるまでジョギングし，その後，ウォーキングで60％MHRまで下げる。

　75％MHRを超えず，ウォーキングをしなくても全期間行えるようになるまで，このパターンを何週も繰り返す。トレーニング中，距離があまり延びていないと感じはじめたときは，その1週間の時間を10〜20％減らしてもよい。オーバートレーニングの可能性もある。脚の状態が教えてくれるので，それに耳を傾け，無理して計画通り行おうとはしない。

プログレッション B

　トレーニングの最初の 5 分間を使って，65% MHR を超えないよう徐々にウォームアップする。クールダウンとして，最後の 5 分間を使って，60% MHR 以下になるようにジョギングやウォーキングをする。この 10 分間は，トレーニング全体の時間の一部として考える。

月曜から金曜

　平日の 4 日間は，ハートレックプロトコルで 30 分間ジョギングする。心拍数が 75% MHR になるまでジョギングする。その後，ウォーキングで 60% MHR まで下げる。

土曜または日曜

　週末の 1 日は，ハートレックプロトコルで 50 分間ジョギングする。心拍数が 75% MHR になるまでジョギングし，その後，ウォーキングで 60% MHR まで下げる。

　75% MHR を超えず，ウォーキングをしなくても全期間行えるようになるまで，このパターンを何週も繰り返す。脚が疲れたり重く感じたりするなどの慢性疲労の徴候がないか，注意深く監視する。必要に応じて時間を短縮する。

プログレッション C

　トレーニングの最初の 10 分間を使って，心拍数が 65% MHR を超えないように徐々にウォームアップする。クールダウンとして，最後の 5 分間を使って，心拍数が 60% MHR 以下になるようにジョギングやウォーキングをする。この 15 分間は，トレーニング全体の時間の一部として考える。

月曜から金曜

　月曜，水曜，金曜のいずれかに休息日を設ける。他の 2 日間は，75% MHR を超えない範囲で 30 分間ジョギングをする。火曜と木曜は 70 〜 75% MHR ゾーンで，45 分間ジョギングをする。

土曜と日曜

　土曜は 60 〜 65% MHR で 20 分ジョギングし，日曜の長いジョギングのために十分に休む。日曜の週末のトレーニングは，75% MHR を超えないようにし，かつウォーキングしないで 60 分まで増やす。

　オーバートレーニングの結果として，脚が重くなったりペースが遅くなったときは，1 週間，プログレッション B に戻る。オーバートレーニングの危険を減らすためには，4 週ごとにリカバリー週を設け，プログレッション A のパターンに従う。

　この時点で，実用目的のための十分な持久力が獲得でき，体重が適切に管理され，最高の状態なっているはずである。トレーニングの様々なパターンを組み合わせて変化をつけてもよい。体力を向上させ，レクリエーションランニングのレベルに進むことを検討してみよう。レクリエーションランナーになりたい場合は，再び $\dot{V}O_2$max と無酸素性作業閾値のテストを行い，さらに先へ読み進めてほしい。

レベル 2 : レクリエーションのためのランニング

レベル 2 のプログラムでは，心拍ゾーンを定数として利用する。このことで，体力と能力のレベルに応じた完全に個別化された応答を追跡することが可能になる。それぞれのトレーニングは，それぞれのレベルのコンディショニングを達成するために，必要に応じて変数を変える。

現在の体力レベルに自信があり，レベル 2 やレベル 3 のプログラムを開始する資格がある場合でも，早く進めすぎないようにする。歩けるようになる前には這う必要があり，走れるようになる前には歩けるようになる必要がある。

現在の体力レベルと $\dot{V}O_2max$ テストの結果から，カテゴリーと開始レベルを選択する。有酸素性持久力の新しい基礎を構築するために，低い強度のトレーニングからはじめることを恐れてはならない。いまが，低いレベルからはじめるのに絶好の機会かもしれない。

表 10.4 のプログラムは体力を向上させるのに役立ち，5 km，10 km，ハーフマラソン，マラソンなどを場所や時間に関係なく笑顔で完走できるようになる。このプログラムは，1 週間の総量が足りないように思えるかもしれない。しかし，高強度のトレーニング前後のウォームアップやクールダウンに費やす時間は含まれていない。ウォームアップやクールダウンをすると，1 週間に 30 ～ 45 分も余計にかかることもある。最低でも 10 分間はウォームアップのジョギングをして，トレーニング後には 5 分間はクールダウンのジョギングをする。

1 週間あたりの合計時間がちょっと多いと感じても，低強度のトレーニングの日にはウォームアップやクールダウンの時間が含まれているので安心してほしい。しかし，高強度の日には，ウォームアップに 10 分，クールダウンに 5 分のジョギングが必要である。1 週間のランニングを快適に実施するには合計時間が長すぎる場合，特にオーバートレーニングの徴候がみられる場合は，運動時間（分）を 15 ～ 20% 以上短くしてかまわない。

このプログラムにはスタミナトレーニングとしての特徴も含まれるため，トレーニングの 4 つのフェーズの原則に厳密に従っているわけではない。この組み合わせのパターンを試みるための持久力が十分でない場合は，レベル 1 のジョギングプログラムに戻ってトレーニングする。それが完了できたらレベル 2 に進む。

このプログレッションは，身体の状態をよりよくするための準備をどのように整えていくのかを示している。この持久力トレーニングモデルは 5 km，10 km，ハーフマラソン，マラソンのすべてに有効だが，競技会レベルになることを望むランナーは，高強度のトレーニングを独自に組み合わせた別のプログラムに従う必要がある。皮肉にも，短めの距離を選択した人は，高い % MHR で激しくトレーニングする必要があるが，ハーフマラソンやマラソンを選んだ人は，低強度でより多くランニングすることによってきついトレーニングしなければならない。

レベル 3 : 競技会のためのランニング

レベル 3 のトレーニングプログラムは初心者には適していない。これらのプログラムは経済性の向上させる強度のトレーニングを追加するため競争力が高まり，またスピードとパワーも向上することで，個人記録につながるレースでのピークパフォーマンスに備えることができる。少なくとも 1 年間のランニング経験が必要で，現時点でレベル 2 で週に 215 分以上走っていなければなら

週	フェーズ	週あたりの時間*	月	火	水	木	金	土	日
1	I	150 分	休息	A 25 分	A 30 分	A 25 分	休息	A 20 分	B 50 分
2	I	165 分	休息	A 35 分	A 25 分	A 35 分	休息	A 28 分	B 57 分
3	I	180 分	休息	A 30 分	A 25 分	C 25 分	休息	A 35 分	B 65 分
4	I, II	195 分	休息	A 30 分	C 25 分	C 35 分	休息	A 35 分	B 70 分
5	I, II	215 分	休息	C 35 分	A 30 分	D × 4	休息	A 45 分	B 75 分
6	I, II	> 155 分	A 45 分	D × 3	A 60 分	休息	A 25 分	休息	5 km
7	I, II	200 分	休息	C 30 分	A 30 分	D × 3	休息	A 45 分	70 分 B
8	I, II	225 分	休息	D × 4	A 45 分	E 25 分	休息	A 50 分	80 分 B
9	I, II	250 分	休息	D × 5	A 50 分	E 25 分	休息	A 50 分	90 分 B
10	I, II	> 155 分	休息	A 45 分	D × 3	A 50 分	A 35 分	休息	10 km
11	I	225 分	休息	A 30 分	A 45 分	A 30 分	休息	A 45 分	B 75 分
12	I, II	255 分	休息	A 40 分	D × 6	A 35 分	休息	A 45 分	B 90 分
13	I	290 分	休息	C 35 分	A 35 分	C 35 分	A 30 分	F 50 分	B 105 分
14	I, II	330 分	A 25 分	A 30 分	D × 7	A 30 分	A 40 分	F 30 分	B 120 分
15	I	250 分	休息	C 40 分	A 35 分	A 30 分	C 35 分	A 35 分	B 75 分
16	I, II	> 155 分	A 35 分	D × 3	A 50 分	A 25 分	休息	F 20 分	ハーフマラソン
17	I	250 分	A 40 分	休息	A 50 分	A 40 分	休息	A 45 分	B 75 分
18	I	290 分	A 30 分	C 45 分	A 25 分	休息	C 40 分	A 50 分	B 100 分
19	I	340 分	A 35 分	C 55 分	A 30 分	A 20 分	C 45 分	A 40 分	B 125 分
20	I	390 分	A 30 分	C 65 分	A 30 分	A 30 分	C 50 分	F 35 分	B 150 分
21	I	440 分	A 45 分	C 75 分	A 40 分	休息	C 55 分	F 45 分	B 180 分
22	II	260 分	休息	C 60 分	A 45 分	休息	D × 4	F 30 分	B 90 分
23	II	> 170 分	休息	A 35 分	A 45 分	A 40 分	A 30 分	F 20 分	フルマラソン
24	I	130 分	A 25 分	休息	A 30 分	休息	A 30 分	休息	A 45 分

表 10.4　レベル 2：レクリエーションランナーのための 24 週間のプログラム（5 km，10 km，ハーフマラソン，フルマラソン）

*週あたりの時間（分）は一般的なガイドラインである。実際の合計時間は，ウォームアップとクールダウンにかかる時間，目標時間ではなく目標心拍数によるトレーニングの完了までの時間，およびレースでのランニングにかかる時間によって変わる。
A：65 〜 70% MHR での低強度の運動
B：60 〜 75% MHR での持久力を構築する長距離走
C：75 〜 80% MHR の中強度の一定ペースの運動
D：70% MHR 以下になるまで，ゆっくりとしたジョギングによるリカバリーインターバルを伴う 80 〜 85% MHR での 7 分の反復走
E：無酸素性作業閾値（80 〜 85% MHR）でのテンポラン（ノンストップランニング）
F：60 〜 65% MHR での非常に楽な運動

ない。われわれは，第9章でウォーカーのために用意したものと，本章のレベル1のジョガーと同じ実験モデルを使用する。分単位でのランニングの時間と，運動中およびリカバリー時の目標心拍数が定数で，ペースが変数である。

　本書では，すべてのトレーニングでペースを決めるための唯一の指標として心拍数を用いている。このシステムの利点は，特定の体力レベル，一般的能力および目標が問題にならないことである。アスリートが自身で選んだ種目で成功するための準備に必要な運動科学の普遍的原則に基づいて，すべての読者が同じトレーニングをすることになる。唯一の違いは，ちょっと幸運な人はトレーニングを早く終える可能性があるというだけで，誰もが同じ適応によって等しく恩恵が受けられるのである。

　トレーニングプログラムを読む前に，その理論的根拠を説明しているこの節を読んでほしい。プログラムでは，トレーニング期間全体の週ごとのスケジュールを示している。そのパターンは，毎日のトレーニングの詳細を示している。プログラムは，低強度で多い量から開始し，強度を上げながら徐々に量を少なくするように進める。このアプローチは，速すぎたり走りすぎたりした結果としてのオーバーユースによるけがや故障の予防や，オーバートレーニングの回避に役立つ。

　各週は，Y日でX分間走ることを目標としている（キロメートルに変換できる）。週に最大5〜6日を走ることを推奨する。週のうちには休息日もあるので注意してほしい。それらは，低強度のリカバリーの日で，今後の高強度のトレーニングやレースのための休みの機会である。このような休息日を設定することで，高強度のトレーニングから完全にリカバリーできる。また，能力が向上したと感じてオーバートレーニング状態や疲れている状態になっていることに気づかずに，一連の高強度のトレーニングを続けてやっていきたいという誘惑からも守ってくれる。

　これらは，ハード（高強度）−イージー（低強度）トレーニングのきわめて重要な原則に基づいているが，例にすぎないことを忘れないでほしい。自分の能力，現在の体力レベルおよび目標に合わせて曜日を変えてもよいが，高強度の運動と低強度のリカバリーのための運動を交互に行うパターンには従う必要がある。

5 km のトレーニングプログラム

　5 km トレーニングプログラム（**表 10.5**）を開始するには，$\dot{V}O_2$max テストで「平均」以上であることが必要である。レベル2のトレーニングプログラムの最初の6週間が完了したら，このプログラムによって5 km トレーニングを継続し，よりよいタイムのためにトレーニングを行う。

　5 km トレーニングでは，低強度のリカバリーのためのジョギングと長時間のランニングを除くすべてのトレーニングで，ウォームアップのために 50 〜 60% MHR で 10 分，クールダウンに 5 分の軽いジョギングをする必要がある。これらの時間（分）は週の合計に含まれている。

　このトレーニングプログラムの目的は，レースの最初の 1.6 km を 80 〜 85% MHR で走り，さらに次の 1.6 km とその次の 1.6 km を 85 〜 90% MHR で走り，レース終了時には 95 〜 100% MHR まで引き上げて走るための準備をすることである。これは，14 週間のトレーニングプログラムであり，理想的にはレベル1で開始した6週間の型通りの心拍トレーニングに続ける。レベル1のトレーニングを6週間以上続けていたとしても，レベル1の強度に匹敵するはずである。もし，

表10.5　レベル3：5kmランニングトレーニングプログラム

週	フェーズ	週あたりの時間*	週あたりの日数	日々のトレーニング						
				月	火	水	木	金	土	日
1	III	210分	5	休息	I	A 45分	E 25分	休息	C 20分	B
2	III	>150分	5	休息	H×6	A 60分	K 1分45秒×8	休息	F 30分	5km レース
3	III	200分	5	A 45分	I	休息	A 40分	D×4	休息	B 60分
4	III	>150分	5	G 3分30秒×6	休息	K 1分45秒×10	A 55分	休息	F 25分	5km レース
5	III	190分	5	A 40分	H×8	休息	A 35分	I	休息	G 3分30秒×5
6	III	>150分	5	G 3分30秒×8	休息	D×4	A 50分	休息	F 20分	5km レース
7	III	180分	5	A 35分	K 1分45秒×12	休息	A 30分	I	休息	B 48分
8	III	>150分	5	D×3	休息	G 3分30秒×5	A 45分	休息	F 20分	5km レース
9	IV	175分	5	A 30分	J 1分15秒×8	休息	A 30分	K 1分45秒×12	休息	B 40分
10	IV	>140分	5	L 10秒×6	休息	D×3	A 40分	休息	F 20分	5km レース
11	IV	170分	5	A 25分	J 1分15秒×10	休息	A 35分	K 1分45秒×10	休息	B 35分
12	IV	140分	5	I	休息	L 10秒×8	A 30分	休息	F 15分	5km レース
13	IV	165分	5	A 20分	J 1分15秒×12	休息	A 35分	K 1分45秒×8	休息	B 30分
14	IV	130分	5	L 10秒×10	休息	A 25分	J 1分15秒×6	休息	F 15分	5km レース

＊週あたりの時間（分）は一般的なガイドラインである。実際の合計時間は，ウォームアップとクールダウンにかかる時間，時間目標ではなく目標心拍数によるトレーニングの完了までの時間，およびレースでのランニングにかかる時間によって変わる。
A：65～70%MHRでの低強度の運動
B：60～75% MHRでの長距離走
C：75～80% MHRでの中強度での一定ペースの運動
D：65% MHR以下になるまで，ゆっくりとしたジョギングによるリカバリーインターバルを伴う80～85%MHRでの7分の反復走
E：無酸素性作業閾値（80～85% MHR）での中強度のテンポラン
F：60～65% MHRでの非常に楽な運動
G：85～90% MHRでの速いインターバル走
H：85～90% MHRでの速い登坂走
I：80～95% MHRでの速いインターバル走
　　70% MHRまでのリカバリージョグを含む80～85% MHRでの7分のラン ×1
　　65% MHRまでのリカバリージョグを含む85～90% MHRでのラン3分30秒×2
　　60% MHRまでのリカバリージョグを含む90～95% MHRでのラン1分45秒×4
J：60% MHR以下になるまでのリカバリージョグに加え，30秒のウォーキングを含む90～95% MHRでの非常に速いインターバル走
K：60% MHR以下になるまでのリカバリージョグを含む90～95% MHRでの非常に速いインターバル走
L：リカバリーのためのウォーキングあるいは2分間のジョギングを含む95～100% MHRでの登坂によるインターバル走

すでに高強度のトレーニングをしていたり，レースに参加しているのであれば，レベル 3 のトレーニングによって，自己記録の更新がもたらされるようになる。

　プログラム中の各トレーニングは，ランニングによるそれぞれの特性を向上させる。すなわち，低強度の運動では持久力を構築および維持し，レースや激しいトレーニング後のリカバリーを助ける。中強度の運動は有酸素能力を高め，スタミナをつける。**表 10.5** の F の非常に楽な運動によって，レースや非常に高強度のトレーニングの前に，最大限のリカバリーとテーパリングが可能になる。スピードの速いトレーニングによって経済性が向上し，非常に速いトレーニングによってスピードが向上する。

　表 10.5 の B の長距離走はゆっくりと開始し，ウォームアップしながら心拍数を上げ，ペースをわずかに上げる。長距離走の後半では疲労を感じながら 75% MHR になるまで強度を上げる。

　表 10.5 の H の登り坂の運動では，目標心拍ゾーンに達するまで坂を駆け上がる。その後，リカバリーのために 60% MHR を下まわるまで下り坂をジョギングする。これを指定された回数繰り返す。

　表 10.5 の I の速いインターバルトレーニングによって，経済性とスピードが向上する。インターバルの後半で，目標の心拍ゾーンに達するようにペースを調整し，この反復が終了する前に心拍ゾーンの上限を超えないようにする。

10 km トレーニングプログラム

　10 km トレーニングプログラム（**表 10.6**）を開始するには，$\dot{V}O_2max$ が「平均」以上でなければならない。あるいはレベル 2 トレーニングプログラムの 10 週目以降の続きとして利用してもよい。

　10 km トレーニングプログラムでは，すべてのトレーニングが時間をもとに計画されている。したがって，走る距離はランナーごとに異なる。50 〜 60% MHR で 10 〜 15 分のウォームアップとしてのジョギングと 10 分のクールダウンは週の合計に加える。休息日は完全な休息とするか，週の目標を達成したい場合は 60 〜 65% MHR で低強度のリカバリーのためのジョギングをする。

　プログラム中の各トレーニングは，ランニングによるそれぞれの特性を向上させる。すなわち，低強度の運動では持久力を構築および維持し，レースや激しいトレーニング後のリカバリーを助ける。中強度の運動は有酸素能力を高め，スタミナをつける。**表 10.6** の F の非常に楽な運動によって，レースや非常に高強度のトレーニングの前に，最大限のリカバリーとテーパリングが可能になる。スピードの速いトレーニングによって経済性が向上し，非常に速いトレーニングによってスピードが向上する。

　表 10.6 の B の長距離走はゆっくりと開始し，ウォームアップしながら心拍数を上げ，ペースをわずかに上げる。長距離走の後半では疲労を感じながら 75% MHR になるまで強度を上げる。

　表 10.6 の H の登り坂の運動では，目標心拍ゾーンに達するまで坂を駆け上がる。その後，リカバリーのために 60% MHR を下まわるまで下り坂をジョギングする。これを指定された回数繰り返す。

　表 10.6 の I の速いインターバルトレーニングによって，経済性とスピードが向上する。インター

表10.6 レベル3：10km ランニングトレーニングプログラム

週	フェーズ	週あたりの時間*	週あたりの日数	日々のトレーニング						
				月	火	水	木	金	土	日
1	II	250分	5	休息	A 50分	A 35分	E 30分	休息	A 45分	B 90分
2	III	＞175分	6	A 45分	I	A 45分	K 1分45秒×8	休息	F 30分	10km レース
3	II	240分	6	休息	C 35分	A 45分	A 30分	E 25分	A 20分	B 85分
4	III	＞165分	6	A 45分	J 1分15秒×8	A 50分	G 3分30秒×6	休息	F 25分	10km レース
5	II	230分	6	休息	C 30分	A 45分	A 35分	E 20分	A 20分	B 80分
6	III	＞155分	6	A 35分	K 1分45秒×10	A 45分	J 1分15秒×6	休息	F 20分	10km レース
7	IV	180分	5	休息	J 1分15秒×8	A 35分	K 1分45秒×12	休息	F 25分	B 70分
8	IV	＞155分	5	休息	L 10秒×6	A 30分	H×6	休息	F 20分	10km レース
9	III	215分	6	A 30分	E 20分	A 40分	I	A 25分	休息	B 65分
10	III	170分	5	休息	H×8	A 30分	G 3分30秒×6	休息	F 25分	B 60分
11	IV	＞155分	5	L 10秒×8	A 30分	休息	D×2	休息	F 20分	10km レース
12	IV	175分	5	休息	K 1分45秒×10	A 30分	休息	I	F 25分	B 55分
13	IV	155分	5	H×10	休息	A 35分	J 1分15秒×9	休息	F 25分	B 50分
14	IV	＞135分	5	休息	K 1分45秒×8	休息	J 1分15秒×6	A 25分	F 15分	10km レース

*週あたりの時間（分）は一般的なガイドラインである。実際の合計時間は，ウォームアップとクールダウンにかかる時間，時間目標ではなく目標心拍数によるトレーニングの完了までの時間，およびレースでのランニングにかかる時間によって変わる。

A：65〜70%MHR での低強度の運動
B：60〜75% MHR での長距離走
C：75〜80% MHR での中強度での一定ペースの運動
D：65% MHR 以下になるまで，ゆっくりとしたジョギングによるリカバリーインターバルを伴う80〜85%MHR での7分の反復走
E：無酸素性作業閾値（80〜85% MHR）での中強度のテンポラン
F：60〜65% MHR での非常に楽な運動
G：85〜90% MHR での速いインターバル走
H：85〜90% MHR での速い登坂走
I：80〜95% MHR での速いインターバル走
　　70% MHR までのリカバリージョグを含む80〜85% MHR でのラン7分×1
　　65% MHR までのリカバリージョグを含む85〜90% MHR でのラン3分30秒×2
　　60% MHR までのリカバリージョグを含む90〜95% MHR でのラン1分45秒×4
J：60% MHR 以下になるまでのリカバリージョグに加え，30秒のウォーキングを含む90〜95% MHR での非常に速いインターバル走
K：60% MHR 以下になるまでのリカバリージョグを含む90〜95% MHR での非常に速いインターバル走
L：リカバリーのためのウォーキングあるいは2分間のジョギングを含む95〜100% MHR での登坂によるインターバル走

バルの後半で，目標の心拍ゾーンに達するようにペースを調整し，この反復が終了する前に，心拍ゾーンの上限を超えないようにする。

ハーフマラソンのトレーニングプログラム

　ハーフマラソンのトレーニングプログラム（**表 10.7**）は，レベル 2 のトレーニングプログラムを 16 週間を完了し，より速いタイムできついトレーニングをしたいランナーに用いる。$\dot{V}O_2max$ テストで「平均」以上であり，持久力が十分に構築されているならば，このプログラムによって 21 km のレースに備えることができる。

　プログラム中の各トレーニングは，ランニングによるそれぞれの特性を向上させる。すなわち，低強度の運動では持久力を構築および維持し，レースや激しいトレーニング後のリカバリーを助ける。中強度の運動では有酸素能力を高め，スタミナをつける。**表 10.7** の F の非常に楽な運動によって，レースや非常に高強度のトレーニングの前に，最大限のリカバリーとテーパリングが可能になる。スピードの速いトレーニングによって経済性が向上し，非常に速いトレーニングによってスピードが向上する。

　表 10.7 の B の長距離走はゆっくりと開始し，ウォームアップしながら心拍数を上げ，ペースをわずかに上げる。長距離走の後半では疲労を感じながら 75% MHR になるまで強度を上げる。

　表 10.7 の H の登り坂の運動では，目標心拍ゾーンに達するまで坂を駆け上がる。その後，リカバリーのために 60% MHR を下まわるまで下り坂をジョギングする。これを指定された回数繰り返す。

　表 10.7 の I の速いインターバルトレーニングによって，経済性とスピードが向上する。インターバルの後半で，目標の心拍ゾーンに達するようにペースを調整し，この反復が終了する前に，心拍ゾーンの上限を超えないようにする。

マラソンのトレーニングプログラム

　この 11 週のプログラム（**表 10.8**）は，ハーフマラソンを完走したランナー（レベル 2 参照）や，次のマラソンでさらに速く走りたいと思っているランナーを対象にしている。

　プログラム中の各トレーニングは，ランニングによるそれぞれの特性を向上させる。すなわち，低強度の運動では持久力を構築および維持し，レースや激しいトレーニング後のリカバリーを助ける。中強度の運動では有酸素能力を高め，スタミナをつける。**表 10.8** の F にの非常に楽な運動によって，レースや非常に高強度のトレーニングの前に，最大限のリカバリーとテーパリングが可能になる。スピードの速いトレーニングによって経済性が向上し，非常に速いトレーニングによってスピードがつく。

　表 10.8 の B の長距離走はゆっくりと開始し，ウォームアップしながら心拍数を上げ，ペースをわずかに上げる。長距離走の後半では疲労を感じながら 75% MHR になるまで強度を上げる。

週	フェーズ	週あたりの時間*	週あたりの日数	日々のトレーニング						
				月	火	水	木	金	土	日
1	I	190分	5	A 25分	休息	A 40分	30分 A	休息	A 35分	B 60分
2	II	260分	5	休息	A 35分	C 40分	休息	E 20分	A 60分	B 105分
3	III	225分	5	休息	K 1分45秒 × 8	A 40分	4 × H	A 60分	休息	B 90分
4	II	300分	6	C 35分	A 30分	A 45分	休息	C 40分	F 20分	B 130分
5	III	250分	5	休息	K 1分45秒 × 10	A 55分	休息	H × 6	A 40分	B 100分
6	II	350分	6	A 30分	D × 6	A 25分	75分 C	休息	F 45分	B 150分
7	III	275分	6	A 25分	I	休息	45分 A	J 1分15秒 × 12	F 25分	B 130分
8	III	250分	6	休息	G 3分30秒 × 8	A 50分	40分 A	C 75分	A 30分	B 110分
9	II	200分	5	休息	E 20分	A 30分	60分 C	休息	A 30分	F60分
10	II	>155分	7	A 35分	A 30分	D × 3	20分 A	A 30分	F 20分	ハーフマラソン

表 **10.7**　レベル3：ハーフマラソントレーニングプログラム

*週あたりの時間（分）は一般的なガイドラインである。実際の合計時間は，ウォームアップとクールダウンにかかる時間，時間目標ではなく目標心拍数によるトレーニングの完了までの時間，およびレースでのランニングにかかる時間によって変わる。
A：65〜70%MHRでの低強度の運動
B：60〜75% MHRでの長距離走
C：75〜80% MHRでの中強度での一定ペースの運動
D：65% MHR以下になるまで，ゆっくりとしたジョギングによるリカバリーインターバルを伴う80〜85%MHRでの7分の反復走
E：無酸素性作業閾値（80〜85% MHR）での中強度のテンポラン
F：60〜65% MHRでの非常に楽な運動
G：85〜90% MHRでの速いインターバル走
H：85〜90% MHRでの速い登坂走
I：80〜95% MHRでの速いインターバル走
　　70% MHRまでのリカバリージョグを含む80〜85% MHRでのラン7分×1
　　65% MHRまでのリカバリージョグを含む85〜90% MHRでのラン3分30秒×2
　　60% MHRまでのリカバリージョグを含む90〜95% MHRでのラン1分45秒×4
J：60% MHR以下になるまでのリカバリージョグに加え，30秒のウォーキングを含む90〜95% MHRでの非常に速いインターバル走
K：60% MHR以下になるまでのリカバリージョグを含む90〜95% MHRでの非常に速いインターバル走

	週	フェーズ	週あたりの時間*	週あたりの日数	日々のトレーニング						
					月	火	水	木	金	土	日
	1	Ⅰ	190分	5	A 30分	A 35分	休息	A 40分	A 30分	休息	A 55分
	2	Ⅰ	320分	7	A 40分	C 25分	A 45分	A 30分	C 30分	A 35分	B 115分
	3	Ⅱ	375分	5	休息	C 45分	A 75分	休息	C 55分	F 65分	B 135分
	4	Ⅱ	480分	7	A 50分	C 35分	A 65分	A 50分	C 65分	F 60分	B 160分
	5	Ⅲ	300分	6	A 45分	E 25分	休息	A 55分	D × 5	F 35分	B 100分
	6	Ⅱ	520分	7	A 45分	D × 6	A 80分	A 65分	C 70分	F 60分	B 170分
	7	Ⅲ	315分	6	休息	A 45分	E 30分	A 60分	D × 6	F 25分	B 110分
	8	Ⅱ	560分	7	A 45分	C 55分	A 75分	C 75分	A 65分	F 50分	B 180分
	9	Ⅲ	325分	6	休息	A 45分	E 35分	A 60分	D × 7	F 25分	B 120分
	10	Ⅱ	260分	6	C 40分	C 45分	A 30分	休息	C 40分	F 30分	A 75分
	11	Ⅱ	＞170分	7	A 40分	D × 3	A 25分	C 40分	A 25分	A 15分	マラソン

表10.8　レベル3：マラソン トレーニングプログラム

*週あたりの時間（分）は一般的なガイドラインである。実際の合計時間は、ウォームアップとクールダウンにかかる時間、時間目標ではなく目標心拍数によるトレーニングの完了までの時間、およびレースでのランニングにかかる時間によって変わる。
A：65～70％MHR での低強度の運動
B：60～75％ MHR での長距離走
C：75～80％ MHR での中強度での一定ペースの運動
D：65％ MHR 以下になるまで、ゆっくりとしたジョギングによるリカバリーインターバルと伴う 80～85％MHR での 7分の反復走
E：無酸素性作業閾値（80～85％ MHR）での中強度のテンポラン
F：60～65％ MHR での非常に楽な運動

トレーニングの継続

　ここまでのトレーニングプログラムは、特に強度に焦点を合わせてトレーニングをどのように個別化するかが理解できるように計画されていた。それらはきついだけでなく、賢いトレーニングの例でもある。われわれは、心拍数で表わした強度および分単位で示した継続時間というトレーニングの2つの要素だけを取り上げることで単純になるように心がけた。

　他にも、覚えておくべき「コーチの知恵」がいくつかある。疲労困憊にいたり心拍数が100％MHR になったような感覚を一度感じたら、それ以上に悪く感じることはない。その後のトレーニングやレースでの100％ MHR の運動後は、同じようにひどく疲れ、苦しく、苦痛を伴うほどの息苦しさを感じるだろう。しかし、それ以上にきつく感じることはない。110％での努力というのは、スポーツライターによる神話である。100％ MHR の運動は、われわれ自身が死にいたるほどの運動を制限するヒトの能力の限界である。スピードとパワーのトレーニングによりもたらされるのは、精神的な強靱さであり、諦めずに挑戦し続けることを教えてくれる。そのような最大限の100％の運動は、苦痛を乗り越えてゴールできることを教えてくれる。逆説的ではあるが、動けなくなったり、遅くなったりしていると感じたら、一生懸命トレーニングすることを止めなければならないことを学ぶ。リラックスすることによって、それほど大幅に遅くなってはいないと気づくのである。

　他にも役立つ情報がある。トレーニングがうまくいき速いスピードが獲得できれば、同じ走行距離を最大運動で走った場合の苦痛などは長くは続かなくなる。苦しみはすぐに終わる。したがって、100％ MHR の運動でさえこのようなことがいえるならば、他のトレーニングゾーンでも新しく獲得した速いペースでも同様に感じられるに違いない。70％ MHR でのゆっくりとしたリカバリー

の日のペースに対する運動の感覚も，同様に「楽」である。次のような観点でみてみよう。100%
MHR で 5 km の個人記録のペースが速くなれば，70% MHR でのペースが速くなっても楽に感じ
られる。つまり，よりよい状態であれば，より速いペースで走っていてもより楽に感じられる。

　例えば，ランナー向けの一般的なペースチャートを参照すると，5 km を 21 分 41 秒で走るラン
ナーは，100%の全力で取り組むと，1.6 km あたり 7 分（1 km を 4 分 21 秒）以下のペースになる。
65〜70% MHR での低強度のリカバリートレーニングでは，ペースは 1.6 km あたり 9 分 10 秒
〜8 分 43 秒（1 km を 5 分 43 秒〜5 分 28 秒）になる。同じランナーの個人記録が 6 分 50 秒ペー
ス（1 km を 4 分 13 秒）で 21 分 11 秒であるとき，同じリカバリーの日のペースは，8 分 58 秒
〜8 分 31 秒（1 km を 5 分 31 秒〜5 分 16 秒）となるが，それでも同じように楽に感じる。

　向上するためには，もっと高い強度でトレーニングしなければならないといった誤った思い込み
をしてはいけない。65〜70% MHR の低強度のトレーニングを 75〜80% MHR に増やすと，こ
れまでの激しいトレーニングやレースからの完全なリカバリーができなくなる。このような激しい
トレーニングは，オーバートレーニング症候群につながる可能性が高く，必然的に脚をけがしたり
故障したり早期の老化につながったりする。

　では，より強度の高いトレーニングはできなくても，もっとレベルを上げたいと思ったらどうし
たらいいだろうか。簡単にいえば，もっと多く走ることである。トレーニングプログラムの時間
をもっと増やす。より強度の高いトレーニングによって速く走れるようにならないことがすでにわ
かっている場合は，継続時間を変数とし，強度レベルを維持しながら，トレーニングパターンに楽
なトレーニング時間を追加する。高強度のトレーニングの前後には，ウォームアップやクールダウ
ンのために長めにランニングをする。リカバリーの日には，少し時間をかけて長距離走の時間を延
ばす。低い強度でより多くの距離を走るときは，ストライド大きくして重力に対する抵抗を徐々に
増やしていくことで，より強くなっていくだろう。地面を掃くようなストライドの楽なジョギング
は，軽いウエイトを挙上することに例えることができる。ストライドごとに空中に跳ね上がらなけ
れば，克服すべき重力は小さくなる。重力による抵抗が大きいスプリントは，筋力をつけるために
重いウエイトを少ない回数挙上することと同じと考えることができる。おそらく，高強度のトレー
ニングに耐えられる限界に達しているので，より安全な選択肢は，60〜75% MHR のゾーンの範
囲内で，単により長い距離をゆっくりと走ることである。簡単に言うと，筋力がつくのと同じよう
に，より速く走れるようになるのである。

　では，可能な限りたくさん走ったにもかかわらず自己記録が更新できていないことがわかった後，
たとえ時間がかかったとしても，ピークに向けたトレーニングを続けたいだろうか。人生の残りの
日も走りたいほど走ることが好きだろうか。もしそうであれば，筋骨格系の健康を維持するように
注意する必要がある。人生の終わりの真のフィニッシュラインまで走り続けられたら，素晴らしい
と思わないだろうか。早期リタイアは必要ない。われわれは，7 歳でも 77 歳でも，いつからラン
ニングをはじめても，一生続けられると信じている。残念ながらランナーの脚は心臓よりも早く老
化するようなので，心臓よりも前に脚が衰えないようにすることが大切である。

　考えてみてほしい。膝や股関節，足や足関節，腰部の問題で走ることをやめた元ランナーは何人
いるだろうか。対照的に，激しく鼓動することで心臓が痛くなり走るのをやめたランナーは何人い

ただろうか。健康のためであれ，レクリエーションのためであれ，あるいは競技のためであれ，走りたいと思うのであれば，一生走ることができると確信をもってもらえるよう，本書を執筆したのである。若くて，見た目がいいままでいるために走るのだろうか。社交的になったり，笑顔でゴールを迎えるために走るのだろうか。最高のパフォーマンスを求めて，疲労困憊になるまで走るのだろうか。つまり，目標は何なのだろうか。われわれは，理由がどうであれ，やりすぎなければ生涯走り続けられると信じている。

　確かに，ランニングをはじめたばかりのように常に速く走れるとは限らないが，死ぬまで走り続けることはできる。そのためにこれまでに蓄積してきた知恵，心臓のモニターからの科学的データ，そしてトレーニングの方法論が役立つと考えている。言うまでもなく，オーバーユースによるバイオメカニクス的な故障が，必ずしも人々をランニングからのリタイアを強いているわけではないと思う。脚への予期しない整形外科的なけがは，どんなに賢いトレーニングでも克服することができない。サッカーやアメリカンフットボールで靱帯や軟骨を損傷したり，縁石につまずいたりすることを考えてみてほしい。また，よくない生活習慣によって心臓がダメージを受け，ランナーが一線から退いてしまうこともあるだろう。しかし，ランニングのように規則正しい運動によって損傷が引き起こされることはめったにない。

　さてここで，最大心拍数は年齢とともに低下するという点に注目してみたい。実際，生涯を通じてパフォーマンスが低下する原因は，最大心拍数の低下に起因している。これが，年を重ねるとともにスピードが遅くなる原因の 1 つである。しかし，このスピードの低下は純粋に年齢に関連したものであり，ランニングによる損傷などが原因ではない。この加齢によるスピードの低下でさえ，活動的に運動をしている人は，そうでない人よりも遅く起こると考えられている。したがって問題は，「どうすれば心臓がだめになる前に，脚が動かなくなることを防げるか」である。われわれは動き続けるための単純で科学的な解決策があると信じている。トレーニングの定数や変数を操作するために，いつも参照している実験の原則を活用してほしい。早期のリタイアを余儀なくされる可能性のある損傷の蓄積を避けたいのであれば，科学者のように心拍計からのフィードバックを読みとって強度を調整し，ペースを制御して走ることで，脚の微細な損傷を軽減するようにしよう。

　では，ランニング人生のためのわれわれの実験ツールを見直すことからはじめよう。ランニングにおける 4 つの要素は以下の通りである。

種目：スプリント，ランニング，ジョギング，ウォーキング，クロストレーニングなどトレーニングの種類
長さ：キロメートル（km）または時間（分）で示す距離
強度：1 分間の心拍数や主観的運動強度で示す高強度のまたは低強度の運動の程度
頻度：ある種のトレーニングパターン内で繰り返される回数

　目的に応じてこれら 4 つの要素のいずれかを変数として用い，残りの 3 つの要素を定数とする。「このトレーニングは，ランニング人生のこの段階での目標を達成するのに役立つだろうか」また，「毎週のトレーニングは，脚を故障させることなく自分に合っているのだろうか」という疑問に答

えるために，科学的論理によってトレーニングをコントロールすることが重要である。以降の節では，バニスターの実験モデルを使って，脚の衰えに応じた各段階に適したトレーニングを計画する。

　ここで述べるのは，実験モデルがどのように生かせるかを示した典型的なインターバルトレーニングである。歴史上最も有名なランナーの 1 人であるロジャー・バニスター（Roger Bannister）は，「現在のトレーニングで，1 マイル 4 分の壁を破ることができるか？」という疑問に答えるために実験モデルを利用した。まず，彼は現在の体力レベルを判定するために，X 時間（変数）で 440 ヤード（1/4 マイル）（定数の走行距離）× 10 本（定数の反復回数），2 分のリカバリーインターバル（定数の時間）という実験的トレーニングを計画した。ここでの変数は，各 440 ヤードをどれだけ速く走ることができるかである。バニスターの考えは，平均して 60 秒以内で走れるようになるまでは，体力レベルを向上させ続けるためにより多くのトレーニングをする必要があるというものであった。最初のテストでは，440 ヤードが平均 67 秒で，彼が必要と考えていた 59 秒よりはるかに遅かった。このため，彼は最後に「頻度」を式に加えた。彼は毎週このトレーニングを繰り返し，調子がよくなっているかどうかを確認した。バニスターは，2 分の休息インターバルをとっても，440 ヤードを 59 秒で 10 本走れれば，休むことなく 4 分以内で 4 本（1 マイル）走るのに十分な体力になると確信していた。彼は数週間で平均 60 秒以内で走れるようになった。1954 年 5 月 6 日，英国オックスフォードのイフリー・ロードトラックで，彼は自身の考えをテストした。彼の実験はうまくいった。彼は 3 分 59 秒 4 のタイムを出し，史上はじめて 1 マイル 4 分を切った。

　バニスターの実験は大成功だった。トレーニングを利用して体力をテストするという彼の実験の例に従うと，どれくらい走り続けることができるだろうか。ランナーやコーチは変数を設定せず，条件のすべてを定数としてインターバルトレーニングを計画するという罠に陥ることが多い。設定した目標タイムでその距離を走りきれなかった場合，そのトレーニングは失敗とみなされてしまうが，トレーニングを失敗したいと考えるランナーなどいない。バニスターは競技キャリアのピークの若い時に引退したので，残りの人生を走り続けていたとしても，強度を変数として使い続けていたかどうかはわからない。実際，彼はジョギング中に車にはねられてけがをしたため，健康と体力のためのトレーニングは途切れてしまった。

　われわれは，ランニング人生をどれだけ続けられるかは，変数を長期的に管理することで，脚をどれだけうまくケアできるかにかかっていると思っている。多くの場合，適切な強度（定数）になるように変数（種目，長さ，頻度）を調整することが，走り続けるために重要になる。

脚の年齢

　ここまでの話題をどう感じただろうか。これまで積み上げてきた個人的な経験と多くの事例的なエビデンスに基づいて，ランナーの脚はランニング人生の中で 4 段階の老化をたどることがわかった。この 4 つの段階を念頭に置いて適切と思われる段階に自分を当てはめ，われわれの提案に従うことで，ランナーとしての気持ちをもち続けながら，最終的なフィニッシュラインにたどり着くことができる。ランナーの脚の老化には，以下のような段階がある。

　1．青年期の脚

2. 成人期の脚
3. 加齢期の脚
4. 老齢期の脚

　これらの各段階は，かなりはっきりと区別でき，数年間も続く。各段階がどれだけ長く続くかは，われわれの「コーチの知恵」にどれだけよく耳を傾け，実験をどれだけうまく実行できるかにかかっている。以下の説明によって，フィニッシュラインまでの旅のどの段階に属しているかを確認してほしい。以下の内容は，多くのインタビューや会話，個人的経験に基づいている。

青年期の脚

　ランニング人生におけるこの段階は，限度を学ぶ過程ということで特徴づけられる。ランナーの生物学的な年齢に関係なく，たとえ 77 歳であっても，走りはじめるときはいつでもランニング脚は未熟な新人である。この段階にいるランナーは，何事も心配ないと思っている子どものようにふるまい，ランニング脚は試行錯誤を繰り返しながら未熟な時期を通り過ぎていく。ランナーは，誤りとその結果を学び，このことにより自分がどのようなランナーになるかを知っていくことになる。

　脚は若くて新鮮で，元気でしなやかであり，よく調整されていて，60 ～ 75％ MHR の有酸素ゾーンでより多くの距離を走ることによって運動の継続時間を伸ばしていくと，速く走れるようになることを見出す。また，すぐに 90 ～ 100％ MHR ゾーンでの高強度のトレーニングによってより速く走れるようになることを学ぶ。さらに，75 ～ 85％ MHR の無酸素性作業閾値でのテンポトレーニングによってスタミナが向上していくこともわかるだろう。実際，単により多くの努力をすれば，それが報われることを学ぶ。トレーニングに関する特定の心拍ゾーンを十分に理解できていないかもしれないが，トレーニングに「勝つ」ことができれば，レースにも勝てる可能性があると考えている。

　しかし，100％ MHR の無酸素性代謝による疲労困憊や，ゴールでばったり倒れ込むようなトレーニングやレースを経験することから，精神的に強靱になっていることは疑いがない。これは，個人記録の設定とその更新に満足できる期間であり，われわれの調査では 5 ～ 16 年の範囲で平均 9 年間続く。

　この段階でランナーは，精神的に厳しいトレーニングやレースを過密に行うことの「落とし穴」について学ぶ。すなわち，「・・・しすぎ」の貴重な教訓を得ることになる。距離を走りすぎ，高強度で走りすぎ，頻繁に走りすぎるのは無理だということ，そしてそのことによって，筋，腱，靱帯，関節，骨のけがや故障の原因になったり，病気になったりすることを学ぶ。ここでの教訓は，能力向上は必ずしも厳しいトレーニングと直接関係しているわけではないということである。「・・・しすぎ」によって，風邪やインフルエンザ，けがや故障などを経験する可能性もある。また，トレーニングの中断が頻繁に起こるようになる。身体がトレーニングのストレスにこれまでよりも適応できるようになることが明らかになるにつれて，一貫性が課題になる。速くなる唯一の方法は，スプリント，ランニングおよびジョギングの長さ，強度ならびに頻度を増やすことだと信じているが，故障もなくこれらを達成することはできない。ランニングキャリアはピークに達したようである。

それは脚を壊し，老化を早めると考えられるからである。高強度のトレーニングを頻繁に行えば十分なリカバリーができず，脚が疲れすぎてそれ以上速く走れない。「大人になり」，賢くなり，競技力と自己記録更新の可能性を維持する方法があるかどうかを確認するときがきた。ランナーは，この結論に達することができれば，脚の早期の老化を遅らせることができる。

成人期の脚

　ランニング人生におけるこの段階は，ランナーがより賢くトレーニングすることを学ぶ「成熟した」過程と定義される。ランニング人生のこの期間は，成長していくことと似ていて，生命と四肢を危険にさらすような愚かな挑戦をしなくなるときである。青年期の終わる頃には，ランナーの脚はより強くなり，ストライドも効率的になり，「トレーニングに対する考え方」を理路整然と整えることになる。一方で，けがや病気のために，トレーニング仲間に遅れをとることにうんざりする。このような矛盾が，最後には立ち止まらせ考える機会となる。

　この段階になると，トレーニング仲間から，常にトレーニングをやり続けることはできないという訴えを聞きはじめるかもしれない。最終的に，きついトレーニングをするだけでなく，より賢くトレーニングをする必要があることがわかってくる。おそらく，さまざまなトレーニングの構成要素の 1 つを選ぶために，専門家の本を買ったり，コーチを雇ったりするようになるだろう。心拍計を使用して，数値の意味やデータの活用方法を理解することもできる。最もきついトレーニングの時間や頻度を減らすことで，その構成要素をうまく調整しようとするかもしれない。最終的に，レースに向けて 100% MHR の「尻をひっぱたく」ような努力を減らしたたほうがよいことを理解するだろう。

　賢く，少なくてもより効果のあるトレーニングによって，脚の快活さが回復する。一貫性が向上し，レースに際してより選択の幅が広がるにつれて，トレーニングの計画にしっかり取り組むことができる。自分が新鮮で強く感じられるようになってくると，精神的な強さを発揮して，レースでより長い時間ペースを落とさないでいられるようになる。また，生まれついての得手不得手に焦点を合わせたトレーニングのバランスのとり方や，最も成功する可能性のある種目，例えば 5 km などの短い距離やマラソンのような長いレースを評価選択する方法も学ぶ。自分が生得的に，スピードに寄与する速筋線維に恵まれているのか，持久力に適した遅筋線維に恵まれているのかを知る。成熟するにつれて，個人記録を設定し続けられることに驚く。その理由は単純である。95% MHRのトレーニングは十分に強度が高く，トレーニングの頻度を減らすことで，レース中，脚が疲労しなくなることを理解しはじめているからである。

　しかし，この期間中に，結局は速く走ることができなくなっていることに気づく。賢いトレーニングが強度の高いトレーニングより優れていることを確認できたが，トレーニングの構成要素の定数や変数をいかにうまく変えても，タイムは遅くなり続ける。成人期の脚の段階での最終的な教訓は，「老化の妖精」を追い出すことはできないということである。成長してから自覚したのではない，高強度ではない賢いトレーニングのおかげで，おそらく脚の老化が遅くなるだろう。われわれの調査では，この期間は 11 〜 19 年間で平均 14.5 年であった。

加齢期の脚

　ランニング人生のこの段階では，タイムが遅くなることを受け入れるのが特徴である。この段階でランニングの社会的な利益を享受しようと考えるランナーもいるだろう。高強度のトレーニングを 90% MHR 未満に制限することで，レクリエーショナルランナーになる。この段階のランナーは，競技に対するドキドキ感が減り，顔を歪めてではなく，笑顔で完走することに満足感を覚え，目標が競争することから参加することに変わる。この決定は，必要なくなった 90 〜 95% MHR の高強度で高リスクのトレーニングを止めることから，残りの人生でランニングを続ける助けになる。硬い舗装道路から脚が何度も衝撃を受ける必要はない。高強度の 85% MHR での運動日は，心肺系に対して，またタイムを気にしなくなったランナーにとって十分に刺激的であることを学ぶ。

　しかし，一部のランナーは，5 歳ごとの区分での競技会があることに気づく。成功は，トレーニング時間を短くしたり，2 〜 3 日のリカバリー日を設定して高強度のトレーニングを分けた結果かもしれない。このような高強度の日は，競争力を維持するのに十分な速度である。スピードトレーニングでは，インターバルでジョギングをする代わりに，ウォーキングにすることもできる。リカバリー日には，単にウォーキングするという慎重なやり方にするかもしれない。この段階のランナーは，経験から，高強度の運動日の量を減らすことで，安全に続けられることを知っている。400 m × 12 本ではなく，8 〜 9 本の反復で十分だということに気づく場合もあるだろう。

　ランナーの競争心がどれだけ長く続いても，最終的に「老化の妖精」がかつての自分と比べてストライドを短く，弱くしてしまう。この段階では，ジョギングやウォーキングをはじめる前に，ウォームアップのために 5 〜 10 分歩く必要があることも多い。脚をより速いペースで動かそうと，腕を短距離走者のように激しく動かしているかもしれない。もっと悪く言うと，鶏がキツネから逃げようとして羽を無駄に羽ばたかせているようにも見える。これらの年月を経て，ランナーたちは高齢者や遅い人が実際にどのように感じられるのかを認識するようになる。この段階の終わりに，トラックやレースでレクリエーションランナーとしての顔を見せたくないと判断するだろう。脚の老化の第三段階で 17 年前後（われわれの調査では 2 〜 40 年の範囲であった）を過ごした後，覚悟がつくことになる。

老齢期の脚

　ランニング人生のこの段階は，死に向かうのではなく，地上で立つことがすべてである。この段階のランナーたちの低強度のリカバリーの日が，一街区歩くとか，ロッキングチェアに座って 1 日過ごすことだとしても，何年もの間，ドアの外に向かっていた。われわれの老人向けの特別ステージに歓んで迎えたいと思う。われわれは，この段階の脚は，青年期の脚と比較して，いかに硬く，弱く，そしてとても遅いと感じるかがわかっている。老齢期の脚は，弾力性を失っている。筋，腱，靱帯は，年齢と走行距離に伴って，短く，硬くなる。関節軟骨は，以前ほどなめらかでも円滑でもない。皮肉なことに，神経が発火の仕方を忘れてしまったために，筋が弱くなり，柔軟性も失われてしまっている。健康と長寿のために，一貫した毎日の運動という薬を服用しなければならない。変数をけがや故障のリスクを最小限に抑えるパターンに変えるときに，これは相当に創造的になる。高強度の運動は，80% MHR を超えてはならない。これにより，これまでの段階で乳酸を生成す

段階	強度 (%MHR)	頻度	距離 (km)	様式
青年期	85 〜 100	3	96 〜 120	スプリント，ジョギング，ランニング
成人期	85 〜 95	2 〜 3	72 〜 96	ランニング，ジョギング
加齢期	80 〜 90	1 〜 2	40 〜 69	ランニング，ジョギング，クロストレーニング
老齢期	75 〜 80	1	32 〜 48	ランニング，ジョギング，ウォーキング，クロストレーニング

表 10.9　毎週のトレーニングの構成要素の理想的な範囲

るような無酸素運動で生じた筋への損傷を免れることができる。現在の高強度運動による頻度と量は減らされる。サイクリングや水泳，エプティカルマシン，ゴミ出しなどの新しい運動方法が，トレーニングパターンに加えられる。これらにより，老齢期の脚の段階にかかる負担を分散させることで，老化のプロセスを阻止できるだろう。調査では，この段階は 5 〜 20 年，平均で 10.7 年であった。

　最後に，これはおそらく本書で最も重要な教訓である。この段階においては，毎日何かをして，心臓をさらに何度も拍動させ，できるだけ多くの酸素で身体のすべての細胞を洗わなければならない。結局のところ，パンではなく酸素が生命の本当の支えなのである。脚を使って心拍を強くするのが，最も実用的で便利な選択肢である。よって，われわれは，楽で頻繁に行う運動中，強度を低くして，カロリーを制御するのに十分な長さを維持し，可能な限り一貫性を保てるように，さまざまな運動様式の組み合わせを探求する。

4 つの段階におけるトレーニングプログラム

　要約すると，最も重要な変数は，何年にもわたるランニング人生のすべてで測定された時間であると考えられる。この偉業を達成するための鍵は，**表 10.9** に示すように，トレーニングの構成要素を定期的に調整することである。% MHR の範囲で表わされる強度は，7 日間のサイクルのすべてのきついトレーニングに適用される。以下に，トレーニングの例を示した。毎週のサイクルにおいて他のトレーニング例が知りたい場合は，**表 10.4 〜表 10.8** を参照してほしい。各段階には，運動の要素の常識的な削減例を示しており，老化した脚で次の段階に進むのに十分な，新鮮さと活発さを維持するのに役立つだろう。**表 10.9** に，心拍数の範囲と高強度トレーニングの頻度とともに週の総走行距離とトレーニング様式を示した。

　各段階での高強度のトレーニングの例は次の通りである。これらは表に示した目標心拍数で行うべきである。

青年期の脚の段階

　この段階は，低強度のジョギングをするリカバリー日と，60 〜 75 % MHR での長い距離のランニングで区切られた 3 回の高強度トレーニングが特徴である。高強度のトレーニングの 3 日は，100 % MHR で 200 m を数本行うスプリント，85 % MHR での 4.8 km のテンポラン，95 % MHR での 400 m × 12 のインターバル走などが考えられる。

成人期の脚の段階

この段階での高強度のトレーニングは，95% MHR で 400 m × 10，85% MHR で 1.6 km × 3，85% MHR で 20 分のテンポランのセットになる。長い距離のランニングは距離を短縮しても，強度を 70% MHR に下げてもよい。

加齢期の脚の段階

この段階での高強度のトレーニングは，90% MHR で 400 m × 8 と，長い距離のランニングの半分の距離で行う 80% MHR での一定スピードのランニングである。水泳，自転車，または他の同様のクロストレーニングは，低強度の心拍数でリカバリー日に行う。

老齢期の脚の段階

この段階では，能力に応じたいずれかのタイプの高強度のトレーニングを特徴とする。すなわち，80% MHR で 100 m か 200 m を繰り返すか，80% MHR で 30 〜 40 分の長時間の一定速度のランニングを行う。別の低強度のリカバリーオプションとしてウォーキングを加える。

表 10.9 をさらに活用するために，各段階における追加のトレーニング例を以下に示す。定数と変数を指定することで実験的なモデルを例示している。

青年期

95 〜 100% MHR（定数）で 400 m（定数）× 12 本（定数）を走り，リカバリーインターバルに 65% MHR まで下げるジョギングを行う（時間や距離は指定されていない変数のため，トレーニングが進み，疲労が増すにしたがって，目標心拍数に回復するまでにさらに時間がかかる）。

成人期

60% MHR まで減少させるウォーキングを伴う（前の段階と同じ理由で変数とする），95 〜 100% MHR（定数）で 400 m（定数）× 10 本（定数）。

加齢期

400 m（定数）× X（変数）を目標ペース（定数）で 85% MHR 以下（定数）のランニングとし，2 分間のジョギングによるインターバルを含む（定数）。

老齢期

1,600 m（定数）のハートレックトレーニング（定数）。すなわち，最高 80% MHR までのランニングと最高 60% MHR までのウォーキングからなる（ランニングとジョギングのペースは変数）。

ただ，これは実際にできるのだろうか。生涯走れるのに十分なだけ，賢くトレーニングできるのだろうか。科学的ではない研究に焦点を当てることが許されるのなら，ここにとても刺激的な例が

ある。88 歳のハル・ハイドン（Hal Higdon）は，73 年間ランニングを実施してきた後も，動き
はゆっくりではあるものの，いまもなお元気である。彼はまちがいなく老齢期の脚のイメージキャ
ラクターにぴったりである。彼がランニング脚の他の 3 つの段階をどのように歩んできたかを紹
介する。彼は 1960 年代にはじまった現代のジョギングとランニングの革命の初期にいた。彼は，
Rord Runners Club of America の共同創設者として，ランニングムーブメントの最も重要な先駆
者の 1 人として，また『On the Run from Dogs and People』の著者として，ジョギングとラン
ニングの普及に貢献した。この言葉の才能によって，彼は，Runner's World 誌の寄稿編集者とし
て 30 数年間にわたって大きな成功を収めることができた。また，彼にはシカゴで有名なマラソン
大会を走る法王についての小説など，ランニングに関する 34 冊の著作がある。トレーニングに関
する彼の本は 50 万部以上売れている。昼食後に昼寝をする作家として有名な彼のライフスタイル
は，明らかに彼のランニング人生に大きく貢献している。彼の青年期の脚の段階は，15 歳の高校
生のときにはじまり，カールトン・カレッジでも続き，ハーフマイル，マイルおよびクロスカント
リーの競技会でタイトルを獲得した。スロースターターであった彼は，トレーニングの知識が不足
していたため，週に 20 マイル（32 km）以上走ることはめったになく，クロスカントリーとトラッ
クのシーズンの間の数ヵ月間は走らなかった。彼の成人期の脚の段階は，30 歳頃からはじまった。
彼は，大学卒業後から 40 歳代まで，競技のためのトレーニングを続けてきた数少ない 1 人だった。
そのとき，マスターズムーブメントが起こり，3,000 m 障害で初の全国大会と世界大会のチャン
ピオンになった。

　5 歳ごとの年齢区分のあるマスターズ大会は，彼が加齢期の脚の段階でトレーニングを続けるた
めに必要なインスピレーションを与えてくれた。彼は 1,500 m から 10,000 m を走るトラック競
技で，何度も全米選手権で優勝し，米国マスターズ記録を有する 800 m × 4 のリレーチームの走
者でもあった。最も重要なことは，20 年以上にわたって，彼が 4 つの世界マスターズタイトルを
獲得したことである。3 つは障害競走で，1 つはマラソンであった。

　老齢期の脚の段階となった現在，彼はもっぱら健康のことを中心に考えている。彼は時々楽しみ
として，妻のローズと一緒に 5 km のレースに参加する。彼らは，途中のどこか都合のいいところで，
やめるかどうかなど気にせずに，歩いたり，ジョギングしたりする。彼は，10 〜 14 日間にわた
る比較的自由なルーティーンに従うことで，総合的な体力と健康に焦点をあてている。低強度の
サイクリングを 4 〜 5 回，ジムに 2 〜 3 回通ってウエイトトレーニングをしている。ビーチでの
2 〜 3 回の散歩や，数回のスイミングや浅瀬でのランニングのトレーニングも含まれている。彼の
高強度のトレーニングは，お気に入りのコーヒーショップまでの 1.6 km をゆっくりと楽に自転車
に乗っていくことである。救護所であるコーヒーショップに立ち寄った後，彼の運動はまだ低強度
で，ゆっくりと家に帰る途中でもリラックスしている。彼は，どのトレーニングも無酸素性作業閾
値の水準に近くなることはないと言う。ライターとして，彼は着実に仕事を続けており，マラソン
トレーニングに関する本の第 5 版の執筆のため，朝から昼食と昼寝の時間まで働いている。

　動き続けられることで，たくさんの笑顔と，多くの幸せな鼓動が得られることを祈っている。

（杉浦　雄策）

第11章

自転車

　最高レベルの自転車競技では，他の活動と異なる持久力の限界が試される。自転車競技のようにレースのペースで何日も続けて競技会を行うスポーツはほとんどない。その最も顕著なものがツール・ド・フランスで，23 日以上をかけて 21 日間のレースが行われるが，この大会に出場できるような人はごく少数である。このような数日間にわたるレースでは，有酸素性体力，無酸素性体力，栄養，そしておそらく最も重要なリカバリーなどに関して多くの課題が存在している。

　このレベルのパフォーマンスは，心肺系の体力を構築するための基礎的プログラムであるわれわれの出発点のものとは大きく異なることは言うまでもない。ここでは，8 週間の基礎的トレーニングの後，さらに 8 週間，無酸素性能力とパワー向上のためのトレーニングを行う。最後に，12 週間にわたるセンチュリーライドのトレーニングプログラムを実施する。これは，90 分間のライディングが行える能力（つまり，レベル 1 に相当するプログラムを完了している）があることを前提としている。

　自転車競技の性質上，ランニングや水泳よりも，長い時間自転車に乗ることが多い。水泳やボートなどの種目は数分，5 km や 10 km のランニングでは 30 ～ 60 分しかかからないが，通常，自転車レースではタイムトライアルやクリテリウムを除いて，数時間もサドルにまたがっている必要がある。

　そのようなわけで，自転車競技は生理学的に大きなエンジン（高い $\dot{V}O_2max$）が必要であり，体重を考慮に入れた特別なトレーニングが必要になる。このため，自転車のトレーニング時間は長く，屋内では退屈なことが多くなる。しかし，一度に数時間のトレーニングをすれば，体力と減量の両面でかなり早く測定可能な見返りが得られるため，効果がすぐに確認できるようになる。

　自転車を漕ぐ能力には様々なものがあり，また，自転車競技者のレベルは様々で，すべてのアスリートに恩恵が得られる包括的なプログラムを作成することは難しい。望むなら試すこともできるが，われわれの目標は読者を世界クラスにすることではない。むしろ，屋内でも屋外でも，トレーニングプログラムを開始することによって無酸素能力とパワーを向上させ，体系的に体力を強化することが目標である。この目標のために，4 つのフェーズにおいてそれぞれの方法によって心拍ト

レーニングを行っていく。

　初心者向けのトレーニングプログラムは 8 週間続き，主に心肺系の体力に重点を置いている。次に，より強度が高く，つまり中級者の体力レベルのプログラムで，強度とスピードの両方を高めていく。このプログラムも 8 週間続く。このあたりから心拍数が適応し，強度が調節できるようになるため，レベル 2 のプログラムを繰り返し続けられるようになる。運動時の心拍数が同じであるにもかかわらず，仕事率が着実に増加していることに気づくだろう。そのために，心拍数や負荷量などのトレーニング内容を記録しておく必要がある。われわれのプログラムは漸進的であり，4 つのフェーズのトレーニング哲学に基づいている。このプログラムでは，4 つのフェーズをゾーン 1 からゾーン 4 と呼ぶ。

　多くの持久系スポーツと同様に，自転車競技も屋内でトレーニングすることもできる。多くの場合，屋内での走行は強度やコンディションをより細かく調整できる。われわれのプログラムでは，屋内と屋外の両方で自転車に乗ることを想定している。そのため，坂道や風，その他の環境などの条件を考慮すると，心拍数はかなり大きく変動する。このプログラムでは，示した心拍数が 2 つの心拍ゾーンにわたっていることが多い。これは特に屋外を自転車で走るときによく経験することである（実際には心拍数の変動は 4 つのトレーニングゾーンに分散することになるが，楽な坂道を選べば上のゾーンへの変動を避けることができる）。

　ボーナスプログラムであるセンチュリートレーニングプログラムは，究極的な目標であり，時間があるときに取り組むことができる。センチュリーライド〔100 マイル（161 km）ライド〕の人

自転車のトレーニングは屋内でも屋外でも行える。自転車のトレーニングでは，持久力の基礎を構築した後，無酸素能力とパワーの向上に移行する。

トレーニングフェーズ	％MHR
フェーズ1：持久力（EZ）	60〜75
フェーズ2：スタミナ（MO）	75〜85
フェーズ3：経済性（FA）	85〜95
フェーズ4：スピード（VF）	95〜100

表 11.1　自転車のトレーニングフェーズ

L.B. Anderson, "A Maximal Exercise Protocol to Predict Maximal Oxygen Uptake," Scandinavian Journal of Medicine and Science in Sports 5, no. 3 (1995): 143-146 のテストによる。

気を考えると，項目として追加したほうがよいと考えた。ただし，センチュリーライドプログラムは，90 分間連続して乗ることができるという最低限の要件があることを覚えておいてほしい。

最後に考慮しておくべき点として，以下のことがあげられる。自転車はボートや水泳と同様に，高度な技術が必要である。信じられないかもしれないが，自転車に乗るためには，ケイデンス（ペダルの回転速度），効率，体位などの要素が含まれる正しいフォームがある。これらは，自転車のパフォーマンス向上のために計画するプログラムにおける重要な構成要素であり，ライディングに関するこれらの側面を向上させるように計画したドリルも検討したほうがよい。われわれは，自転車競技に必要な体力要素を向上させるための段階的な進め方とトレーニング内容のみに目を向けた。表 11.1 にトレーニングの 4 つのフェーズを示した。

現在の体力レベルの分類

現在の体力レベルを分類するために，ワット数を測定できる自転車エルゴメータを利用した簡単なテスト（Anderson, 1995）を実施する。このテストは 35 ワットの強度から開始し，パワーが維持できなくなるまで，2 分ごとに 35 ワットずつ増やしていく。

表 11.2 に運動時のワット数に対するおおよその最大酸素摂取量（$\dot{V}O_2max$）を「L/ 分」で示した。この値に 1,000 を掛けてミリリットル単位にし，さらに体重（kg）で除して最大酸素摂取量を「mL/ kg/ 分」で表わす。結果を表 11.3（男性），表 11.4（女性）に当てはめてみよう。

例えば，35 歳，70 kg の男性で，テストで 315 ワットに達した場合を考えてみると，$\dot{V}O_2max$ は，

$$3.84 \times 1,000 = 3,840 \div 70 = 54.8 \ \text{mL/kg/ 分}$$

となり，表 11.3 にあてはめると「平均」に分類され，体力トレーニングのスタートはレベル 2 からとなる。

自転車におけるトレーニングゾーンの決定

第 2 章では，最大心拍数（MHR）を決定するための簡単なプロトコルについて述べた。このプロトコルを使って最大心拍数を決定し，さまざまな心拍ゾーン（60〜75％ MHR，75〜85％

表11.2　運動強度（ワット）に対する最大酸素摂取量（L/分）

ワット	最大酸素摂取量（L/分）
35	0.56
70	0.97
105	1.38
140	1.79
175	2.20
210	2.61
245	3.02
280	3.43
315	3.84
350	4.25
385	4.66
420	5.07
455	5.48
490	5.80
525	6.30

表11.3　最大酸素摂取量に基づく体力分類（男性）

年齢	不可 (Poor)	可 (Fair)	平均 (Average)	良 (Good)	優 (Excellent)
15～19	52以下	53～57	58～65	66～69	70以上
20～29	52以下	53～59	60～69	70～77	78以上
30～39	47以下	48～53	54～62	63～71	72以上
40～49	39以下	40～43	44～55	56～63	64以上
50～59	31以下	32～37	38～51	52～57	58以上
60～69	22以下	23～30	31～42	43～54	55以上
	レベル1		レベル2		レベル3

注：この分類は，持久系アスリートにおけるコンデションの状態を反映したものである。非アスリートのデータはこれよりかなり低い。

表11.4　最大酸素摂取量に基づく体力分類（女性）

年齢	不可 (Poor)	可 (Fair)	平均 (Average)	良 (Good)	優 (Excellent)
15～19	48以下	49～54	55～61	62～67	68以上
20～29	49以下	50～54	55～62	63～71	72以上
30～39	39以下	40～49	50～55	56～64	65以上
40～49	28以下	29～40	41～48	49～59	60以上
50～59	19以下	20～28	29～40	41～50	51以上
60～69	7以下	8～14	15～25	26～41	42以上
	レベル1		レベル2		レベル3

注：この分類は，持久系アスリートにおけるコンデションの状態を反映したものである。非アスリートのデータはこれよりかなり低い。

MHR など）を算出することでトレーニングゾーンが決定できる。運動種目間で最大心拍数に違いがあることが多いため，以下の手順にしたがって自転車における最大心拍数を決定する。多くの人は，他の種目よりもランニングで高い MHR を示すが，トレーニングを積んだ自転車選手であれば，以下のサイクリングテストを用いたほうがよい。

1. 600 〜 1,000 m (2 〜 4 分) のきつい登り坂を見つける。理想的には，リカバリーが可能な 3.2 〜 4.8 km の環状道路があるとよい。
2. 自転車で 8 〜 13 km のウォームアップをする。
3. ウォームアップが終わったら，できるだけ速く坂道を登る。最後の 70 〜 100 m は立ち漕ぎで全力で登る。
4. リカバリーとして 3.2 〜 4.8 km 自転車で走り，繰り返し坂道を登る。
5. リカバリーとして 3.2 〜 4.8 km 自転車で走り，再び坂道を登ることを繰り返す。

この 3 回目の試行終了時の心拍数が，最大心拍数のよい指標になる。

トレーニングプログラムの選択

どのプログラムから開始するのかを知ることが，最初の課題である。最初のプログラムは，慎重に選んでほしい。プログラムをみて，「ごく簡単にできそうだ」と思う人が多いが，運動量を増やす段階になると，困難を感じたり，場合によってはけがをしたりする。最初のプログラムは，「できると思う」内容ではなく，「普段からできている」内容で選ぶようにする。週に 3 〜 4 回定期的に運動すれば，すぐレベル 2 に上がることができるかもしれないが，まずはレベル 1 から開始する。また，自転車は他の運動とは大きく異なることを覚えておいてほしい。自転車が普段からの運動のレパートリーに含まれていない場合は，レベル 1 からはじめる。

それぞれのプログラムには目的がある。しかし，ランニングなどの運動とは異なり，自転車ではその性質上，すべてのプログラムにさまざまな強度を含めることができる。自転車はけがのリスクが少し低く，乗ったまま漕ぎ続けてリカバリーすることもできる。特にレベル 2 では，プログラムの目的が基本的な心肺系の体力の向上以上であれば，より多様性が増すことがわかるだろう。

レベル 1

レベル 1 のプログラム（**表 11.5**）は，初期にみられるサドルによる痛みを克服し，プログラムの進行中に体力を少し向上させる基本的な入門プログラムである。最初の 4 週間は慎重に強度を漸増させ，5 週目にはその時点で準備ができているより強度の高い運動を少しずつ追加する。

レベル 2

レベル 1 のプログラムが終了したら，健全で確かな心肺機能の基礎がつくられているはずである。レベル 2 への進行は主に継続時間の増加からなり，プログラム後半の週に向かって強度がわずか

表11.5	レベル1の自転車のトレーニングプログラム：持久力とスタミナ							
週	月	火	水	木	金	土	日	
1	休息	EZ 30分	休息	EZ 30分	EZ 30分	休息	EZ 30分	
2	休息	EZ 45分	休息	EZ 45分	EZ 45分	休息	EZ 45分	
3	休息	EZ 60分	休息	EZ 60分	EZ 60分	休息	EZ 60分	
4	休息	EZ 75分	休息	EZ 75分	EZ 75分	休息	EZ 75分	
5	休息	EZ～MO 90分	休息	EZ～MO 90分	休息	EZ～MO 60分	EZ～MO 90分	
6	休息	EZ～MO 90分	EZ～MO 60分	EZ～MO 60分	休息	EZ～MO 90分	EZ～MO 90分	
7	休息	EZ～MO 90分	EZ～MO 60分	EZ～MO 60分	休息	EZ～MO 60分	EZ～MO 90分	
8	休息	EZ～MO 60分	休息	EZ～MO 60分	休息	休息	40 km	

EZ：60～75% MHR での持久的トレーニング
MO：75～85% MHR でのスタミナトレーニング

表11.6	レベル2の自転車のトレーニングプログラム：経済性とスピード，持久力						
週	月	火	水	木	金	土	日
9	休息	EZ～MO 90分	休息	EZ～MO 90分	休息	EZ～MO 60分	EZ～MO 90～120分
10	休息	EZ～MO 90分	A1 60分	EZ～MO 90分	休息	EZ～MO 90分	EZ～MO 90～150分
11	休息	EZ～MO 90分	EZ～MO 75分	EZ～MO 75分	休息	A1 60分	EZ～MO 90～150分
12	休息	EZ～MO 90分	休息	EZ～MO 90分	休息	A1 60分	EZ～MO 90～120分
13	休息	EZ～MO 90分	A2 75分	EZ～MO 90分	休息	A1 60分	EZ～MO 90～150分
14	休息	EZ～MO 90分	A2 75分 EZ 15分	EZ～MO 75分	休息	A1 60分 EZ 15分	EZ～MO 90～150分
15	休息	EZ～MO 60分	A2 75分 EZ 15分	EZ～MO 60分	休息	A1 60分 EZ 15分	EZ～MO 90～150分
16	休息	EZ～MO 60分	A2 75分 EZ 15分	EZ～MO 60分	休息	休息	EZ～MO 90～150分

EZ：60～75% MHR での持久的トレーニング
MO：75～85% MHR でのスタミナトレーニング
A1：インターバル（表11.7参照）
A2：インターバル（表11.7参照）

に増加していく。レベル2では，強度のさらなる増加に加えて，入門レベルのインターバルトレーニングおよびサドル上での時間も大幅に増加している。**表11.6**にトレーニングプログラムの詳細を，**表11.7**にインターバルセッションを示した。経済性とスピード，持久力という明確な目標があるにもかかわらず，このプログラムはトレーニングの種類が多様だと感じるだろう。このようなさまざまなトレーニングを行うことによって，体力とパフォーマンスレベルがさらに向上するのである。14マイル（22.5 km）と28マイル（45 km）のスプリントディスタンストライアスロンに

表11.7　レベル 2 の自転車のトレーニングプログラム：A1 および A2 インターバル

A1 インターバル		A2 インターバル	
時間	%MHR	時間	% MHR
0〜6分	60 未満	0〜6分	60 未満
6〜12分	65〜70	6〜12分	65〜70
12〜18分	80〜90	12〜18分	80〜90
18〜24分	65〜70	18〜24分	65〜70
24〜30分	80〜90	24〜30分	80〜90
30〜36分	65〜70	30〜36分	65〜70
36〜38分	90 以上	36〜42分	90 以上
38〜44分	65〜70	42〜48分	65〜70
44〜46分	80〜90	48〜54分	80〜90
46〜52分	65〜70	54〜60分	65〜70
52〜54分	90 以上	60〜66分	90 以上
54〜60分	60 未満	66〜75分	60 未満

注：すべてのインターバルは 70〜80 rpm で行う。

表11.8　レベル 2 の自転車のトレーニングプログラム：
スプリントディスタンストライアスロン（19〜24 km）のための 4 週間のトレーニング

週	月	火	水	木	金	土	日
1	EZ 30 分	休息	EZ 30 分	休息	EZ 30 分	EZ 30 分	休息
2	EZ 45 分	休息	EZ 45 分	休息	EZ 45 分	EZ 45 分	休息
3	EZ 60 分	休息	EZ 60 分	休息	EZ 60 分	EZ 60 分	休息
4	EZ 75 分	休息	EZ 75 分	休息	EZ 75 分	EZ 75 分	休息

EZ：60〜75% MHR での持久的トレーニング

表11.9　レベル 2 の自転車のトレーニングプログラム：
オリンピックディスタンストライアスロン（39〜45 km）のための 4 週間のトレーニング

週	月	火	水	木	金	土	日
1	EZ 60 分	休息	EZ 60 分	休息	EZ 60 分	休息	EZ 60 分
2	EZ 75 分	休息	EZ 75 分	休息	EZ 75 分	休息	EZ 75 分
3	EZ〜MO 90 分	休息	EZ〜MO 90 分	休息	休息	EZ〜MO 60 分	EZ〜MO 90 分
4	EZ〜MO 90 分	休息	EZ〜MO 60 分	EZ〜MO 60 分	休息	EZ〜MO 90 分	EZ〜MO 90 分

注：このプログラムは表 11.8 のスプリントトライアスロンプログラムを完了する能力があることを前提としている。
EZ：60〜75% MHR での持久的トレーニング
MO：75〜85% MHR でのスタミナトレーニング

表11.10　レベル3の自転車のトレーニングプログラム： ハーフアイアンマンディスタンス（90 km）のための12週間のトレーニング							
週	月	火	水	木	金	土	日
1	休息	EZ～MO 60分	休息	EZ～MO 60分	休息	EZ～MO 60分	EZ～MO 60～90分
2	休息	EZ～MO 75分	休息	EZ～MO 75分	休息	EZ～MO 75分	EZ～MO 75～120分
3	休息	EZ～MO 90分	休息	EZ～MO 75分	休息	A1 60分	EZ～MO 90～120分
4	休息	EZ～MO 90分	休息	EZ～MO 90分	休息	A1 60分	EZ～MO 90～120分
5	休息	EZ～MO 60分	A2 75分	休息	休息	A1 60分	EZ～MO 120～150分
6	休息	EZ～MO 60分	A2 75分 EZ 15分	EZ～MO 75分	休息	休息	EZ～MO 120～150分
7	休息	EZ～MO 60分	A2 75分 EZ 15分	EZ～MO 60分	休息	休息	EZ～MO 120～150分
8	休息	EZ～MO 60分	A2 75分 EZ 15分	EZ～MO 60分	休息	休息	EZ～MO 120～150分
9	休息	EZ～MO 75分	A2 75分 EZ 15分	休息	休息	EZ 150分	EZ 150分
10	休息	EZ～MO 75分	A2 75分 EZ 15分	休息	休息	EZ 150分	EZ 180分
11	休息	EZ～MO 90分	A2 75分 EZ 15分	休息	休息	EZ 150分	EZ 180分
12	休息	EZ～MO 75分	EZ 45分	休息	休息	90 km	休息

注：このプログラムはレベル1のプログラムが完了していることを前提としている。
EZ：60～75% MHRでの持久的トレーニング
MO：75～85% MHRでのスタミナトレーニング
A1：インターバル（表11.7参照）
A2：インターバル（表11.7参照）

おける自転車に関する追加プログラムを**表11.8**，**表11.9**に示したが，これは継続時間よりも強度に重点を置いている。

レベル3

　レベル3のトレーニングプログラム（**表11.10**）はアプローチが逆転し，低強度のトレーニングや中強度のトレーニングに多くの時間が費やされるが，ライディング時間は大幅に増加する。このレベルでは，パッドのついたショートパンツの価値が実感できるはずである。

センチュリーライドのためのボーナスプログラム

　センチュリーライドのためのボーナスプログラムは，ライディング時間がレベル3より大きく増えている。**表11.11**にプログラムの詳細を，**表11.12**にインターバルセッションの内容を示

表11.11　センチュリーライドのトレーニングプログラム

週	月	火	水	木	金	土	日
1	休息	EZ～MO 90分	IT1 1時間	EZ～MO 1時間30分	休息	EZ～MO 2時間	EZ 1時間30分
2	休息	EZ～MO 90分	IT1 1時間	EZ～MO 1時間30分	休息	EZ～MO 2時間	EZ 1時間30分
3	休息	EZ～MO 90分	IT2 1時間15分	EZ～MO 1時間30分	休息	EZ～MO 2時間30分	EZ 1時間
4	休息	EZ 1時間	IT2 1時間15分	EZ～MO 1時間30分	休息	EZ～MO 3時間	EZ 1時間30分
5	IT3 2時間	休息	EZ～MO 1時間30分	EZ～MO 2時間30分	休息	EZ～MO 4時間	休息
6	IT3 2時間	休息	IT4 1時間30分	休息	EZ～MO 2時間	EZ～MO 4時間30分	EZ～MO 2時間
7	休息	休息	IT3 2時間	EZ～MO 2時間30分	休息	EZ～MO 5時間	休息
8	IT3 2時間	EZ～MO 1時間	休息	IT4 1時間30分	休息	EZ～MO 5時間30分	休息
9	休息	EZ～MO 1時間30分	休息	EZ～MO 2時間30分	EZ～MO 1時間30分	EZ～MO 6時間	休息
10	休息	EZ～MO 3時間	EZ～MO 3時間	IT4 1時間30分		EZ～MO 6時間	休息
11	休息	EZ～MO 3時間	EZ～MO 2時間	休息	休息	EZ～MO 2時間	EZ～MO 2時間
12	IT3 2時間	休息	休息	EZ～MO 1時間30分	休息	休息	センチュリーライド

EZ：60～75% MHR での持久的トレーニング
MO：75～85% MHR でのスタミナトレーニング
IT1：インターバル（表11.12 参照）
IT2：インターバル（表11.12 参照）
IT3：インターバル（表11.12 参照）
IT4：インターバル（表11.12 参照）

表11.12　センチュリーライドのトレーニングプログラムのためのインターバルトレーニング

インターバル1（IT1）	インターバル2（IT2）	インターバル3（IT3）	インターバル4（IT4）
EZ 20分	EZ 20分	EZ 30分	EZ 20分
FA～VF 5分	FA～VF 5分	MO 10分	FA～VF 5分
EZ 10分	EZ 10分	FA～VF 40分	EZ 10分
FA～VF 5分	FA～VF 5分	EZ 40分	FA～VF 5分
EZ 20分	EZ 10分		EZ 10分
	FA～VF 5分		FA～VF 5分
	EZ 20分		EZ 10分
			FA～VF 5分
			EZ 20分

注：インターバル 1，2 の 5 分の FA～FV は短い登り坂である必要がある。インターバル 3 の 40 分の FA～FV は長い登り坂である必要がある。
EZ：60～75% MHR での持久的トレーニング
MO：75～85% MHR でのスタミナトレーニング
FA：85～95% MHR での経済性トレーニング
VF：95～100% MHR でのスピードトレーニング

した。112マイル（180 km）のアイアンマンレースと同じように，自転車の距離が長いことがわかる。実際には，このレベルの参加者にとってセンチュリーライドの100マイル（161 km）とアイアンマンの112マイル（180 km）は，それほど大きな違いではない。センチュリーライドのボーナストレーニングプログラムを終えた人は，180 kmに挑戦する際に新たな課題をこなさなくてもよいだろう。目標は180 kmのライディングを6〜7時間で，あるいは平均時速22.5〜25.7 kmで完走できるようにすることである。休息日には完全に休養するか水泳を選択してもよいが，ランニングや自転車は選択肢に含まれないので注意してほしい。

トレーニングの継続

　身体を鍛えるのは難しい。通常は，体力を維持することはいくらか容易で，少し強度が必要ではあるが運動量は少なくてすむ。全体的な強度を高く維持できれば，週に5〜6回のセッションを週に3〜4回に減らしても体力は維持できる。

　水泳と同様に，自転車で獲得した体力は自転車に限定される傾向がある。自転車で優れた心肺機能が獲得できても，他の運動様式へ移行させることはできない。自転車をやめてランニングをしようと考えたなら，いくらか練習しなければならないので注意が必要である。プラスの側面として，自転車は何時間も運動することができ，地面からの衝撃で関節を痛めることのない数少ない運動の1つであるということがあげられる。そのため，長く運動したい人には，有益で楽しい運動としての選択肢の1つだろう。

（杉浦　雄策）

第12章

水　泳

　水泳は，本書で取り上げている持久系スポーツの中で，最も多くの課題がある可能性がある。水泳は，多くのスキルを必要とする複雑な活動のため，様々なレベルの運動が必要になる。多くの人が知っているように，水中での運動量が増えても，必ずしもスピードが上がるわけではない。これは，水泳にスキルと技術が必要なためである。ランニングと違って，水泳は自然にできるようにならないので学習する必要がある。そのため，水泳のトレーニングでは，一般的な他の持久系スポーツより多くの基本練習とスキルのトレーニングが必要になる。これにストローク数の問題が加わり，難しい状況に直面することになる。水中で身体を鍛えるということは，スキルレベルにもよるので必ずしも速くなることを意味するわけではない。一方で，太った人が水の中を比較的楽に泳いでいるのを見ることもある。

　もう1つ水泳が他のスポーツと異なる重要な点は，呼吸が高度に制限されていることである。呼吸ができるのはストローク中の特定の時間，つまり顔が水から上がっているときだけである。呼吸の仕方が悪いとストレスレベルが上昇し，運動の強度とは関係なく心拍数に影響するので呼吸は特に重要である。

　トレーニングプログラムを計画する前に，水泳独特の生理学について考える必要がある。特に心拍応答は体位が水平であることと水圧の影響を受ける。これは多くの人の最大心拍数（MHR）が，陸上より水中のほうがはるかに低いことの原因の1つである。水中で十分にトレーニングされれば，陸上と同じ程度の心拍数になるが，それでも約10拍/分は低い。われわれの経験では，定常状態で泳いでいる人の心拍数は，陸上での定常状態の運動中の心拍数よりも10～40拍/分低い。したがって，心拍トレーニングのゾーンも水中ではかなり低くなる。

　水泳に関して他と異なる点の最後は，水泳選手がトレーニングで泳ぐ距離である。ほとんどの水泳種目は2分未満で，多くは1分未満で決着する。それにもかかわらず，水泳選手はマラソンの選手と変わらないトレーニング時間を費やす。生理学者としての立場から，エネルギー供給系の適応という観点からこれを説明するには苦労する。運動制御の観点からみると，何度も動きを繰り返すことでスキルを学ぶことは理にかなっている。しかし，いったんこのスキルを習得してしまえば，

特定の競技に必要なエネルギー供給系に具体的に焦点を当てるほうが理にかなっているように思える。本章では，この点を念頭に置いて，水泳のトレーニングプログラムを考えた。

　本章で概説するプログラムでは，ある程度水泳の能力があることを仮定している。すでに泳げるようになっていて，次のセットに移行するために必要な休息をとりながら，セットを繰り返すことができることを想定している。

現在の体力レベルの分類

　水泳の体力テストは，ランニングなど陸上で行うスポーツの体力テストよりも若干複雑である。水泳は複雑なスキルが必要であり，陸上で行う種目のパフォーマンスに悪影響を及ぼす可能性のある体脂肪の増加も，水泳では好ましい影響を与えることもある。心肺系の体力が比較的低い人は，特に長距離を泳ぐと体調がよくなることがある。水泳における体力を分類する最良の方法は，設定された距離を泳げるタイムを基準とすることである。次のプロトコルは，500ヤード（457.2 m）泳のタイムテストである。

　　　　自由形で100〜200ヤード（91.4〜182.8 m）のウォームアップを行う。2分間休憩し，その後，できるだけ速く500ヤード（457.2 m）泳ぎ，そのタイムから体力レベルを評価する。

　　初心者：11分40秒以上
　　中級者：9分30秒〜11分39秒
　　上級者：9分30秒未満

　この分類は，自由形，つまりクロールに基づくものである。これらの数値はアメリカ海軍のデータに基づいており，男女の区別はない。水泳は，女性と男性のタイムがかなり近い数少ないスポー

水泳の特殊性のため，水泳選手は通常，陸上での運動よりも水中での運動のほうが最大心拍数が低い。

ツの 1 つである。実際，距離が長くなるとタイム差が縮まり，多くの遠泳の記録は女性が保持している。この分類をもとに，適切なプログラムを以下に示す。

水泳のトレーニングゾーンの決定

　水泳のトレーニングゾーンをみつけるためには，①現在の体力の分類を決定する 500 ヤード泳テストと，②最大心拍数と臨界速度での泳ぎにおける心拍数の測定，の 2 つの選択肢がある。500 ヤード泳のタイムテストでは，体力分類の情報が得られるが，選択肢はもう 1 つある。時間があるときは以下の 2 つの測定を実施し，その間の心拍数データを収集する。それによって，トレーニングプログラムを開始できる。

　以下の測定は心拍数に基づいており，最初は少し準備が必要になる。まず，水泳中の最大心拍数を算出することである。2 つ目は，水泳の臨界速度，すなわち水泳での無酸素性作業閾値の速度を算出することである。そこから，水泳の無酸素性作業閾値における心拍数を計算できる。

水泳の最大心拍数の測定

　すべての最大テストは，心血管系の機能ならびに筋の収縮力と収縮速度に関して，最大努力を必要とすることを忘れないでほしい。そのため，テストを実施する準備ができていて実施できる能力があるかどうか，テストに必要な前提条件があるかどうかを医師に確認してほしい。ゆっくりから中等度のペースで 500 ヤード（457.2 m）のウォームアップを行う。次にセット間に 30 秒の休憩を入れ，できるだけ速く 100 ヤード（91.4 m）を 3 本泳ぐ。3 本目の 100 ヤードの終わりに心拍数を記録する。これが，水泳における最大心拍数になる。

　最大心拍数を使用して，トレーニングフェーズに応じた数式のパーセンテージを適用して，トレーニングゾーンを算出する。多くの人の水泳の最大心拍数は，ランニングや自転車よりも 10 〜 40 拍程度低くなることを覚えておき，数値が低いからといって驚かない。これは，体位，静水圧，水温の冷却効果，呼吸の調節など多くの要因によるものである。

　体力の分類の結果によって開始のプログラムが決まる。原則として，トレーニングプログラムはレベル 1 からレベル 2，レベル 3 の順に進めていく。レベル 2 からはじめる準備ができていると思われる場合は，レベル 1 プログラムの終了要件である 1,650 ヤード（1,509 m）を続けて泳げることを確認する。

水泳における無酸素性作業閾値の測定

　レベル 1 のプログラムは体力を向上させるように計画されているため，レベル 2 に進む準備ができるまでは水泳における無酸素性作業閾値を決定する必要はない。レベル 2 を開始する前に無酸素性作業閾値を評価することで，フェーズ III およびフェーズ IV のトレーニングをより正確に特定できるようになる。

　この臨界水泳テストは，Ginn が報告した（E. Ginn. Critical Speed and Training Intensities for Swimming, Australian Sports Commission, 1993）。500 m のウォームアップ後，50 m と

400 m をできるだけ速く泳ぐ。まず 50 m を泳ぎ，3 分休んでから 400 m を泳ぐ。両方のタイムを記録し，次の式に当てはめる。

$$臨界水泳速度（m/秒）= (D2 - D1) \div (T2 - T1)$$

ここで，D は距離，T は秒単位のタイムである。例えば，50 m を 31 秒で泳ぎ，400 m を 5 分（300秒）で泳いだ場合を示すと以下のようになる。

$$臨界水泳速度（m/秒）= (400 - 50) \div (300 - 31) = 350 \div 269 = 1.30 \ m/秒$$

これは，臨界水泳速度，すなわち無酸素性作業閾値での水泳速度が 1.30 m/秒であることを示している。これを心拍数に変換する必要がある。毎秒 1.30 m で泳げるということは，25 m を 19.23 秒で泳げることになる。平均心拍数を記録するためには，25 m 当たり 19.23 秒で 500 m を泳ぐ必要がある。これが水泳における無酸素性作業閾値となる。その時の平均心拍数が 132 拍/分，つまり最大心拍数（166 拍/分）の 80％だったと仮定してみよう。これらの数値は，レベル 2 のより長くより焦点を絞ったプログラムを計画するために必要な指針となる。

トレーニングプログラムの選択

　本章では，3 つの段階的プログラムについて解説する。それぞれのプログラムは，前のプログラムをもとに構成されている。心肺機能を改善するために計画された基本的な導入プログラム（レベル 1）からはじめる。このプログラムの大部分は，持久力（EZ）ゾーンで行う。4 つのトレーニングフェーズの心拍数を**表 12.1** に示した。それぞれの心拍ゾーンにおける心拍応答が，他のスポーツと異なることに気づくだろう。これは，水中では心拍応答が変わるために調整したものである。レベル 2 とレベル 3 のプログラムは，水中での心肺機能に基づいて構築されており，無酸素性能力やスピードも向上させる。次のレベルに進む前に，現在のレベルが目標に達していることを確認する（例えば，レベル 2 を開始するときは，レベル 1 の終了要件が完了できていることを確認する）。トレーニングフェーズにしたがって，レベル 2 とレベル 3 では，無酸素性パワーやスピードとも呼ばれる，経済性とスピード持久力を構築する。同じ心拍数で運動を続けることで，どのレベルでも繰り返すことができる。対象となる距離のスプリットタイムが短くなりはじめることに気づくに違いない。きちんと記録をつけることで，これらの適応を追跡することができる。

レベル 1

　レベル 1 プログラム（**表 12.2**）の目標は，スイマーズマイル（1,650 ヤード，1,509 m）まで距離を伸ばすことによって，心肺持久力を構築することである。6 週目の金曜までに，スタミナ（MO）トレーニングゾーンで 1,650 ヤード（1,509 m）を休憩なしで泳ぐことができるようになる。

レベル 2

　6 週間のレベル 2 プログラム（**表 12.3**）の目標は，心肺系の持久力（EZ）を強化し，スタミナ

表 12.1　水泳のトレーニングフェーズ

トレーニングフェーズ	% MHR
フェーズⅠ：持久力（EZ）	60 〜 75
フェーズⅡ：スタミナ（MO）	75 〜 85
フェーズⅢ：経済性（FA）	85 〜 95
フェーズⅣ：スピード持久力（VF）	95 〜 100

表 12.2　レベル 1 の水泳のトレーニングプログラム

週	曜日	ゾーン	トレーニング	総距離
1	月, 水, 金	EZ	100 ヤード × 4, 反復間の休憩 1 分 50 ヤード × 5, 反復間の休憩 30 秒 25 ヤード × 6, 反復間の休憩 15 秒	800 ヤード
2	月, 水, 金	EZ	150 ヤード, 休憩 1 分 30 秒 100 ヤード × 4, 反復間の休憩 1 分 50 ヤード × 5, 反復間の休憩 30 秒 25 ヤード × 6, 反復間の休憩 15 秒	950 ヤード
3	月, 水, 金	EZ	300 ヤード × 2, 反復間の休憩 2 分 150 ヤード × 4, 反復間の休憩 1 分 30 秒	1,200 ヤード
4	月, 水, 金	EZ MO	600 ヤード × 2, 反復間の休憩 3 分 200 ヤード × 4, 反復間の休憩 1 分 30 秒	2,000 ヤード
5	月, 水, 金	EZ MO	1,200 ヤード, 反復間の休憩 3 分 400 ヤード × 2, 反復間の休憩 2 分	2,000 ヤード
6	月, 水, 金	EZ MO	1,200 ヤード × 2, 反復間の休憩 1 分 1,650 ヤード, 休憩なし	2,400 ヤード + 1,650 ヤード（金曜のみ）

注：スイマーズマイル＝ 1,650 ヤード。1 ヤード ≒ 0.914 m
EZ：60 〜 75%MHR での持久力トレーニング
MO：75 〜 85%MHR でのスタミナトレーニング

（MO）のためのトレーニングを開始することである。

　表 12.3 のトレーニング内容の説明における「キック」とは，トレーニングの一部でキックボードを使用することを意味している。例えば，トレーニング A における「EZ 100 ヤードフリー，キック 25 ヤード × 6」という表記は，「自由形で 100 ヤード泳ぎ，その後，キックボードを使って 25 ヤード泳ぐというパターンを 6 回繰り返す」ことを意味する。「選択」と示されている場合は，任意の泳法で泳いでよい。「ラダーアップ交互プル」は，普通の泳ぎと，脚の間にブイを挟むプルスイムを交互に行って，指定された距離を泳ぐ。例えば，火曜のトレーニング（トレーニング B）では，25 ヤードの普通の泳ぎ，50 ヤードのプルスイム，75 ヤードの普通の泳ぎ，100 ヤードのプルスイムというように，徐々に負荷を上げていく。「交互プル」とは，1 セットを通常の泳ぎで，次のセットでブイを挟んで泳ぐプルスイムというように交互に泳ぐことを意味する。トレーニングの距離はヤード表記になっているが 1 ヤードは約 0.914 m で換算するとよい（www.worldwidemetric.com/measurements.html 参照）。

　タイムトライアル（**表 12.3** の TT）では，ウォームアップとして楽なペース（75% MHR 未満）

表12.3　レベル2の水泳のトレーニングプログラム：心肺系の体力とスタミナ

週	月	火	水	木	金
1	A (2,450 ヤード)	B (2,600 ヤード)	C (2,600 ヤード)	D (1,900 ヤード)	E (3,250 ヤード)
2	F (2,950 ヤード)	B (2,600 ヤード)	E (3,250 ヤード)	D (1,900 ヤード)	A (2,450 ヤード)
3	TT(2,550 ヤード)	H (3,300 ヤード)	D (1,900 ヤード)	G (2,800 ヤード)	E (3,250 ヤード)
4	H (3,300 ヤード)	E (3,250 ヤード)	D (1,900 ヤード)	A (2,450 ヤード)	I (4,250 ヤード)
5	TT(2,550 ヤード)	H (3,300 ヤード)	D (1,900 ヤード)	G (2,800 ヤード)	E (3,250 ヤード)
6	H (3,300 ヤード)	E (3,250 ヤード)	D (1,900 ヤード)	A (2,450 ヤード)	I (4,250 ヤード)

注：A～Iのトレーニング内容は本文参照。1ヤード ≒ 0.914 m。
TT：タイムトライアル

で600ヤード（548.6 m）泳いだ後，1,650ヤード（1,509 m）泳ぎ，タイムを計測する。1,650ヤードの後，楽なペース（75% MHR 未満）で300ヤード（274.3 m）泳いでクールダウンする。そして結果を記録する。

トレーニングA

総距離：2,450ヤード

ウォームアップ：EZ 600ヤード（心拍数75％未満）

EZ 100ヤードフリー，キック25ヤード×6（合計750ヤード）（心拍数75％未満）

EZ 100ヤード×5：速い50ヤードの後，楽に50ヤード（心拍数75％未満）

EZ 50ヤード×6：楽に25ヤード，速く25ヤード

クールダウン：EZ 300ヤード，選択（心拍数75％未満）

トレーニングB

総距離：2,600ヤード

ウォームアップ：EZ 600ヤード（心拍数75％未満）

EZ ラダーアップ交互プル，休憩なし（25，50，75，100，125，150，175，200）（心拍数75％未満）

EZ 200ヤード（楽に50ヤード，速く50ヤード，楽に50ヤードプルスイム，速く50ヤードプルスイム）×4（心拍数75％未満）

クールダウン：EZ 300ヤード，選択（心拍数75％未満）

トレーニングC

総距離：2,600ヤード

ウォームアップ：EZ 600ヤード（心拍数75％未満）

MO プルスイム　500ヤード（心拍数85％未満）

プルスイム100ヤードの速い水泳，楽に50ヤード×6（心拍数75％未満）

MO 50ヤード×6，セット間は1分30秒の休憩（心拍数85％未満）

　クールダウン：EZ 300 ヤード，選択（心拍数 75％未満）

トレーニングD

　総距離：1,900 ヤード

　ウォームアップ：EZ 600 ヤード（心拍数 75％未満）

　FA 100 ヤード × 6，2 分 30 秒ごとにスタート（心拍数 85 〜 95％）

　休憩 1 分

　FA 50 ヤード × 5，1 分 10 秒ごとにスタート（心拍数 85 〜 95％）

　休憩 1 分

　FA 25 ヤード × 6，35 秒ごとにスタート（心拍数 85 〜 95％）

　クールダウン：EZ 300 ヤード，選択（心拍数 75％未満）

トレーニング E

　総距離：3,250 ヤード

　ウォームアップ：EZ 600 ヤード（心拍数 75％未満）

　EZ ラダーアップおよびラダーダウン交互プル，休憩なし（25，50，75，100，125，150，175，200，225，225，200，175，150，125，100，75，50，25）（心拍数 75％未満）

　FA 25 ヤード × 4，35 秒ごとにスタート（心拍数 85 〜 95％）

　クールダウン：EZ 300 ヤード，選択（心拍数 75％未満）

トレーニング F

　総距離：2,950 ヤード

　ウォームアップ：EZ 600 ヤード（心拍数 75％未満）

　MO 25 ヤードのキックを伴う 100 ヤード自由形 × 6（総距離 750 ヤード）（心拍数 85％未満）

　EZ 楽な 100 ヤード × 5 と MO 速い 100 ヤード × 5 との交互トレーニング（EZ の心拍数 75％未満，MO の心拍数 75 〜 85％）

　休憩 2 分

　　EZ 楽な 25 ヤード × 6 と MO 速い 25 ヤード × 6 の交互トレーニング（EZ の心拍数 75％未満，MO の心拍数 75 〜 85％）

　クールダウン：EZ 300 ヤード，選択（心拍数 75％未満）

トレーニングG

　総距離：2,800 ヤード

　ウォームアップ：EZ 600 ヤード（心拍数 75％未満）

　FA 200 ヤード × 5，5 分以内（心拍数 85 〜 95％）

　休憩 2 分

　FA 100 ヤード × 5，2 分 30 秒ごとにスタート（心拍数 85 〜 95％）

休憩2分

FA 50 ヤード × 5，1分10秒ごとにスタート（心拍数 85 〜 95%）

休憩1分

FA 25 ヤード × 6，35 秒ごとにスタート（心拍数 85 〜 95%）

クールダウン：EZ 300 ヤード，選択（心拍数 75% 未満）

トレーニングH

総距離：3,300 ヤード

ウォームアップ：EZ 600 ヤード（心拍数 75% 未満）

MO プルスイム 600 ヤード（心拍数 85% 未満）

EZ スイム 600 ヤード（心拍数 75% 未満）

MO プルスイム 600 ヤード（心拍数 85% 未満）

EZ スイム 600 ヤード（心拍数 75% 未満）

クールダウン：EZ 300 ヤード，選択（心拍数 75% 未満）

トレーニングI

総距離：4,250 ヤード

ウォームアップ：EZ 600 ヤード（心拍数 75% 未満）

MO ラダーアップおよびラダーダウン交互プル，休憩なし（25，50，75，100，125，150，175，200，225，225，200，175，150，125，100，75，50，25）（心拍数 85% 未満）

EZ 楽な 100 ヤード × 5 と MO 速い 100 ヤード × 5 の交互トレーニング（EZ の心拍数 75% 未満，MO の心拍数 75 〜 85%）

FA 25 ヤード × 4，35 秒ごとにスタート（心拍数 85 〜 95%）

クールダウン：EZ 300 ヤード，選択（心拍数 75% 未満）

レベル3

　ここまでで，レベル3のトレーニングプログラム（**表12.4**）に進む準備ができた。レベル3プログラムの目標は，経済性（FA）およびスピード（VF）の心拍トレーニングのゾーンでトレーニングすることによって，経済性とスピードを高めることにある。

　タイムトライアル（**表12.4** の TT）については，600 ヤード（548.6m）を楽なペース（心拍数 75% 未満）でウォームアップした後，1,650 ヤード（1,509m）を泳ぎ，それに要した時間を測定する。1,650 ヤード泳いだ後，楽なペース（心拍数 75% 未満）で 300 ヤード（274.3m）泳いでクールダウンする。結果を記録する。

トレーニングA

総距離：2,950 ヤード

ウォームアップ：EZ 600 ヤード（心拍数 75% 未満）

週	月	火	水	木	金
			表 12.4　レベル 3 の水泳のトレーニングプログラム		
1	A (2,950 ヤード)	B (3,250 ヤード)	C (1,950 ヤード)	D (2,525 ヤード)	E (2,900 ヤード)
2	A (2,950 ヤード)	B (3,250 ヤード)	C (1,950 ヤード)	D (2,525 ヤード)	E (2,900 ヤード)
3	F (3,400 ヤード)	B (3,250 ヤード)	C (1,950 ヤード)	D (2,525 ヤード)	A (2,950 ヤード)
4	TT(2,550 ヤード)	C (1,950 ヤード)	休息	B (3,250 ヤード)	C (1,950 ヤード)
5	B (3,250 ヤード)	F (3,400 ヤード)	休息	C (1,950 ヤード)	F (3,400 ヤード)
6	B (3,250 ヤード)	休息	C (1,950 ヤード)	休息	TT(2,550 ヤード)

注：A ～ F のトレーニング内容は本文参照。1 ヤード ≒ 0.914 m。
TT：タイムトライアル

FA 200 ヤード交互プルスイム × 5，5 分以内（心拍数 85 ～ 95%）；2 セット目，4 セット目
　にプルブイを使う

休憩 2 分

FA 100 ヤード交互プルスイム × 6, 2 分 30 秒ごとにスタート（心拍数 85 ～ 95%）；2 セット目，
　4 セット目，6 セット目にプルブイを使う

休憩 2 分

VF 50 ヤード × 6，1 分ごとにスタート（心拍数 95 ～ 100%）

休憩 1 分

VF 25 ヤード × 6，30 秒ごとにスタート（心拍数 95 ～ 100%）

休憩 1 分

クールダウン：EZ 300 ヤード，選択（心拍数 75% 未満）

トレーニング B

総距離：3,250 ヤード

ウォームアップ：EZ 600 ヤード（心拍数 75% 未満）

EZ ラダーアップおよびラダーダウン交互プル，休憩なし（25，50，75，100，125，150，
　175，200，225，225，200，175，150，125，100，75，50，25）（心拍数 75% 未満）

VF 25 ヤード × 4，30 秒ごとにスタート（心拍数 95 ～ 100%）

休憩 1 分

クールダウン：EZ 300 ヤード，選択（心拍数 75% 未満）

トレーニング C

総距離：1,950 ヤード

ウォームアップ：EZ 600 ヤード（心拍数 75% 未満）

VF 100 ヤード × 6，2 分 20 秒ごとにスタート（心拍数 95 ～ 100%）

休憩 1 分

VF 50 ヤード × 6，1 分 05 秒ごとにスタート（心拍数 95 ～ 100%）

休憩 1 分

VF 25 ヤード × 6，30 秒ごとにスタート（心拍数 95 ～ 100 ％）

休憩 1 分

クールダウン：EZ 300 ヤード，選択（心拍数 75 ％未満）

トレーニング D

総距離：2,525 ヤード

ウォームアップ：EZ 600 ヤード（心拍数 75 ％未満）

FA キック 25 ヤードを伴う自由形 100 ヤード × 5（合計 625 ヤード）（心拍数 85 ～ 95 ％）

休憩 2 分

EZ 楽な 50 ヤード × 5 と MO 速い 50 ヤード × 5 の交互スイム（EZ の心拍数 75 ％未満，MO の心拍数 75 ～ 85 ％）

EZ 楽な 25 ヤード × 6 と VF 速い 25 ヤード × 6 の交互スイム（EZ の心拍数 75 ％未満，MO の心拍数 95 ～ 100 ％）

休憩 2 分

EZ 25 ヤード × 4，30 秒ごとにスタート（心拍数 75 ％未満）

休憩 1 分

EZ 25 ヤード × 4，30 秒ごとにスタート（心拍数 75 ％未満）

クールダウン：EZ 300 ヤード，選択（心拍数 75 ％未満）

トレーニング E

総距離：2,900 ヤード

ウォームアップ：EZ 600 ヤード（心拍数 75 ％未満）

FA 100 ヤード × 10，2 分 15 秒ごとにスタート（心拍数 85 ～ 95 ％）

休憩 1 分

FA 50 ヤード × 10，1 分 05 秒ごとにスタート（心拍数 85 ～ 95 ％）

FA 125 ヤード × 4（各セットはスイム 100 ヤード，キック 25 ヤード）（心拍数 85 ～ 95 ％）

休憩 1 分

クールダウン：EZ 300 ヤード，選択（心拍数 75 ％未満）

トレーニング F

総距離：3,400 ヤード

ウォームアップ：EZ 600 ヤード（心拍数 75 ％未満）

EZ プルスイム 500 ヤード（心拍数 75 ％未満）

EZ スイム　500 ヤード（心拍数 75 ％未満）

EZ プルスイム 500 ヤード（心拍数 75 ％未満）

EZ スイム 500 ヤード（心拍数 75 ％未満）

表12.5　4週間の800ヤードトライアスロンのスイムトレーニングプログラム

週	月	水	金
1	EZ 500 ヤード	EZ 500 ヤード	EZ 550 ヤード
2	EZ 550 ヤード	EZ 600 ヤード	EZ 650 ヤード
3	EZ 650 ヤード	EZ 700 ヤード	EZ 750 ヤード
4	EZ 750 ヤード	EZ 800 ヤード	EZ 800 ヤード

注：このプログラムは，他のトレーニングができるように週3回をスイムのトレーニングとして計画されている。1ヤード ≒ 0.914m
EZ：60 ～ 75%MHR での持久的トレーニング

表12.6　6週間の1,500ヤードトライアスロンのスイムトレーニングプログラム

週	月	水	金
1	EZ 800 ヤード	EZ 850 ヤード	EZ 900 ヤード
2	EZ 900 ヤード	EZ 950 ヤード	EZ 1,000 ヤード
3	EZ 1,000 ヤード	EZ 1,050 ヤード	EZ 1,100 ヤード
4	EZ 1,100 ヤード	EZ 1,150 ヤード	EZ 1,200 ヤード
5	EZ 1,250 ヤード	EZ 1,300 ヤード	EZ 1,350 ヤード
6	EZ 1,400 ヤード	EZ 1,450 ヤード	EZ 1,500 ヤード

注：このプログラムは，週3回のスイムトレーニングで，800ヤードをすでに完了しているものとして計画されている。1ヤード ≒ 0.914m
EZ：60 ～ 75%MHR での持久的トレーニング

EZ プルスイム 500 ヤード（心拍数 75％未満）

クールダウン：EZ 300 ヤード，選択（心拍数 75％未満）

トライアスロンのためのボーナストレーニング

　多くのトライアスリートは，トライアスロンに特化したスイムのトレーニングをしたいと思っている。スイムが一番の弱点だと感じていたり，ゴールタイムに水中でのパフォーマンスを影響させたくないのかもしれない。理由は何であれ，トライアスロンのトレーニングにおいてスイムのトレーニングは重要である。

　表12.5 は，スプリントトライアスロンの一部として 800 ヤード（731.5 m）を泳ぐ4週間のプログラムで，初心者向けに計画されている。**表12.6** には，トライアスロンで少し長めの 1,500 ヤード（1,371.6 m）を泳ぐ6週間のプログラムを示した。どちらも，レベル1プログラムの後，泳ぐことができる 1,650 ヤード(1,509 m)未満のプログラムだが，これらのボーナスプログラムは，ランやバイクのトレーニングの時間を確保しながら，トライアスロンのスイムの準備に役立つため重要である。トライアスロンのトレーニングの詳細については，第13章を参照してほしい。

トレーニングの継続

　ここまでで，アイアンマントライアスロンで2.4マイル（3.9 km）を泳ぐなど，長い距離に容

易に進むことができる確かな水泳プログラムの基礎が確立できた。この段階的な進行は複雑なものではなく，単に距離を増やしていくことが必要である。経験則として，距離は2〜3週間で10%以上増やさないようにする。あるいは，現在の体力のレベルに満足しているなら，単にトレーニングを繰り返すだけでもよい。長い距離ではなく，よりスピードを上げたいときは，セット間のインターバル，つまり休息期間を減らす。このことによってトレーニングの強度は高くなり，全体的な体力とスピードが向上する。

（杉浦　雄策）

第13章

トライアスロン

　トライアスロンのトレーニングプログラムは，われわれの得意とする課題の1つである。ここだけの話だが，800 m からアイアンマンまで各種の競技会に関する多くの情報を共有しているので，内部関係者しか知りえない貴重な情報がいくつかある。われわれは，トライアスロンのトレーニングは単一の持久系スポーツのトレーニングよりも楽しく，ストレスが少ないと思っている。マラソンのトレーニングは走るだけであるが，トライアスロンのトレーニングは走るだけでなく，クロストレーニングの恩恵を受けることができる。また，環境の変化による刺激が大きいことも，精神的に大きな利点である。トライアスロンのトレーニングは基本的にクロストレーニングであるため，各タイプのトレーニングで身体を休息させることができ，けがのリスクを減らすことができる。例えば，スイムやバイクの日は，ランからの休息となる。しかし，全体的な運動量についてはまだ課題があるため，トライアスロンのトレーニングに対して誤った安心感を抱かないで欲しい。トライアスロンのトレーニングは，体力，神経筋，栄養の観点から特有の問題がある。また，バイク，スイム，ランの個々のスポーツに対する得手不得手を評価しなければならず，場合によっては他の活動よりも1つの活動に重点を置いたプログラムが必要になる。

　トライアスリートには様々な背景がある。バイクが得意な人もいれば，ランが得意な人，スイムが得意な人もいる。数は少ないながら，3つの分野すべてが得意な人もいる。共著者でランニングのスペシャリストである Benson コーチは，トライアスリートというのは室内用バイクを所有し，プールを持っている知人がいる負傷したランナーのことだと思っていたという。多分，Benson コーチの知り合いのトライアスリートは負傷したランナーだったのだろう。また，これまでスポーツの経験はないが，3つの種目すべてをやってみたいと思った人もいる。

　その他の持久系スポーツと同様に，トライアスロンは様々な距離で実施される。**表13.1** に一般によく知られている4つのトライアスロン競技の距離を示したが，それぞれの距離はその上の競技の距離の約2倍になっている。

　最初の課題は，挑戦したい距離を選ぶことである。常識的に考えれば，距離が最も短いスプリントからはじめるのがよい。ただし，適度にコンディションのよいアスリートでも，スプリントを完

競技	スイム（マイル）	バイク（マイル）	ラン（マイル）	合計（マイル）
スプリント	0.5	14	3.1	17.6
オリンピック	0.9	28	6.2	35.1
ハーフアイアンマン	1.2	56	13.1	70.3
フルアイアンマン	2.4	112	26.2	140.6

表 13.1　トライアスロン競技の距離

注：1 マイル ≒ 1.61 km。

走するには 80 〜 90 分かかる。すでに経験豊かな持久系アスリートであれば，オリンピックやハーフアイアンマンの距離から開始してもいいだろう。現在の体力レベルに関係なく，どこからはじめればよいかを決定するために**表 13.1**を参考にしたらよい。そうすることで段階的な進行状況が判断でき，安全でけがのないトレーニングプログラムが計画できるようになる。

　トレーニングプログラムを開始する前に，他のスポーツと同様に体力を評価する必要がある。そのために，第 10 章，第 11 章，第 12 章に示した基準を使用して，ラン，バイク，スイムそれぞれの体力を評価する。その結果から，トライアスロンのトレーニングをどこから開始すればよいかがわかる。ラン，バイク，スイムの体力評価の結果が最もよかったレベルを基準としてはじめるのがよいだろう。

ランニング，バイク（自転車），スイミングにおける
トレーニングゾーンの決定

　第 2 章とランニング，自転車，水泳に関する章では，これらの競技における心拍ゾーンの決定方法について説明した。各競技における最大心拍数を算出するため，各競技に 1 つずつ，合計 3 つのトレーニングゾーンがあることになる。可能性は低いが，各競技における最大心拍数が同じであったり値が近い場合もある。いずれにせよ，少なくとも正確な値を決定するための手順を踏む必要がある。

トレーニングプログラムの選択

　ラン，バイク，スイムの持久系スポーツの経験が少ない初心者でも，けがの心配がなく健康であればスプリントトライアスロンディスタンスを目指してほしい。これをあまり時間をかけずに克服し，オリンピックディスタンスへの挑戦を宣言する前にさらに経験を積むことができるはずである。スプリントディスタンスを完了するためのトレーニングは，ゼロからはじめた場合には 8 〜 12 週間かかる。

　初心者ではなく，週に 3 〜 4 回，1 回に 4 〜 5 マイル（6.4 〜 8 km）走る健康オタクであれば，オリンピックディスタンストライアスロンを完走できる途中まできているといえる。もしこれに当てはまるのであれば，バイクやスイムに焦点を当てたカテゴリーに分類する。ランの経験はあって

Declan Connolly

トライアスロンのトレーニングには，バイク，ラン，スイムの3つの種目すべてで体力を評価するという特別な課題がある。

もバイクとスイムのトレーニングが必要だからである。ここでの課題は，それらすべてを結び付けることである（特に難しいのは，バイクからランのトランジションである）。

　オリンピックトライアスロンを何回か経験すれば，ハーフアイアンマンへの道が開ける。しかし，注意が必要である。オリンピックディスタンスからハーフアイアンマンへ進むためにはかなりの飛躍がある。ハーフアイアンマンは必ずしも複雑ではないが，トレーニングとコンディショニングにより多くの時間が必要になる。同じことがビッグカフナなどのフルアイアンマンにも当てはまる。**表13.2** に各距離ごとに実施するトレーニングプログラムにかかる平均的な時間を示した。われわれは皆，週の残りの時間は実際の仕事をしているため，**表13.2** は，時間の制約によって種目を選択する際にも役立つ。ほとんどの場合，仕事による時間の制約がトレーニング時間の長さを決定することになる。

　ここで注意してほしいのは，**表13.2** に示した週あたりの最大トレーニング時間は，通常，トレーニングプログラムの最盛期のものであり，最小時間はプログラムの開始時やリカバリー週にみられ

表13.2　競技の距離ごとのトレーニング時間				
	スプリント	オリンピック	ハーフアイアンマン	フルアイアンマン
週あたりのトレーニング日数	4～6	4～6	5～7	6～7
週あたりの最小トレーニング時間	3～4	4～5	5～7	7～9
週あたりの最大トレーニング時間	6～7	7～8	10～12	16～19

表13.3　ランとバイクの心拍ゾーン		
ゾーン	ランの心拍数（拍／分）	バイクの心拍数（拍／分）
1	117～138	111～129
2	139～156	130～148
3	157～174	149～165
4	175以上	166以上

るということである。

　トレーニングプログラムを選択する前に，特にスプリントやオリンピックの距離に関連して，考慮すべき点がある。それは，太りすぎてはいないか，つまり競技を行うために体重を落とす必要があるかということである。もし体重を落とす必要があれば，最初の4～6週間のプログラムの強度と期間が決まる。この場合は，第4章，特に減量の最適化について述べた節（52ページ）を再度読むことを強くすすめる。短いレースのための単純なプログラムは12週間を基本としている。しかし，例えば4.5 kgの減量が必要な場合は，12週間のプログラムをはじめる前に，少なくとも4週間，週に4～6時間程度のゆっくりとした距離の長いトレーニングを追加したほうがよい。1時間あたり約600 kcalの消費となるため，週に6時間のトレーニングを行うと約3,600 kcal，つまり0.45 kgの脂肪に相当する（トレーニングに応じてカロリー摂取量を増やさないと仮定している）。これに適切なカロリー摂取を組み合わせると，1週間で0.9～1.1 kg，4～6週間で3.6～6.8 kgの減量が可能になる。

　本章で紹介するプログラムは，フィニッシュラインまで快適にたどり着けるようにし，スプリントからオリンピックディスタンスへと段階的な進行を助けることに焦点を当てている。これらは，大学の研究室での体力テストをもとに，アスリートのために開発された実際のプログラムである。言い換えれば，アスリートの真の最大心拍数とトレーニングゾーンに基づいて開発されたプログラムである。

　議論する必要のある最後の情報は，各種目間での運動時心拍数の変動に関するものである。例えば，同じ人でもラン，バイク，スイムでは最大心拍数は異なる。そのため，特定の種目のための特定の心拍トレーニングのゾーンを決定する際には，それに合わせた調整をしなければならない。例えば，プールでの定常状態のトレーニングは，ランの定常状態のトレーニングよりも30拍／分低い心拍数で行わなければならない場合がある。トライアスリートは，各種目の心拍数データを取得し，3つの種目すべてのトレーニングゾーンと閾値を算出することが推奨される。これにより，全体的なトレーニングプログラムの精度が高まる。**表13.3**により対象となるトレーニングゾーンと種目間の心拍数の違いを確認してほしい。

レベル1：スプリントトライアスロンの初心者向けトレーニングプログラム

　レベル1のプログラム（**表13.4**）は，健康上の問題がなく，どの種目にも決定的な能力のない18～35歳の適度に健康な人を対象としている。また，重大な健康上の危険因子も想定していない。

表13.4 レベル1のトライアスロンのトレーニングプログラム：スプリント

週	月	火	水	木	金	土	日
1	休息 オプ ション	BZ1 バイク 45 分 スイム 1,200 m	RZ1 ラン 30 分	BZ1 バイク 45 分 スイム 1,200 m	休息 オプ ション	BZ1 バイク 30 分 RZ1 ラン 30 分	BZ1～BZ3 バイク > 60 分
2	休息 オプ ション	BZ1 バイク 45 分 スイム 1,200 m	RZ1 ラン 30 分	BZ1 バイク 45 分 スイム 1,200 m	休息 オプ ション	BZ1 バイク 30 分 RZ1 ラン 30 分	BZ1～BZ3 バイク > 60 分 RZ1 ラン 15 分
3	休息 オプ ション	BZ1 バイク 45 分 スイム 1,200 m	RZ1 ラン 30 分	BZ1 バイク 45 分 スイム 1,200 m	休息 オプ ション	BZ1 バイク 30 分 RZ1 ラン 30 分	BZ1～BZ3 バイク > 60 分 RZ1 ラン 15 分
4	休息 オプ ション	BZ1 バイク 45 分 RZ1 ラン 15 分	BZ1 バイク 40 分	RZ1 ラン 50 分 スイム 1,500 m	休息 オプ ション	RZ1 ラン 40 分 スイム 1,800 m	BZ1～BZ3 バイク > 60 分 RZ1 ラン 15 分
5	休息 オプ ション	BZ1 バイク 45 分 RZ1 ラン 15 分	BZ1 バイク 40 分	RZ1 ラン 50 分 スイム 1,500 m	休息 オプ ション	RZ1 ラン 40 分 スイム 1,800 m	BZ1～BZ3 バイク > 60 分 RZ1 ラン 15 分
6	休息 オプ ション	BZ1 バイク 45 分 RZ1 ラン 15 分	BZ1 バイク 40 分	RZ1 ラン 50 分 スイム 1,500 m	休息 オプ ション	RZ1 ラン 40 分 スイム 1,000 m	BZ1～BZ3 バイク > 60 分 RZ1 ラン 15 分
7	休息 オプ ション	BZ2 バイク 30 分 RZ1 ラン 30 分	バイク 40 分 (BZ1 20 分, BZ2 20 分)	RZ2 ラン 30 分 スイム 1,000 m	休息 オプ ション	RZ2 ラン 30 分 スイム 1,200 m	BZ1～BZ3 バイク > 60 分 RZ1 ラン 15 分
8	休息 オプ ション	BZ2 バイク 30 分 RZ1 ラン 30 分	バイク 40 分 (BZ1 20 分, BZ2 20 分)	RZ2 ラン 30 分 スイム 1,000 m	休息 オプ ション	BZ1 バイク 20 分 RZ1 ラン 40 分	1A バイク 60 分 RZ1 ラン 15 分
9	休息 オプ ション	スイム 1,500 m BZ1 バイク 30 分	バイク 40 分 (BZ1 20 分, BZ2 20 分)	RZ2 ラン 40 分 スイム 1,000 m	休息 オプ ション	BZ1 バイク 20 分 RZ1 ラン 40 分	1A バイク 60 分 RZ1 ラン 20 分
10	休息 オプ ション	スイム 1,500 m BZ1 バイク 30 分	バイク 40 分 (BZ1 20 分, BZ2 20 分)	RZ2 ラン 40 分 スイム 1,200 m	休息 オプ ション	ラン 45 分 (RZ1 25 分, RZ2 20 分)	1B バイク 75 分 RZ1 ラン 20 分
11	休息 オプ ション	スイム 1,500 m BZ1 バイク 30 分	バイク 40 分 (BZ1 20 分, BZ2 20 分)	RZ2 ラン 40 分 スイム 1,200 m	休息 オプ ション	ラン 45 分 (RZ1 25 分, RZ2 20 分)	1B バイク 75 分 RZ1 ラン 20 分
12	休息 オプ ション	スイム 1,200 m BZ1 バイク 30 分	休息 オプション	RZ2 ラン 40 分	バイク 30 分 BZ1	休息	レース

BZ：バイクの心拍ゾーン；表13.3参照
RZ：ランの心拍ゾーン；表13.3参照
1A, 1B：バイクのインターバル；表13.5参照

表13.5　トライアスロンのバイクインターバル			
バイク1A		バイク1B	
時間 (分)	およその心拍数 (拍 / 分)	時間 (分)	およその心拍数 (拍 / 分)
0 ～ 6	110	0 ～ 6	110
6 ～ 12	128	6 ～ 12	128
12 ～ 18	150	12 ～ 18	150
18 ～ 24	128	18 ～ 24	128
24 ～ 30	150	24 ～ 30	150
30 ～ 36	128	30 ～ 36	128
36 ～ 40	160 以上	36 ～ 42	160 以上
40 ～ 46	128	42 ～ 48	128
46 ～ 50	160 以上	48 ～ 54	150
50 ～ 60	110	54 ～ 60	128
		60 ～ 66	160 以上
		66 ～ 75	110

注：スプリントトレーニングのプログラム（レベル 1）のインターバルはすべて 75 ～ 85 rpm。オリンピックのトレーニングプ
　　ログラム（レベル 2）のインターバルはすべて 80 ～ 90 rpm。ハーフアイアンマンのトレーニングプログラム（レベル 3）の
　　インターバルはすべて 80 ～ 90 rpm。

途中で休憩をとったとしても運動は順番に実施する。ランとバイクのセッションはすべて分単位，スイムのセッションはメートル単位で示した。休息オプションの日は，まったく何もしないか，ゆっくり泳いでも構わない。

　なお，表 13.5 に示したバイクのインターバルは，レベル 2 とレベル 3 のプログラムでも使用する。

レベル 2：オリンピックディスタンストライアスロンのトレーニングプログラム

　最初のレベル 2 のプログラム（表13.6）は，スプリントトライアスロンをうまく完了したことを前提としたスプリントトライアスロンプログラムからの段階的進行である。スプリントプログラムに追加された量と強度の変化に注意してほしい。セッション間に休憩をとったとしても，すべてのセッションは順番に行う。ランとバイクのセッションはすべて分単位で，スイムのセッションはメートル単位で示した。休息オプションの日は，まったく何もしないか，ゆっくり泳いでも構わない。すべてのバイク走行は強度を徐々に上げる。パワーメーターを使って，30 秒ごとに 30 ～ 50 ワットずつ強度を上げていく。バイクのインターバルについては表13.5 を参照してほしい。

　2 つ目のレベル 2 の プログラム（表 13.7）は，ランに焦点を当てたオリンピックディスタンストライアスロンのトレーニングプログラムである。スイムとバイクの両方の能力はあるが，ランは苦手な人のためのプログラムである。変更点の多くは，1 セッションあたり 5 ～ 15 分のランニング時間を増やしたことである。ランに重点を置いたプログラムの考え方では，週に最低でも 1 つのセッションを追加し，ランセッションに 30 分（10 分単位の増加）追加することである。バ

表13.6　レベル2のトライアスロンのトレーニングプログラム：オリンピックディスタンス

週	月	火	水	木	金	土	日
1	休息 オプ ション	BZ1 バイク 60 分 (最後5分は最大) スイム 1,200 m	RZ1 ラン 45 分	BZ1 バイク 60 分 スイム 1,200 m	RZ2 ラン 30 分 スイム 2,500 m	BZ1 バイク 60 分 RZ1 ラン 30 分	BZ1～BZ3 バイク> 90 分
2	休息 オプ ション	BZ1 バイク 60 分 (最後5分は最大) スイム 1,200 m	RZ1 ラン 45 分	BZ1 バイク 60 分 スイム 1,200 m	RZ2 ラン 30 分 スイム 2,500 m	BZ1 バイク 60 分 RZ1 ラン 30 分	BZ1～BZ3 バイク> 90 分 RZ1 ラン 15 分
3	休息 オプ ション	BZ1 バイク 60 分 (最後5分は最大) スイム 1,200 m	RZ1 ラン 45 分	BZ1 バイク 60 分 スイム 1,200 m	RZ2 ラン 30 分 スイム 2,500 m	BZ1 バイク 30 分 RZ1 ラン 30 分	BZ1～BZ3 バイク> 90 分 RZ1 ラン 15 分
4	休息 オプ ション	BZ1 バイク 45 分 RZ1 ラン 15 分	BZ1 バイク 60 分	RZ1 ラン 50 分 スイム 1,500 m	1A バイク 60 分 スイム 1,000 m	RZ1 ラン 60 分 スイム 1,800 m	BZ1～BZ3 バイク> 90 分 RZ1 ラン 15 分
5	休息 オプ ション	BZ1 バイク 45 分 RZ1 ラン 15 分	BZ1 バイク 60 分	RZ1 ラン 50 分 スイム 1,500 m	1A バイク 60 分 スイム 1,000 m	RZ1 ラン 60 分 スイム 1,800 m	BZ1～BZ3 バイク> 90 分 RZ1 ラン 15 分
6	休息 オプ ション	BZ1 バイク 45 分 RZ1 ラン 15 分	BZ1 バイク 60 分	RZ1 ラン 50 分 スイム 1,500 m	1A バイク 60 分 スイム 1,000 m	RZ1 ラン 60 分 スイム 1,000 m	BZ1～BZ3 バイク> 90 分 RZ1 ラン 15 分
7	休息 オプ ション	BZ2 バイク 30 分 RZ1 ラン 30 分	バイク 60 分 (BZ1 30 分, BZ2 30 分)	RZ2 ラン 30 分 スイム 1,000 m	1B バイク 75 分 スイム 1,000 m	RZ2 ラン 30 分 スイム 2,000 m	BZ1～BZ3 バイク> 90 分 RZ1 ラン 15 分
8	休息 オプ ション	BZ2 バイク 30 分 RZ1 ラン 30 分	バイク 60 分 (BZ1 30 分, BZ2 30 分)	RZ2 ラン 30 分 スイム 1,000 m	1B バイク 75 分 スイム 1,000 m	BZ1 バイク 20 分 RZ1 ラン 60 分	BZ1～BZ3 バイク> 90 分 RZ1 ラン 15 分
9	休息 オプ ション	スイム 2,500 m BZ1 バイク 30 分	バイク 60 分 (BZ1 30 分, BZ2 30 分)	RZ2 ラン 40 分 スイム 1,000 m	1B バイク 75 分 スイム 1,000 m	BZ1 バイク 20 分 RZ1 ラン 60 分	BZ1～BZ3 バイク> 90 分 RZ1 ラン 15 分
10	休息 オプ ション	スイム 2,500 m BZ1 バイク 30 分	バイク 60 分 (BZ1 20 分, BZ2 40 分)	RZ2 ラン 40 分 スイム 1,200 m	1B バイク 75 分 ラン 20 分 RZ1	ラン 75 分 (RZ1 20 分, RZ2 30 分, RZ1 25 分)	BZ1～BZ3 バイク> 90 分 RZ1 ラン 20 分 スイム 2,000 m
11	休息 オプ ション	スイム 2,500 m BZ1 バイク 30 分	バイク 60 分 (BZ1 20 分, BZ2 40 分)	RZ2 ラン 40 分 スイム 1,200 m	1B バイク 75 分 ラン 20 分 RZ1	ラン 75 分 (RZ1 20 分, RZ2 30 分, RZ1 25 分)	BZ1～BZ3 バイク> 90 分 RZ1 ラン 20 分 スイム 2,000 m
12	休息 オプ ション	スイム 1,200 m	BZ1 バイク 30 分	RZ2 ラン 20 分	休息	休息	レース

注：BZ：バイクの心拍ゾーン；表 13.3 参照
　　RZ：ランの心拍ゾーン；表 13.3 参照
　　1A, 1B：バイクのインターバル；表 13.5 参照

週	月	火	水	木	金	土	日
1	休息 オプ ション	BZ1 バイク 60 分 (最後 5 分は最大) スイム 1,200 m	RZ1 ラン 60 分	BZ1 バイク 60 分 スイム 1,200 m	RZ2 ラン 40 分 スイム 2,500 m	BZ1 バイク 30 分 RZ1 ラン 40 分	BZ1 ～ BZ3 バイク > 90 分
2	休息 オプ ション	BZ1 バイク 60 分 (最後 5 分は最大) スイム 1,200 m	RZ1 ラン 60 分	BZ1 バイク 60 分 スイム 1,200 m	RZ2 ラン 40 分 スイム 2,500 m	BZ1 バイク 30 分 RZ1 ラン 40 分	BZ1 ～ BZ3 バイク > 80 分 RZ1 ラン 25 分
3	休息 オプ ション	BZ1 バイク 60 分 (最後 5 分は最大) スイム 1,200 m	RZ1 ラン 60 分	BZ1 バイク 60 分 スイム 1,200 m	RZ2 ラン 40 分 スイム 2,500 m	BZ1 バイク 30 分 RZ1 ラン 40 分	BZ1 ～ BZ3 バイク > 80 分 RZ1 ラン 25 分
4	休息 オプ ション	BZ1 バイク 45 分 RZ1 ラン 15 分	RZ1 ラン 60 分	RZ1 ラン 50 分 スイム 1,500 m	1A バイク 60 分 スイム 1,000 m	RZ1 ラン 75 分 スイム 1,800 m	BZ1 ～ BZ3 バイク > 80 分 RZ1 ラン 25 分
5	休息 オプ ション	BZ1 バイク 45 分 RZ1 ラン 15 分	BZ1 バイク 60 分	RZ1 ラン 50 分 スイム 1,500 m	1A バイク 60 分 スイム 1,000 m	RZ1 ラン 75 分 スイム 1,800 m	BZ1 ～ BZ3 バイク > 80 分 RZ1 ラン 25 分
6	休息 オプ ション	BZ1 バイク 45 分 RZ1 ラン 15 分	BZ1 バイク 60 分	RZ1 ラン 50 分 スイム 1,500 m	1A バイク 60 分 スイム 1,000 m	RZ1 ラン 75 分 スイム 1,000 m	BZ1 ～ BZ3 バイク > 80 分 RZ1 ラン 25 分
7	休息 オプ ション	BZ2 バイク 30 分 RZ1 ラン 30 分	バイク 60 分 (BZ1 30 分, BZ2 30 分)	RZ2 ラン 40 分 スイム 1,000 m	1B バイク 75 分 スイム 1,000 m	RZ2 ラン 30 分 スイム 2,000 m	BZ1 ～ BZ3 バイク > 80 分 RZ1 ラン 25 分
8	休息 オプ ション	BZ2 バイク 30 分 RZ1 ラン 30 分	バイク 60 分 (BZ1 30 分, BZ2 30 分)	RZ2 ラン 40 分 スイム 1,000 m	1B バイク 75 分 スイム 1,000 m	BZ1 バイク 20 分 RZ1 ラン 60 分	BZ1 ～ BZ3 バイク > 80 分 RZ1 ラン 25 分
9	休息 オプ ション	スイム 2,500 m BZ1 バイク 30 分	バイク 60 分 (BZ1 30 分, BZ2 30 分)	RZ2 ラン 50 分 スイム 1,000 m	1B バイク 75 分 スイム 1,000 m	BZ1 バイク 20 分 RZ1 ラン 60 分	BZ1 ～ BZ3 バイク > 90 分 RZ1 ラン 20 分
10	休息 オプ ション	スイム 2,500 m BZ1 バイク 30 分	バイク 60 分 (BZ1 20 分, BZ2 40 分)	RZ2 ラン 50 分 スイム 1,200 m	1B バイク 75 分 ラン 20 分 RZ1	ラン 75 分 (RZ120 分, RZ2 30 分, RZ1 25 分)	BZ1 ～ BZ3 バイク > 90 分 RZ1 ラン 20 分 スイム 2,000 m
11	休息 オプ ション	スイム 2,500 m BZ1 バイク 30 分	バイク 60 分 (BZ1 20 分, BZ2 40 分)	RZ2 ラン 50 分 スイム 1,200 m	1B バイク 75 分 ラン 20 分 RZ1	ラン 75 分 (RZ120 分, RZ2 30 分, RZ1 25 分)	BZ1 ～ BZ3 バイク > 90 分 RZ1 ラン 20 分 スイム 2,000 m
12	休息 オプ ション	スイム 1,200 m	BZ1 バイク 30 分	RZ2 ラン 20 分	休息	休息	レース

表 13.7　レベル 2 のトライアスロンのトレーニングプログラム： ランに焦点を当てたオリンピックディスタンス

BZ：バイクの心拍ゾーン；表 13.3 参照
RZ：ランの心拍ゾーン；表 13.3 参照
1A, 1B：バイクのインターバル；表 13.5 参照

イクやスイムが苦手な場合は，同じ論理によって最初のプログラムにこのような調整を加える。

　セッション間に休憩をとったとしても，すべてのセッションは順番に行う。ランとバイクのセッションはすべて分単位，スイムのセッションはメートル単位で示した。休息オプションの日は，まったく何もしないか，ゆっくり泳いでも構わない。すべてのバイク走行はバイクの強度を徐々に上げる。できなくなるまで 30 秒ごとに 30 ～ 50 ワットずつ強度を上げていく。バイクのインターバルについては**表 13.5** を参照してほしい。

レベル 3：ハーフアイアンマンのトレーニングプログラム

　が次のレベル（ハーフアイアンマン）のトレーニングに進むとより複雑になる。そのため，自分のために特別なプログラムを作成してくれる知識豊富なコーチと緊密に協力しあうとよい。このことはフルアイアンマンに挑戦しようとする場合さらに重要になる。

　ハーフアイアンマン，フルアイアンマンともかなりの距離であり，ハーフアイアンマンで最低 5 ヵ月，フルアイアンマンでは 9 ～ 12 ヵ月の基礎的なトレーニングが必要である。本章では，ハーフアイアンマンに関する例を示したが（**表 13.8**），ビッグカフナのようなトライアスロンについては個人的に知識豊富な助っ人を探したほうがよい。

　以下は，ハーフアイアンマントレーニングの前提条件である。原則として，オリンピックディスタンスにおいて 45 分のスイム，60 分のラン，90 分のバイクを一貫して快適にこなすことができない限り，ハーフアイアンマンに挑戦しようと考えるべきではない。スピードに関係なくこれら 3 つの種目を連続して行うことができれば有利である。ハーフアイアンマントレーニングプログラムには最低 10 週間かけることが推奨されるが，これはオリンピックディスタンスのトレーニングプログラムをすでに完了していて，45 分のスイム，60 分のラン，90 分のバイクが可能なことを前提としている。

　このプログラムでは，スイムは距離しか示していない。スイムのトレーニングプログラムの多くは，より具体的にストロークやスピードの向上に取り組み，インターバルで多くのバリエーションを用いている。パーソナルトレーナーと一緒にトレーニングをしている場合はより個別化できる。また，水泳のトレーニングの詳細については第 12 章を参照してほしい。

　ハーフアイアンマンの距離になると，主に水分補給と栄養補給という別の問題が発生する。この競技で成功するには，毎日の適切な水分補給と栄養補給が必要であり，最も重要なことは競技中の水分補給と栄養補給である。トレーニングのこの側面については，個人的なサポートを受けるとよい。

トレーニングの継続

　これでスプリントトライアスロンからハーフアイアンマンまで，心拍トレーニングに基づく一連のトライアスロンのトレーニングプログラムを手にした。スプリントとオリンピックのプログラムは，心拍トレーニングのゾーンと段階的な進行の点で似ていることに気がついたかもしれない。しかし，これらのトレーニングを行うと，同じ心拍数でもオリンピックプログラムのほうが，スプリ

表13.8　レベル3のトライアスロンのトレーニングプログラム：ハーフアイアンマンディスタンス

週	月	火	水	木	金	土	日
1	休息 オプション	BZ1 バイク 75 分 (最後5分は最大) スイム 1,800 m	RZ1 ラン 60 分	BZ1 バイク 75 分 (最後5分は最大) スイム 1,800 m	RZ2 ラン 40 分 スイム 2,500 m	BZ1 バイク 40 分 RZ1 ラン 50 分	BZ1 〜 BZ3 バイク > 90 分
2	休息 オプション	BZ1 バイク 75 分 (最後5分は最大) スイム 1,800 m	RZ1 ラン 60 分	BZ1 バイク 75 分 (最後5分は最大) スイム 1,800 m	RZ2 ラン 40 分 スイム 2,500 m	BZ1 バイク 40 分 RZ1 ラン 50 分	BZ1 〜 BZ3 バイク > 90 分 RZ1 ラン 25 分
3	休息 オプション	BZ1 バイク 75 分 (最後5分は最大) スイム 1,800 m	RZ1 ラン 60 分	BZ1 バイク 75 分 (最後5分は最大) スイム 1,800 m	RZ2 ラン 40 分 スイム 2,500 m	BZ1 バイク 40 分 RZ1 ラン 50 分	BZ1 〜 BZ3 バイク > 90 分 RZ1 ラン 25 分
4	休息 オプション	BZ1 バイク 60 分 RZ1 ラン 15 分	RZ1 ラン 60 分	RZ1 ラン 50 分 スイム 2,500 m	1A バイク 60 分 スイム 1,500 m	RZ1 ラン 75 分 スイム 2,000 m	BZ1 〜 BZ3 バイク > 90 分 RZ1 ラン 25 分
5	休息 オプション	BZ1 バイク 60 分 RZ1 ラン 15 分	BZ1 バイク 60 分	RZ1 ラン 50 分 スイム 2,500 m	1A バイク 60 分 スイム 1,500 m	RZ1 ラン 75 分 スイム 2,000 m	BZ1 〜 BZ3 バイク > 120 分 RZ1 ラン 25 分
6	休息 オプション	BZ1 バイク 60 分 RZ1 ラン 15 分	BZ1 バイク 60 分	RZ1 ラン 50 分 スイム 2,500 m	1A バイク 60 分 スイム 1,500 m	RZ1 ラン 75 分 スイム 2,000 m	BZ1 〜 BZ3 バイク > 120 分 RZ1 ラン 25 分
7	休息 オプション	BZ2 バイク 60 分 RZ1 ラン 40 分	バイク 90 分 (BZ1 60 分, BZ2 30 分)	RZ2 ラン 60 分 スイム 1,500 m	1B バイク 75 分 スイム 1,500 m	RZ2 ラン 30 分 スイム 2,000 m	BZ1 〜 BZ3 バイク > 120 分 RZ1 ラン 25 分
8	休息 オプション	BZ2 バイク 60 分 RZ1 ラン 30 分	バイク 90 分 (BZ1 60 分, BZ2 30 分)	RZ2 ラン 60 分 スイム 1,500 m	1B バイク 75 分 スイム 1,500 m	BZ1 バイク 30 分 RZ1 ラン 60 分	BZ1 〜 BZ3 バイク > 120 分 RZ1 ラン 25 分
9	休息 オプション	スイム 2,500 m BZ1 バイク 30 分	バイク 90 分 (BZ1 60 分, BZ2 30 分)	RZ2 ラン 60 分 スイム 1,500 m	1B バイク 75 分 スイム 1,500 m	BZ1 バイク 30 分 RZ1 ラン 60 分	BZ1 〜 BZ3 バイク > 120 分 RZ1 ラン 30 分
10	休息 オプション	スイム 2,500 m BZ1 バイク 30 分	バイク 90 分 (BZ1 60 分, BZ2 30 分)	RZ1 ラン 120 分	1B バイク 75 分 スイム 1,500 m	休息	BZ1 〜 BZ3 バイク > 120 分 RZ1 ラン 20 分 スイム 2,000 m
11	休息 オプション	スイム 2,500 m BZ1 バイク 30 分	バイク 90 分 (BZ1 60 分, BZ2 30 分)	RZ1 ラン 120 分	1B バイク 75 分 スイム 1,500 m	休息	BZ1 〜 BZ3 バイク > 120 分 RZ1 ラン 20 分 スイム 2,000 m
12	休息 オプション	スイム 1,200 m	BZ1 バイク 30 分	BZ2 ラン 20 分	休息	休息	BZ1 バイク > 180 分 RZ1 ラン 20 分 スイム 2,000 m
13	休息 オプション	スイム 2,000 m	BZ1 バイク 60 分 RZ1 ラン 30 分	休息	RZ2 ラン 40 分	BZ1 バイク 60 分 スイム 2,000 m	BZ1 バイク > 180 分 RZ1 ラン 20 分 スイム 2,000 m
14	休息 オプション	休息 オプション	BZ1 バイク 60 分 スイム 2,000 m	RZ1 ラン 60 分	1B バイク 75 分 RZ1 ラン 20 分	RZ1 ラン 120 分	BZ1 バイク > 180 分
15	休息 オプション	BZ1 バイク 60 分 スイム 3,000 m	BZ1 バイク 60 分 RZ1 ラン 20 分	休息	RZ1 ラン 120 分	休息	BZ1 バイク > 240 分 RZ1 ラン 10 分
16	休息 オプション	BZ1 バイク 60 分 スイム 3,000 m	休息	RZ1 ラン 150 分	休息	休息	BZ1 バイク > 240 分 RZ1 ラン 30 分

17	休息 オプ ション	休息 オプション	BZ1 バイク 60 分 スイム 3,000 m	BZ1 バイク 60 分 RZ1 ラン 30 分	スイム 3,000 m	休息	BZ1 バイク > 240 分 RZ1 ラン 30 分
18	休息 オプ ション	休息 オプション	RZ1 ラン 120 分	BZ1 バイク 60 分 RZ1 ラン 60 分	スイム 3,000 m	休息	スイム 2,000 m BZ1 バイク 90 分 RZ1 ラン 30 分
19	休息 オプ ション	スイム 3,000 m	BZ1 バイク 60 分 RZ1 ラン 60 分	スイム 2,000 m BZ1 バイク 60 分	休息	休息	BZ1 バイク > 240 分 RZ1 ラン 20 分
20	休息 オプ ション	休息	スイム 1,500 m RZ1 ラン 30 分	BZ1 バイク 45 分	休息	休息	レース

BZ：バイクの心拍ゾーン；表 13.3 参照
RZ：ランの心拍ゾーン；表 13.3 参照
1A, 1B：バイクのインターバル；表 13.5 参照

ントよりも強度やスピード，ワット数がはるかに高いことに気づく。これは，心拍トレーニングの優れている点であり，正しくトレーニングを続けるための内部調整器になっているのである。正しく記録を残すことがきわめて重要である。これらの値を記録しモニターしている限り，心拍数の低下（またはスピードの向上）を監視することで，体力の変化を追跡することができる。そして，トライアスリートとして，この効果は3つの異なるレベルで3つの異なる種目にわたってみられるようになることを覚えておいてほしい。

　いまこそ，現在の体力レベルにどの程度満足しているかを判断するときである。いまの体力レベルに満足しているならば，きついトレーニングは終わりにし，週に数回の高強度の運動セッションを維持しながら，量と頻度の両方を少し減らすことによって健康を維持することができる。

　より高いレベルの体力を獲得し，より競争力を高めたい場合は，体力だけでなく自分の能力に重点を置いたより体系化されたトレーニング方法を検討する必要がある。一般的に行われている全体的な体力に対するアプローチではなく，自分の得手不得手に焦点を当てたより具体的なトレーニングセッションを考える必要があるため専門家の助けを求めることをすすめる。栄養もまた，技術，機材，バイクのフィット感などの問題と同様により重要になる。

（杉浦　雄策）

第14章

ボート
(ローイング)

　水泳と同じように，ボート（ローイング）も複雑なスキルが必要である。ローイングは，屋内と水上で必要なスキルが大きく異なるという点も特徴的である。実際，ローイングは動的な有酸素運動の中でも最も技術的に難しいものの1つかもしれない。そのため，本章では屋内でのローイングエルゴメータを使ったエクササイズセッションのみに焦点を当てる。屋内ローイングエルゴメータは広く利用可能であり，技術的な要素が少ないためである。才能のあるボート選手は，ここで紹介するプログラムを水上でのトレーニングにも適用することができる。

　屋内エルゴメータは，500 mのスプリットタイムやワット数，ストローク数，タイムトライアル機能など，様々な便利な機能を備えており，独自に距離を設定してコンピュータでタイムを測定することができる。開始する前に，基本的なコンピュータ機能，特に500 mのスプリット機能に習熟しておいてほしい。というのも，ここで紹介するプログラムにこの機能を多く使用するためである。

　他の有酸素運動のトレーニングプログラムと同様に，何からはじめればよいのかを知ることは難しい。ローイングの場合は，2,000 mを全力で漕ぐという単純な課題から基礎的な体力レベルを評価するとよい。そこから自分の基礎的体力の分類を決定し，適切なトレーニングプログラムを選ぶことができる。2,000 mは屋内外で人気のある距離なので，トレーニングプログラムでもこの距離を目標としている。他の章で用いたのと同じ論理と段階的な進行を使用し，最初の目標を達成してからより高度な目標に進めるように3つの段階的進行を設定した。それでは，現在の体力レベルを決定するための初期テストからはじめる。

現在の体力レベルの分類

　トレーニングをどのレベルから開始するかを決めるには，現在の自分の体力レベルを分類する必要がある。まず，15分間の適度なウォームアップからはじめる。ウォームアップの後，全力で2,000 mを漕ぎ，ゴールタイムを記録する。

ボートは複雑なスキルが必要とするが，スマートトレーニングの原則はここでも通用する。持久力の基礎をしっかりと身につけ，それに基づいてスタミナ，パワー，スピードを築いていく。

　ローイングテストの結果と**表 14.1**から，ボート選手で運動生理学者であるオハイオ州立大学のF. Hagerman が開発した以下の式を使用してローイングでの最大酸素摂取量（$\dot{V}O_2max$）を計算する。

$$\dot{V}O_2max = (Y \times 1,000) \div 体重（kg）$$

　Y は，2,000 mテストのタイムや性別，体重 (kg) に基づいて決定する（**表 14.1**）。**表 14.1**には，低トレーニングレベルと高トレーニングレベルの 2 つを示した。低トレーニングレベルは週に 3 回未満のトレーニングセッションで，競技志向ではないアスリート（週あたり 25 km 未満）に適している。高トレーニングレベルは週に 3 回以上のセッションからなり，より競技志向の強いアスリートに適している。時間は分単位である。

　例えば，体重 79 kg の男子選手が 2,000 m を 8 分で漕いだ場合，次のような計算になる。

$$Y = 15.7 - (1.5 \times 8) = 3.7$$
$$\dot{V}O_2max = (3.7 \times 1,000) \div 79\ kg = 46.8\ mL/kg/分$$

　この最初の体力テストに基づいて示されたレベルからローイングトレーニングのプログラムを開始する。**表 14.2**（男性）または**表 14.3**（女性）から，自分の体力分類をみつける。

ボート（ローイング）のトレーニングゾーンの決定

　現在の体力レベルを評価する過程で，心拍数のデータも収集する必要がある。最大限の努力で2,000 m のテストをできるだけ速く実行したと仮定すると，ローイングにおける真の最大心拍数が得られるはずである。この値を使用して，様々なトレーニングゾーンを算出する。

　ローイングの最大心拍数を決定するための考え方は，他章で説明した他のスポーツにおける考え

表 14.1　$\dot{V}O_2\,max$ を計算するための Y 値の決定：ボート（ローイング）

	女性 (≦ 61.36 kg)	女性 (> 61.36 kg)	男性 (≦ 75 kg)	男性 (> 75 kg)
高トレーニング レベル	Y = 14.6 – (1.5 × タイム)	Y = 14.9 – (1.5 × タイム)	Y = 15.1 – (1.5 × タイム)	Y = 15.7 – (1.5 × タイム)
低トレーニング レベル	Y = 10.26 – (0.93 × タイム)		Y = 10.7 – (0.9 × タイム)	

表 14.2　$\dot{V}O_2\,max$ に基づく体力分類（男性）

年齢	不可 (Poor)	可 (Fair)	平均	良 (Good)	優 (Excellent)
15 ～ 19	≦ 52	53 ～ 57	58 ～ 65	66 ～ 69	≧ 70
20 ～ 29	≦ 52	53 ～ 59	60 ～ 69	70 ～ 77	≧ 78
30 ～ 39	≦ 47	48 ～ 53	54 ～ 62	63 ～ 71	≧ 72
40 ～ 49	≦ 39	40 ～ 43	44 ～ 55	56 ～ 63	≧ 64
50 ～ 59	≦ 31	32 ～ 37	38 ～ 51	52 ～ 57	≧ 58
60 ～ 69	≦ 22	23 ～ 30	31 ～ 42	43 ～ 54	≧ 55
	レベル 1		レベル 2		レベル 3，4

注：分類は，持久系アスリートのコンディショニング状態を反映している。非アスリートの値はもっと低くなるだろう。

表 14.3　$\dot{V}O_2\,max$ に基づく体力分類（女性）

年齢	不可 (Poor)	可 (Fair)	平均	良 (Good)	優 (Excellent)
15 ～ 19	≦ 48	49 ～ 54	55 ～ 61	62 ～ 67	≧ 68
20 ～ 29	≦ 49	50 ～ 54	55 ～ 62	63 ～ 71	≧ 72
30 ～ 39	≦ 39	40 ～ 49	50 ～ 55	56 ～ 64	≧ 65
40 ～ 49	≦ 28	29 ～ 40	41 ～ 48	49 ～ 59	≧ 60
50 ～ 59	≦ 19	20 ～ 28	29 ～ 40	41 ～ 50	≧ 51
60 ～ 69	≦ 7	8 ～ 14	15 ～ 25	26 ～ 41	≧ 42
	レベル 1		レベル 2		レベル 3，4

注：分類は，持久系アスリートのコンディショニング状態を反映している。非アスリートの値はもっと低くなるだろう。

方と本質的には同じである。主な違いは，2,000 m のローイングでは負荷が段階的に増えていくテストではないので，適切なウォームアップを長く行うようにすることである。

　第 6 章では，無酸素性作業閾値を算出するためのテストを示した。ローイングにおける問題は，単に 2,000 m のローイングテストをできるだけ速く行うだけでは無酸素性作業閾値（AT）を決定できないことである。無酸素性作業閾値を見つけるには，疲労困憊までの漸増的なテストを実行し，テスト中 30 秒ごとに心拍数を記録する必要がある。ローイングの場合は，500 m を 3 分のペースからはじめ，500 m が 2 分のペースになるまで，2 分ごとに 500 m あたり 10 秒ずつペースを上

表 14.4　ボート（ローイング）のトレーニングフェーズ	
トレーニングフェーズ	% MHR
フェーズⅠ：持久力（EZ）	60 〜 75
フェーズⅡ：スタミナ（MO）	75 〜 85
フェーズⅢ：経済性（FA）	85 〜 95
フェーズⅣ：スピード持久力（VF）	95 〜 100

げていくとよい。500 m あたり 2 分のペースになったら，2 分ごとに 500 m あたり 10 秒ではなく，5 秒ずつペースを上げる。多くの場合，データを記録してくれる人が必要になる。

データを見返してグラフを作成し，速度の変更後に心拍数が定常状態にならなくなった段階を特定する。これがおおよその AT である。

トレーニングプログラムの選択

より強度の高いトレーニングに移る前に，適切なレベルからはじめ，適切な強度で十分な時間を費やし，基本的な体力を向上させることが重要である。**表 14.4** にローイングのトレーニングフェーズを示した。2,000 m のタイムによって開始するレベルとプログラムが決定する。すべてのプログラムは，最初の体力レベルに関係なく，数週間は基礎を構築するためのトレーニング方法を維持する。体力レベルに関係なく，優れた基礎が確立できた後に強度を上げる必要がある。誰もが基礎づくりの期間から恩恵を受けることができるだろう。

レベル 1

持久力（EZ）トレーニング（**表 14.5**）は非常に楽で，実際には退屈になるかもしれないが我慢して欲しい。心拍計を使用して，最大心拍数（MHR）の 75% 未満にとどめる必要がある。同じ理論がフェーズⅡスタミナ（MO）トレーニングにも当てはまり，85% MHR 未満に抑える。

週末に時間のある人が多いので，週末のトレーニングを長くしてある。

2,000 m と 6,000 m のトレーニングは疲労困憊にいたる運動である。力強くフィニッシュする。2,000 m と 6,000 m のタイムトライアルの場合，500 m のスプリットを 2 分 40 秒のペースで 5 分間実施してウォームアップし，次に 500 m のスプリットを 2 分 30 秒のペースに上げてさらに 5 分間，次に 500 m のスプリットを 2 分 20 秒ペースで 5 分間実施する。3 分間休んだ後，2,000 m または 6,000 m を疲労困憊まで行う。すべての試行のタイムを記録する。

休息日は，インターバルのきついトレーニングの日の翌日とする。休息日は賢く使い，激しいことはしないようにする。高度なトレーニングを受けていない限り，完全な休息をとるとよい。高度なトレーニングを受けている場合は，65% MHR 未満で 30 分など，短時間のリカバリートレーニングを行ってもよい。

インターバルトレーニングはきつくなるように計画されているので，不快になることもあるだろ

週	月	火	水	木	金	土	日
1	TT 2,000 m	EZ 45 分	MO 45 分	休息	A1	休息	TT 6,000 m
2	休息	EZ 45 分	MO 45 分	休息	A1	EZ 60 分	MO 60 分
3	休息	EZ 45 分	MO 45 分	休息	A1	EZ 60 分	MO 60 分
4	休息	EZ 45 分	MO 45 分	休息	A1	EZ 60 分	MO 60 分
5	休息	EZ 50 分	A3	休息	TT 2,000 m	EZ 60 分	MO 60 分
6	休息	EZ 50 分	A3	休息	A1	休息	TT 6,000 m
7	休息	EZ 50 分	A3	休息	A1	EZ 75 分	MO 75 分
8	休息	EZ 50 分	A3	休息	A1	EZ 75 分	MO 75 分
9	休息	EZ 55 分	MO 50 分	休息	TT 2,000 m	EZ 75 分	MO 75 分
10	休息	EZ 55 分	MO 50 分	休息	A1	EZ 75 分	MO 75 分
11	休息	EZ 55 分	MO 50 分	休息	TT 6,000 m	休息	MO 90 分
12	休息	EZ 55 分	MO 50 分	休息	A2	EZ 60 分	2,000 m TT

表14.5　レベル 1 のボート（ローイング）のトレーニングのプログラム：初級

目標：2,000 m を 9 分以内で漕ぐ。インターバルセッションの説明は本文を参照。
TT：タイムトライアル
EZ：60 ～ 75% MHR での持久性トレーニング
MO：75 ～ 85% MHR でのスタミナトレーニング

う。インターバル A1, A2, A3 を実施するときは，心拍数を気にする必要はないが，記録はしておく。記録した値を利用して，体力の変化を資料として残す。以下に示すインターバルトレーニングでは，心拍数が経済性（FA）ゾーンとスピード持久性（VF）ゾーンの間で変動し，リカバリー時には持久力（EZ）ゾーンに戻る。

　以下に，**表14.5** に記載したインターバルトレーニングの内容について説明する。

A1 インターバル

ウォームアップとクールダウンを除いて約 43 分
ウォームアップ：楽なローイング 10 分（500 m スプリット 2 分 30 秒～ 2 分 40 秒）
500 m スプリット 2 分 20 秒で 6 分
500 m スプリット 2 分 30 秒で 6 分
500 m スプリット 2 分 15 秒で 6 分
500 m スプリット 2 分 30 秒で 6 分
500 m スプリット 2 分 10 秒で 6 分
500 m スプリット 2 分 30 秒で 5 分
500 m スプリット 2 分 05 秒で 3 分
500 m スプリット 2 分 30 秒で 3 分
500 m スプリット 2 分で 2 分またはできる限り長く
リカバリークールダウン：楽なローイング 10 分（500 m スプリット 2 分 40 秒）

A2 インターバル

ウォームアップとクールダウンを除いて約41分

ウォームアップ：楽なローイング10分（500 mスプリット 2分30秒〜2分40秒）

500 mスプリット 2分25秒で15分

500 mスプリット 2分15秒で7分

500 mスプリット 2分25秒で7分

500 mスプリット 2分10秒で2分

500 mスプリット 2分20秒で2分

500 mスプリット 2分25秒で2分

500 mスプリット 2分05秒で2分

500 mスプリット 2分25秒で2分

500 mスプリット 1分55秒で2分またはできる限り長く

リカバリークールダウン：楽なローイング10〜15分（500 mスプリット 2分40秒未満）

A3 インターバル

ウォームアップとクールダウンを除いて約30分

ウォームアップ：楽なローイング15分（500 mスプリット 2分30秒〜2分40秒）

500 mスプリット 2分25秒で5分

500 mスプリット 2分20秒で5分

500 mスプリット 2分15秒で5分

500 mスプリット 2分10秒で5分

500 mスプリット 2分05秒で5分

500 mスプリット 2分で5分

リカバリークールダウン：楽なローイング10分（500 mスプリット 2分40秒未満）

レベル2

　レベル2のプログラム（**表14.6**）に移行する前に，レベル1を完了しているか，2,000 mを9分未満で漕ぐテストを再度行って，レベル2の基準を満たしているか，の2点を確認する必要がある。2,000 mのテストをやり直して基準を満たさなかった場合は，レベル1プログラムの最後の4週間を繰り返すとよい。

　2,000 mと6,000 mのタイムトライアルでは，500 mスプリットを2分30秒で5分間，500 mスプリットを2分20秒で5分間，500 mスプリットを2分10秒で5分間行うことでウォームアップする。その後，2,000 mまたは6,000 mを疲労困憊にいたるまで行う。試行ごとのタイムを記録する。

　以下に，**表14.6**に記載したインターバルトレーニングの内容について説明する。

週	月	火	水	木	金	土	日
表14.6	**レベル2のボート（ローイング）のトレーニングプログラム：中級**						

週	月	火	水	木	金	土	日
1	TT 2,000 m	EZ 55分	MO 50分	休息	A1	EZ 75分	MO 75分
2	休息	EZ 55分	MO 50分	休息	A1	EZ 75分	MO 75分
3	休息	EZ 55分	MO 50分	休息	A2	休息	TT 6,000 m
4	休息	EZ 55分	MO 50分	休息	A2	EZ 90分	MO 90分
5	休息	EZ 60分	A4	休息	TT 2,000 m	EZ 90分	休息
6	休息	EZ 60分	A4	休息	A2	EZ 90分	休息
7	休息	EZ 60分	A4	休息	A2	EZ 90分	休息
8	休息	EZ 60分	A4	休息	A2	休息	TT 6,000 m
9	休息	MO 45分	FA 45分	休息	TT 2,000 m	MO 30分	A4
10	休息	MO 45分	FA 45分	休息	A3	MO 30分	A4
11	休息	MO 45分	FA 45分	休息	A3	MO 30分	A4
12	休息	MO 45分	休息	休息	TT 2,000 m	MO 30分	TT 6,000 m

目標：2,000 mをレベル1の2,000 mのタイムよりも30秒短縮する。インターバルセッションの説明は本文を参照。
TT：タイムトライアル
EZ：60～75% MHRでの持久性トレーニング
MO：75～85% MHRでのスタミナトレーニング
FA：85～95% MHRでの経済性トレーニング

A1 インターバル

ウォームアップとクールダウンを除いて約43分

ウォームアップ：楽なローイング15分（500 mスプリット2分20秒～2分40秒）

500 mスプリット2分10秒で6分

500 mスプリット2分25秒で6分

500 mスプリット2分05秒で6分

500 mスプリット2分25秒で6分

500 mスプリット2分で6分

500 mスプリット2分25秒で5分

500 mスプリット1分55秒で3分

500 mスプリット2分25秒で3分

500 mスプリット1分50秒で2分

リカバリークールダウン：楽なローイング10分（500 mスプリット2分30秒以上）

A2 インターバル

ウォームアップとクールダウンを除いて約41分

ウォームアップ：楽なローイング15分（500 mスプリット2分20秒～2分40秒）

500 mスプリット2分15秒で15分

500 mスプリット2分05秒で7分

500 mスプリット2分15秒で7分

500 m スプリット 2 分で 2 分
500 m スプリット 2 分 10 秒で 2 分
500 m スプリット 2 分 15 秒で 2 分
500 m スプリット 1 分 55 秒で 2 分
500 m スプリット 2 分 15 秒で 2 分
500 m スプリット 1 分 50 秒で 2 分
リカバリークールダウン：楽なローイング 10 〜 15 分（500 m スプリット 2 分 30 秒以上）

A3 インターバル

ウォームアップとクールダウンを除いて約 30 分
ウォームアップ：楽なローイング 15 分（500 m スプリット 2 分 20 秒〜 2 分 40 秒）
500 m スプリット 2 分 25 秒で 5 分
500 m スプリット 2 分 20 秒で 5 分
500 m スプリット 2 分 15 秒で 5 分
500 m スプリット 2 分 10 秒で 5 分
500 m スプリット 2 分 05 秒で 5 分
500 m スプリット 2 分で 5 分
リカバリークールダウン：楽なローイング 10 分（500 m スプリット 2 分 30 秒以上）

A4 インターバル

ウォームアップとクールダウンを除いて約 42 分
ウォームアップ：楽なローイング 15 分（500 m スプリット 2 分 20 秒〜 2 分 40 秒）
500 m スプリット 2 分 25 秒で 6 分
500 m スプリット 2 分 20 秒で 6 分
500 m スプリット 2 分 15 秒で 6 分
500 m スプリット 2 分 10 秒で 6 分
500 m スプリット 2 分 05 秒で 6 分
500 m スプリット 2 分で 6 分
500 m スプリット 1 分 55 秒で 6 分
リカバリークールダウン：楽なローイング 10 分（500 m スプリット 2 分 30 秒以上）

レベル 3

　レベル 3（**表 14.7**）に進む前に，レベル 1 からレベル 2 に進んだときと同じ 2 つの質問をしてみる。レベル 1 と 2 を完了しているか，そして 2,000 m テストによってレベル 3 へ進むタイムの条件を満たしているかを確認する必要がある。他のスポーツからローイングに移行するような人はレベル 3 に進むための体力を有していることが多い。このような場合は，2,000 m テストの基準タイムだけを利用する。

週	月	火	水	木	金	土	日
1	TT 2,000 m	FA 30 分	EZ 30 分	A1	休息	EZ 120 分	EZ 60 分
2	休息	FA 30 分	EZ 60 分	A1	休息	EZ 120 分	EZ 60 分
3	EZ 60 分	FA 30 分	EZ 60 分	A1	休息	EZ 120 分	EZ 60 分
4	EZ 60 分	FA 30 分	EZ 30 分	EZ 30 分	休息	TT 2,000m	休息
5	EZ 60 分	FA 30 分 VF 5 分	休息	EZ 60 分	MO 45 分	EZ 120 分	EZ 60 分
6	EZ 60 分	FA 30 分 VF 5 分	休息	EZ 60 分	MO 45 分	EZ 60 分 MO 60 分	休息
7	EZ 30 分	FA 30 分 VF 10 分	EZ 30 分	EZ 60 分	MO 60 分	EZ 60 分 MO 60 分	休息
8	EZ 60 分	FA 30 分 VF 15 分	A2	休息	MO 60 分	EZ 60 分 MO 60 分	休息
9	EZ 60 分	A3	A4	EZ 60 分	午前 A3 午後 EZ 30 分	休息	A4
10	EZ 60 分	F5	A4	EZ 60 分	午前 A5 午後 EZ 30 分	休息	A6
11	EZ 60 分	F6	A2	EZ 60 分	午前 TT 2,000 m 午後 EZ 30 分	休息	A7
12	EZ 30 分	5,000 m 20 分	休息	休息または楽に 5,000 m	休息	休息	TT 2,000 m

表 14.7　レベル 3 のボート（ローイング）のトレーニングプログラム：上級

目標：前回の 2,000 m の記録より 20 秒速く漕ぐ。インターバルセッションの説明については本文を参照。
TT：タイムトライアル
EZ：60 〜 75% MHR での持久力トレーニング
MO：75 〜 85%でのスタミナトレーニング
FA：85 〜 95%での経済性トレーニング
VF：95 〜 100%でのスピード持久力トレーニング

　2,000 m のタイムトライアルでは，500 m スプリットを 2 分 20 秒で 5 分間，500 m スプリットを 2 分 15 秒で 5 分間，500 m スプリットを 2 分 10 秒で 5 分間行うことでウォームアップする。その後，2,000 m を疲労困憊するまで行う。試行ごとのタイムを記録する。
　以下に，表 14.7 に記載したインターバルトレーニングの内容について説明する。

A1 インターバル

　ウォームアップとクールダウンを除いて約 45 分
　ウォームアップ：楽なローイング 15 分（500 m スプリット 2:20 〜 2:30）
　500 m スプリット 2 分で 8 分
　500 m スプリット 2 分 15 秒で 6 分
　500 m スプリット 1 分 55 秒で 6 分
　500 m スプリット 2 分 15 秒で 6 分
　500 m スプリット 1 分 50 秒で 6 分

500 m スプリット 2 分 15 秒で 5 分

500 m スプリット 1 分 45 秒で 5 分

500 m スプリット 2 分 15 秒で 3 分

リカバリークールダウン：楽なローイング 3 分（500 m スプリット 2 分 20 秒）

A2 インターバル

ウォームアップとクールダウンを除いて約 41 分

ウォームアップ：楽なローイング 15 分（500 m スプリット 2 分 20 秒〜 2 分 30 秒）

500 m スプリット 2 分で 15 分

500 m スプリット 1 分 50 秒で 7 分

500 m スプリット 2 分 15 秒で 7 分

500 m スプリット 2 分 05 秒で 2 分

500 m スプリット 2 分で 2 分

500 m スプリット 2 分 15 秒で 2 分

500 m スプリット 1 分 55 秒で 2 分

500 m スプリット 2 分 15 秒で 2 分

500 m スプリット 1 分 50 秒で 2 分

リカバリークールダウン：楽なローイング 10 〜 15 分（500 m スプリット 2 分 15 秒〜 2 分 20 秒）

A3 インターバル

ウォームアップとクールダウンを除いて約 63 分

ウォームアップ：楽なローイング 15 分（500 m スプリット 2 分 20 秒〜 2 分 30 秒）

500 m スプリット 2 分で 8 分

500 m スプリット 2 分 15 秒で 6 分

500 m スプリット 1 分 55 秒で 6 分

500 m スプリット 2 分 15 秒で 6 分

500 m スプリット 1 分 50 秒で 6 分

500 m スプリット 2 分 15 秒で 5 分

500 m スプリット 1 分 45 秒で 5 分

500 m スプリット 2 分 15 秒で 5 分

500 m スプリット 1 分 40 秒で 3 分

500 m スプリット 2 分 15 秒で 5 分

500 m スプリット 1 分 35 秒で 3 分

500 m スプリット 2 分 15 秒で 5 分

リカバリークールダウン：楽なローイング 10 〜 15 分（500 m スプリット 2 分 15 秒〜 2 分 20 秒）

A4 インターバル

ウォームアップとクールダウンを除いて約42分間

ウォームアップ：楽なローイング15分（500 m スプリット 2分20秒〜2分30秒）

500 m スプリット 2分で15分

500 m スプリット 1分50秒で7分

500 m スプリット 2分15秒で7分

500 m スプリット 2分05秒で2分

500 m スプリット 2分で2分

500 m スプリット 1分55秒で2分

500 m スプリット 1分50秒で2分

500 m スプリット 1分45秒で2分

500 m スプリット 1分40秒で2分

全力　1分

リカバリークールダウン：楽なローイング5分（500 m スプリット 2分15秒以上）

A5 インターバル

ウォームアップとクールダウンを除いて約55分

ウォームアップ：楽なローイング15分（500 m スプリット 2分20秒〜2分30秒）

500 m スプリット 1分55秒で7分

500 m スプリット 2分15秒で5分

500 m スプリット 1分50秒で6分

500 m スプリット 2分15秒で5分

500 m スプリット 1分45秒で6分

500 m スプリット 2分15秒で5分

500 m スプリット 1分40秒で5分

500 m スプリット 2分15秒で5分

500 m スプリット 1分40秒で4分

500 m スプリット 2分15秒で5分

500 m スプリット 1分35秒で2分

リカバリークールダウン：楽なローイング5分（500 m スプリット 2分15秒以上）

A6 インターバル

ウォームアップとクールダウンを除いて約42分

ウォームアップ：楽なローイング15分（500 m スプリット 2分20秒〜2分30秒）

500 m スプリット 1分55秒で15分

500 m スプリット 2分15秒で5分

500 m スプリット 1分40秒で4分

500 m スプリット 2 分 15 秒で 4 分

500 m スプリット 1 分 40 秒で 4 分

500 m スプリット 2 分 15 秒で 2 分

500 m スプリット 1 分 35 秒で 2 分

2500 m スプリット 2 分 15 秒で 4 分

500 m スプリット 1 分 35 秒で 2 分

リカバリークールダウン：楽なローイング 5 分（500 m スプリット 2 分 15 秒以上）

A7 インターバル

ウォームアップとクールダウンを除いて約 42 分

ウォームアップ：楽なローイング 15 分（500 m スプリット 2 分 20 秒〜 2 分 40 秒）

500 m スプリット 1 分 35 秒〜 1 分 38 秒で 3 分

500 m スプリット 2 分 15 秒で 4 分（リカバリー）

500 m スプリット 1 分 35 秒〜 1 分 38 秒で 3 分

500 m スプリット 2 分 15 秒で 4 分（リカバリー）

500 m スプリット 1 分 35 秒〜 1 分 38 秒で 3 分

500 m スプリット 2 分 15 秒で 4 分（リカバリー）

500 m スプリット 1 分 35 秒〜 1 分 38 秒で 3 分

500 m スプリット 2 分 15 秒で 4 分（リカバリー）

500 m スプリット 1 分 35 秒〜 1 分 38 秒で 3 分

500 m スプリット 2 分 15 秒で 4 分（リカバリー）

500 m スプリット 1 分 35 秒〜 1 分 38 秒で 3 分

500 m スプリット 2 分 15 秒で 4 分（リカバリー）

リカバリークールダウン：楽なローイング 5 分（500 m スプリット 2 分 15 秒）

トレーニングの継続

　ここまでで，多くのトレーニングを終えたことになる。他のスポーツと同様に，ボートでは体調を整えることが最も難しい部分である。これを達成したいま，問題は自分の体力レベルにどれだけ満足しているかである。満足しているのであれば，現在のトレーニングレベルにおける平均的な強度で週 3 日のトレーニングを行えばよい。そうすることで，体力を維持することができる。強度を維持することが体力を維持するうえで最も重要な要素なのである。より高いレベルを目指すのであれば，栄養や技術などのパフォーマンスの他の要素を考慮に入れた，さらに高度なプログラムを検討する必要がある。

（杉浦　雄策，秦　絵莉香）

第15章

クロスカントリースキー

　これまで，ウォーキング，ランニング，自転車，水泳，トライアスロン，ボート（ローイング）について述べてきた。クロスカントリースキーは，本書で扱う最後の持久系スポーツである。クロスカントリースキーヤーの体力テストの結果は，すべての持久系アスリートの中で最も印象的な値を示す。すべてのトップの持久系アスリートの体力に疑いの余地はないが，クロスカントリースキーやノルディックスキーの選手はその中でも最高の地位に君臨している。**表15.1**にエリートアスリートの最大酸素摂取量（$\dot{V}O_2max$）を示した。**表15.1**に記載されているアスリートの名前と業績はよく知られているが，クロスカントリースキーヤーは他の誰よりも一段上に位置している。クロスカントリースキーヤーが生理学的観点からも進化の観点からも興味深いのは，スポーツパフォーマンスに対する生理学的研究を発展させただけでなく，過去50〜60年間における競技成績の向上率の面でも他の持久系スポーツを大きく上まわっていることである。

　男子10,000 m走のタイムは27分を切った。これは，前世紀に比べて15％以上速くなったことになる。スピードスケートでは，男女とも1世紀前と比較して約25％速くなり，水泳では40％以上速くなっている。一方，クロスカントリースキーでは，25 kmと50 kmという伝統的な距離のタイムは前世紀のほぼ半分に短縮されている。確かに機器や素材の進歩が大きく寄与してい　こ

表15.1　持久系トップアスリートの最大酸素摂取量			
アスリート	**性**	**スポーツ**	**$\dot{V}O_2max$（mL/kg/分）**
Bjorn Daehlie	男	クロスカントリースキー	94.0
Greg LeMond	男	自転車	92.5
Miguel Indurain	男	自転車	88.0
Lance Armstrong	男	自転車	84.0
Steve Prefontaine	男	中・長距離	84.4
Ingrid Kristiansen	女	長距離・マラソン	71.2
Rosa Mota	女	マラソン	67.2

エリートのクロスカントリースキーヤーは，体力テストの結果が非常に高い。パフォーマンス改善のために合理的な心拍トレーニングに大きく依存している。

とは言うまでないが，トレーニングに対する考え方，高強度のトレーニング，休息，筋力トレーニング，栄養，およびその他の要因の変化も貢献している。これらの変化は他のスポーツでもみられたが，クロスカントリースキーのトレーニング方法は長い間最先端にあり，さらに重要なことは，クロスカントリースキーヤーは心拍トレーニングの方法論に大きく依存していることである。

　スカンジナビアの人々は，心拍数の測定だけでなく，クロスカントリースキーヤーによる心拍トレーニングとモニタリングにおいて先駆者であったと言っても過言ではない。目覚ましい成果と成功は，論理的な準備とモニタリングの結果であり，心拍数がこれらすべてに不可欠な役割を果たしてきた。スカンジナビアには多くの心拍計のメーカーがあり，リカバリーに必要な24時間の心拍数のモニタリングやトレーニングに革命が起きている。24時間監視が利用できるようになったことで，長い間待たれていたリカバリートレーニングの概念が導入された。常に監視できることで，データが示す場合には，適切な休息とリカバリーを確保するためにトレーニングを調整したり，毎日のトレーニング計画に変更を加えることもできる。この過程では記録を残すことが，必要不可欠なのである。

現在の体力レベルの分類

　基準となる現在の持久力のレベルを知るには，第10章のランニングの$\dot{V}O_2$ max テスト（137ページ）か，第2章の最大心拍数（MHR）の決定（24ページ）を使用する。多くの場合，ランニングで行うほうが簡単であるが，特にMHRのデータを同時に収集したい場合は，スキーを行ったほうが正確である。ランニングの場合，第10章で説明したプロトコルを使用すると，体力の分類とMHRの両方が得られる。この情報が得られたら，第10章（138ページの**表10.2**または**表**

10.3）と第 14 章（199 ページの**表 14.2** または**表 14.3**）の最大酸素摂取量の表を使って体力レベルを分類する。これによって，レベル 1，2，3 のどのレベルから開始すべきかがわかる。

<h1 style="text-align:center">クロスカントリースキーにおける
トレーニングゾーンの決定</h1>

　MHR を決定するためのスキーテストは，ランニングまたはローラースキーで行うことができる。

MHR 判定のためのスキーテストの例

1. ランニングトラックか，400 〜 600 m 程度の緩やかな傾斜を見つける。ローラースキーでテストを行う場合は，適切な路面（ひび割れ，穴，障害物のない舗装された路面）を選ぶ。心拍計を装着する。
2. 0.8 〜 1.6 km の適切なウォームアップを行う。
3. 傾斜走行を 1 周または 1 回，できるだけ速く行う。心拍数を確認する。
4. 2 分間のリカバリーウォークまたはランを行った後，試行を繰り返す。心拍数を確認する。
5. 2 分間のリカバリー時間をとり，再度実施する。この 3 回目の試行終了時の心拍数が MHR のかなりよい指標となる。

<h1 style="text-align:center">トレーニングプログラムの選択</h1>

　クロスカントリースキーは，水泳やボートと同様に高度に技術的な要素がある。他のスポーツと同様に，3 つの段階的な進行を示す。レベル 1 は 10 km，レベル 2 は 25 km，レベル 3 はより速い 25 km である。初心者であれば，レベル 1 からはじめてレベル 3 へと進めるべきである。経験者であれば，前のレベルの要件を快適に満たせることを条件に，レベル 2 または 3 からはじめてもよい。

　体力テストを行い，客観的な基礎体力の分類を行う。プログラムは，初期のフェーズでは有酸素体力に焦点を当てたトレーニングを行い，スタミナ，経済性，スピードとより無酸素的なトレーニングを行う 4 つのフェーズに分けて進めていく。

　レベル 1 では，もっぱら持久力（EZ）に焦点を当てている。レベル 2 では，距離と強度の両方が増加し，トレーニングは持久力（EZ）とスタミナ（MO）の両方に対応している。レベル 3 では，継続的なレベルの高いトレーニングやインターバルトレーニングを含み，より多くの高強度トレーニングを行う点で顕著な違いがみられる。焦点は経済性（FA）とスピード持久力（VF）にある。このトレーニングの多くは無酸素運動であり，スピードとパワーに重点を置いている。

　クロスカントリースキーと他のスポーツとの違いは，スキーには雪が必要なことである。さらに，様々な強度でスキーができるように，整備されたコースが必要である。自然は予測不可能性であるため，乾燥地でのトレーニングを頻繁に行う必要があることを考慮しておく。そのため，ランニング，スキー，ローラースキーのすべてのトレーニングを行うための選択肢を提供している。雪上で

表15.2　クロスカントリースキーのトレーニングフェーズ

トレーニングフェーズ	% MHR
フェーズⅠ：持久力（EZ）	60〜75
フェーズⅡ：スタミナ（MO）	75〜85
フェーズⅢ：経済性（FA）	85〜95
フェーズⅣ：スピード持久力（VF）	95〜100

スキーができない日には，ランニングよりローラースキーのほうが適している。

　これまでのプログラムと同様に，標準的な心拍数データチャートを使用している。自分の心拍数データを算出する必要がある。**表15.2**に各トレーニングフェーズにおける％MHRの範囲を示した。

レベル1

　レベル1トレーニングプログラム（**表15.3**）の目標は，10 kmのレースのための基礎を構築することである。持久力の向上に焦点を当てているため，すべてのトレーニングセッションはフェーズⅠの持久力（EZ）からなる。このレベルでは，心肺系を強化し，より強度の高いトレーニングに移行する前に必要な有酸素体力つまり持久力の基礎をつくるため，すべてのトレーニングをゆっくりと楽に行うことを覚えておいてほしい。これは，第8章で説明したゆっくりと段階的に進行させるという基本的な考えに沿ったものである。

レベル2

　レベル2トレーニングプログラム（**表15.4**）の目標は，持久力（EZ）とスタミナ（MO）トレーニングによって25 kmレースが可能になるようにすることである。レベル2のトレーニングの焦点は，レベル1のトレーニングプログラムに含まれていた持久力の向上と，さらにスタミナを向上させることにある。これは，長い距離に対する能力を向上させ，持久力の基礎を継続的に向上させるのを助けることを目的に，強度と継続時間をわずかに増加させる漸増の原則に従っている。25 kmまで距離を伸ばすにはスタミナがかなり重要になる。地形によっては，25 kmでは10 kmよりも1時間から2時間半も余計かかることがある。

レベル3

　レベル3トレーニングプログラム（**表15.5**参照）の目標は，25 kmレースをより速く完走できるようになることである。焦点は，4つのトレーニングフェーズすべてのセッション（EZ，MO，FA，VF）で，経済性とスピード持久力を向上させることにある。強度が増し，インターバルセッションとスピードセッションが導入されている。レベル3は，レベル1とレベル2のプログラムで達成した内容に基づいているが，ただ距離をカバーするだけでなく，パフォーマンスを向上させるために強度に重点を置いている。

　以下に，**表15.5**に記載したインターバルトレーニングの内容について説明する。

表15.3　レベル1：10 km クロスカントリースキーのためのトレーニングプログラム

週	月	火	水	木	金	土	日
1	EZ 20 分	休息	EZ 20 分	休息	休息	EZ 30 分	休息
2	EZ 20 分	休息	EZ 20 分	休息	休息	EZ 30 分	休息
3	EZ 30 分	休息	EZ 30 分	休息	休息	EZ 40 分	休息
4	EZ 30 分	休息	EZ 30 分	休息	休息	EZ 40 分	休息
5	EZ 40 分	休息	EZ 40 分	休息	休息	EZ 50 分	休息
6	EZ 40 分	休息	EZ 40 分	休息	休息	EZ 50 分	休息
7	EZ 50 分	休息	EZ 50 分	休息	休息	EZ 60 分	休息
8	EZ 50 分	休息	EZ 30 分	休息	休息	10 km レース	休息

注：すべてのトレーニングセッションをスキーで滑る。天候によりスキーができない場合は，ローラースキーかランニングでトレーニングを行う。
EZ：60 〜 75% MHR での持久性トレーニング

表15.4　レベル2：25 km クロスカントリースキーのためのトレーニングプログラム

週	月	火	水	木	金	土	日
1	EZ 50 分	休息	EZ 50 分	MO 20 分	休息	EZ 60 分	休息
2	EZ 50 分	休息	EZ 50 分	MO 20 分	休息	EZ 60 分	休息
3	EZ 60 分	休息	EZ 60 分	MO 20 分	休息	EZ 70 分	休息
4	EZ 60 分	休息	EZ 60 分	MO 20 分	休息	EZ 70 分	休息
5	EZ 70 分	休息	EZ 70 分	MO 30 分	休息	EZ 80 分	休息
6	EZ 70 分	休息	EZ 70 分	MO 30 分	休息	EZ 80 分	休息
7	80 分 (EZ 50 分, MO 30 分)	休息	EZ 80 分	MO 30 分	休息	EZ 90 分	休息
8	80 分 (EZ 50 分, MO 30 分)	休息	EZ 80 分	MO 30 分	休息	EZ 100 分	休息
9	90 分 (EZ 60 分, MO 30 分)	休息	EZ 90 分	MO 30 分	休息	EZ 110 分	休息
10	100 分 (EZ 60 分, MO 40 分)	休息	EZ 100 分	MO 40 分	休息	EZ 120 分	休息
11	80 分 (EZ 50 分, MO 30 分)	休息	EZ 80 分	MO 30 分	休息	EZ 120 分	休息
12	休息	EZ 80 分	MO 30 分	休息	休息	25 km レース	休息

注：すべてのトレーニングセッションをスキーで滑る。天候によりスキーができない場合は，ローラースキーかランニングでトレーニングを行う。
EZ：60 〜 75% MHR での持久性トレーニング
MO：75 〜 85%MHR でのスタミナトレーニング

週	月	火	水	木	金	土	日
					表 15.5　レベル 3：25 km クロスカントリースキーのためのトレーニングプログラム		
1	TT 10 km	休息	EZ 50 分	FA 30 分	休息	MO 60 分	休息
2	A1 60 分	休息	EZ 50 分	FA 30 分	休息	MO 60 分	休息
3	A1 60 分	休息	EZ 60 分	FA 30 分	休息	MO 60 分	休息
4	A1 60 分	休息	EZ 60 分	FA 30 分	休息	MO 60 分	休息
5	A2 88 分	休息	EZ 70 分	A3 53 分	休息	EZ 80 分	休息
6	A2 88 分	休息	EZ 70 分	A3 53 分	休息	EZ 80 分	休息
7	A2 88 分	休息	EZ 80 分	A3 53 分	休息	EZ 90 分	休息
8	A2 88 分	休息	EZ 80 分	A3 53 分	休息	EZ 90 分	休息
9	FA 30 分	休息	EZ 90 分	A2 88 分	休息	EZ 100 分	休息
10	FA 30 分	休息	EZ 100 分	A2 88 分	休息	EZ 110 分	休息
11	FA 30 分	休息	EZ 80 分	A2 88 分	休息	EZ 120 分	休息
12	休息	EZ 80 分	MO 30 分	休息	休息	25 km レース	休息

注：すべてのトレーニングセッションをスキーで滑る。天候によりスキーができない場合は，ローラースキーかランニングでトレーニングを行う。インターバルセッションの説明は本文を参照。
TT：タイムトライアル
EZ：60 〜 75% MHR での持久性トレーニング
MO：75 〜 85%MHR でのスタミナトレーニング
FA：85 〜 95%MHR での経済性トレーニング
VF：95 〜 100%MHR でのスピード持久性トレーニング

A1 インターバル

約 60 分

ウォームアップ：EZ 15 分

MO 10 分

EZ 5 分

FA 5 分

EZ 5 分

VF 5 分

EZ 5 分

全力で 2 分

クールダウン：EZ 8 分

A2 インターバル

約 88 分

ウォームアップ：EZ 15 分

全力で 2 分 続いて EZ 5 分；5 回連続

全力で 1 分 続いて EZ 5 分；5 回連続

クールダウン：EZ 8 分

A3 インターバル

約 53 分

ウォームアップ：EZ 15 分

MO 30 分と 2 分ごとに 20 秒加速 × 10

クールダウン：EZ 8 分

トレーニングの継続

　これらの 3 つのトレーニングプログラムを段階的に進めることで，しっかりとした体力の基礎を築くことができる。この時点で，パフォーマンスのさらなる向上を望むか，より長い距離に挑戦するかを決めることができる。パフォーマンスを継続的に向上させるためには，短い距離と長い距離の両方でより強度の高いトレーニングを行う必要がある。また，レース経験を積むためにより組織化された競技会に参加する必要がある。より長い距離を走ることが次の目標であるならば，強度を下げ，レベル 2 プログラムに記載されている距離を伸ばすことで，心肺系の能力と脂肪を燃料源として利用する能力をさらに強化する必要がある。これらの行動をする前に，現在の体力レベルを注意深く評価する必要があるため，再度体力を評価することをすすめる。これにより，現在の自分の体力を見直すことができ，より適切な開始地点を決めることができる。この段階になったら，個別のコーチを探してもよい。

（杉浦　雄策，秦　絵莉香）

第16章

チームスポーツ

チームスポーツのコーチは，アスリートが可能な限り高いレベルでプレーするために，コンディショニングの基礎が必要であることを熟知している。そのために野球には春季トレーニングがあり，アメリカンフットボールの選手は夏の暑さと湿度の中でコンディショニングのセッションに苦しむのである。チームスポーツにおいても持久系スポーツと同じで体力向上に関する課題はあるが，競技種目やそのポジションによって大きく異なる。例えば，サッカー選手は 90 分の試合で 10 km 以上走る場合もあるが，アメリカンフットボールのオフェンシブタックルは 1 試合で数百メートルしか走らないこともある。とはいえ，すべてのチームスポーツのアスリートにも有酸素的なコンディショニングの要素が必要になる。なぜなら，それが無酸素活動からのリカバリーに影響を与えるからである。

チームスポーツのアスリートが体調を整えることは，いいプレーをするのに役立つことは明らかである。この普遍的な原則を理解しているコーチは，ゲームでの動きと全体的な能力を，何度も練習できる一連の細かいスキルに分けることの有効性も信じている。われわれの目的のために，体力をパスルートを走る，フリースローを打つ，スプリットを投げるなどのように別々に練習できるスキルとして分けて考えてみよう。

しかし先に進む前に，ウエイトリフティング中に心拍計を使用する際の問題点について簡単に説明する。ウエイトリフティングは，ほとんどのアスリートのコンディショニングにとって不可欠であるため，他の体力づくりのルーティーンと同様に監視する必要がある。しかし，筋力やパワーのためのウエイトトレーニング中に心拍数をモニターすることは信頼性に欠ける。ウエイトを持ち上げると血圧が大きく上昇し，呼吸数が減り，ゆっくりとした筋収縮や静的な筋収縮が必要になる。その結果，運動直後の心拍数の応答が鈍くなる。このような理由から，レジスタンストレーニングを行っている間の強度の目安として心拍計を使用することを推奨していない。チームスポーツにおけるモニタリングの話に戻る。

チームスポーツにおける心拍数のモニタリング

　アスリートにとって最適な適応を確実なものにするための論理的で合理的なトレーニングプログラムと，リカバリープログラムを計画するためには，ストレスに対するアスリートの反応を監視することが重要である。われわれは，安静時および運動時の心拍応答は，有酸素的な体力の状態や運動のストレスレベルだけでなく，自律神経系に対するストレスも評価できる優れた方法であると理解している。言い換えれば，心拍数は外部ストレッサー（暑さ，運動，水分補給，強度など）や内部ストレッサー（リカバリー状態，けが，病気など）を評価する優れた手段となるのである。内部ストレッサーの観点からは，安静時心拍数と心拍変動が最良の情報源となる。外部ストレッサーの観点からは，運動時心拍数またはリカバリーの心拍数が最良の情報源となる。いずれの場合も，正確で信頼性の高いデータを収集するために，測定の一貫性が重要である。

　チームスポーツは，スピード，アジリティ，休息，アスリートの個人差，対戦相手に対する繰り返す反応など，多面的な要求があるため，多くの点で個々の持久系スポーツよりも複雑である。さらに，チームスポーツのコーチは，一度に 15 〜 30 人以上のアスリートを指導するという難題にも直面している。心拍数のモニタリングは，トレーニングに対するアスリートの反応を評価するための単純で費用対効果の高い信頼性の高いツールである。さらに，心拍数をモニタリングするためのマルチアスリートシステムが利用できるようになったことで，コーチはトレーニングや競技を行うチームにおいて，体力やスキルのレベルが異なる複数のアスリートのトレーニングやコンディショニングプログラムを個別化することが可能になった。

　トレーニングの 5 〜 10 分前に安静時のデータを収集することで，アスリートの準備状態に関するフィードバックが得られる。研究では，アスリートが仰臥位で安静にしているときに収集したデータが最も信頼性が高いことが示唆されている。アスリートがトレーニングをはじめたら，コーチやトレーナーは，心拍をリカバリーデータに切り替えてアスリートにかかる外的ストレスを測定し，それによりセッション中の個別化を開始することができる。アスリートはその日のセッション終了後 12 〜 24 時間のデータを報告し，心拍変動（heart rate variability : HRV）や睡眠に関する情報を提供することができる。要するに，チームスポーツのモニタリングにより，設定されたグループ内での個別化が可能になるということである。本章の後半で，どのような選択肢があるかについて詳しく説明する。次節では，チームスポーツにおけるその他の考慮事項を確認する。

チームスポーツにおける体力の構成要素

　生理学者は，体力は別々のスキルとして訓練できる要素で構成されていることを知っている。この考えをアメリカンフットボール，バスケットボール，サッカー，ラクロス，ラグビーなど何回も繰り返されたり，断続的なランニングを伴うチームスポーツに適用すると，これらのスポーツのアスリートには以下のようなスキルが必要であることがわかる。

- ゲーム全体を通して速く動ける能力（持久力）

- 連続して何度もプレーするために前後にスプリントする能力（スタミナ）
- ボールまたはボール保持者に速く到達するレッグスピード（スピード）
- 運動の合間にリカバリーし，それを繰り返す能力（有酸素的リカバリー）
- ポジションを保持し，相手に抵抗する力（パワー）

　言い換えると，チームスポーツのアスリートは，スピード，持久力，スタミナを向上させる必要があり，試合中に動きを効果的に再現できるようにリカバリーする必要がある。これまでの章では，持久系スポーツのアスリートが特定のスポーツで個別のスキルを向上させるためにどのようにトレーニングしたらよいかについて説明してきた。本章では，チームスポーツをプレーしたり，コーチしたりする場合に理解しておくべき一般的な原則について説明する。

　持久力は，体力のすべてのレベルにける基盤となる。持久力が高いほど，高い努力度合いをより長く実行でき，うまくいけばゲームの最後まで実行できる。持久力を高めるには，最大心拍数(MHR)の 60 〜 75% と驚くほど楽なゾーンまで強度を下げる必要がある。ほとんどのチームスポーツのアスリートでは，週に 2 回，30 分間の運動時間で十分である。

　スタミナは，コートやフィールドを縦横無尽に，少なくとも数分間ノンストップで激しい呼吸をしながら走る能力である。このこと自体は，ペースを落としたり，ちょっと休憩するためにベンチにさがるための交代選手がいれば，それほど困難なことではない。スタミナを向上させるためには，

サッカーなどのチームスポーツのアスリートも持久系アスリートと同様に，心拍数のモニタリングと心拍トレーニングの恩恵を受けることができる。

次の繰り返しを開始する前に，75〜85％MHRのゾーンで，リカバリーインターバルでは70％MHRまで下げて，フィールドやコートの2〜3倍の距離を数回繰り返し走る必要がある。

　スピードは，よく知られたウィンドスプリントを最大努力で実施することによって向上させることができる。この場合，心拍応答が遅れることが多いため，強度を調整するためというよりもリカバリーのためのツールとしての信頼性が高くなる。しかし，疲労度が最大になるレベルを通して精神的な強さを鍛えるために何本か連続して走るという通常の練習ではなく，心拍数を60％MHR未満に下げる完全なリカバリーインターバルを利用して，各反復を全力疾走で行う必要がある。スピードを養うためには，45.7 m以下の距離で助走から全力でスプリントするほうがよい。

　パワーを向上させるための最良のトレーニングは，多少の抵抗を加えて最大心拍数にいたる最大努力をすることである。スタジアムの階段や低い丘を10〜15秒間全速力で登り，運動の間に60％MHR以下で完全にリカバリーするよう適切に管理することが効果的である。

最大心拍数の決定

　心拍数のデータを収集するには，第2章で紹介したランニングテストを利用する。

MHR決定のためのランニングテスト

1.　心拍計を装着する。トラックまたは400〜600 mの緩やかな坂を見つける。
2.　ウォームアップとして，0.8〜1.6 kmの楽なジョギングを行う。
3.　1周または1回の傾斜走行をできるだけ速く行う。終わった段階で心拍数を確認する。
4.　2分間のリカバリーウォーキングまたはランニングを行ってから，再度走る。
5.　2分間のリカバリーを行い，再度走る。この3回目のランニング終了時の心拍数はMHRのよい指標になる。

チームスポーツにおける
心拍数のモニタリングとトレーニング

　残念なことに，多くのコーチやアスリートは，スキルを向上させるためのトレーニングと，精神的な強さを養うためのトレーニングを混同している。「誰でもアスリートを疲れさせることはできるが，誰もがアスリートを強くすることができるわけではない」という古い格言がある。フィールドを周回する持久的ラップは，コーチに感動を与えるためのレースになってしまうことが多い。このようなトレーニングには，すべてのアスリートに改善の機会を与えるような個別化，つまり専門的な体力への視点が欠けている。それ1つですべての人にあてはまるような考え方はうまく機能しない。なぜなら，一生懸命なアスリートがいる一方で，実際ほとんど適応できないアスリートもいるからである。

　心拍数のデータを利用してトレーニングを個別化することで，スキルを向上させるためのセッションを必要以上に強度の高いものにしないことができる。例えば，持久力を向上せるためのシー

ズンオフのプログラムでは，3.2 km を 16 分以内で走るタイムトライアルが実施されることが多い。
しかし，これは持久力を高めるというこのフェーズでのトレーニングの目的を妨害するだけである。
なぜなら，このペースでは一部のアスリートは定められた 60 ～ 75%MHR よりもはるかに高い心
拍数でトレーニングを行わなければならないからである。これでは持久力の向上に求められる基準
以上の努力をしなければならず，望む適応を得ることができない。

　持久力を評価するために個々に体力テストを実施することは，体力レベルを分類しトレーニング
を展開させるための最良の方法である。3.2 km を 16 分以内で走るなどといういいかげんな基準
を満たさなければならない場合，必要以上に無理な運動をしてしまい，その過程でけがや燃え尽き
症候群になる危険がある。持久力の基礎が確立できたら，週に 1 回の長いジョギングによって持
久力を維持することができる。典型的な持久力トレーニングのガイドラインについては，第 10 章
を参照してほしい。

　次に，心拍数を 75 ～ 85%MHR のスタミナを向上させるためのゾーンまで上げるように計画し
たランニングペースでインターバルトレーニングを行うことができる。週に 2 ～ 3 回の頻度でリ
カバリーのための半周のジョギングを伴う，トラックやフィールドの半周を数回（200 m × 6 ま
たは 8）走るトレーニングは，コートやフィールドを何度か素早く往復した後にスピードを維持す
るのに必要なスタミナを向上させる（このスキルは，大きくて体重の重いアメリカンフットボール
のラインマンが，相手をブロックしたりタックルしたりするためにフィールドを走らなければなら
ないときに必要なものである）。

　レッグスピードを速くするためのトレーニングの目標は，吐き気がするような時点まで連続的に
脚を酷使することではない。過度の疲労を引き起こすということは，セッションが短くなったり，
はるかに遅いレベルでパフォーマンスを実施してしまうということを意味し，目的達成の役には立
たない。また，スピードや自信をつけさせる方法でもない。疲れてくると，自分を哀れむようにな
り，スピードも落ち，誤った教訓を学ぶことになってしまう。スピード向上のためのトレーニング
は，疲れたりゆっくりになりすぎることなく，速く走ることである。

　ランニングスキルの向上のための特別で補足的なトレーニングは，典型的なハード（高強度）－
イージー（低強度）のパターンに従った組み合わせとなっている。もちろん，試合のスケジュール
にもこのトレーニングパターンを組み込まなければならない。そして，多くのスポーツで 1 週間に
複数の試合が行われている。理想的には，試合に向けて完全に休息するために，60 ～ 65% MHR
の持久力維持レベルの楽なジョギングによるトレーニングを行うことだろう。試合の翌日は，65
～ 70% MHR の楽なジョギングがリカバリーに役立つ。試合後 2 日目は，75 ～ 85% MHR での
スタミナトレーニングを行うとよい。そして，3 日目には 65 ～ 70% MHR でのリカバリージョギ
ングを続ける。その後，スピードトレーニング，楽なリカバリーの日，そして最後にパワートレー
ニングと続ける。このすべてを 1 ～ 2 週間以内にこなす必要はない。全体のローテーションを完
了するまでこのパターンを繰り返し，再度やってみる。

　もし，精神面のコンディショニングが必要な場合，スピードトレーニングやパワートレーニン
グの代わりに，300 m × 3，最後の 100 m を 100% MHR でのランニングを実施してみるとよい。
このトレーニングの目標は，最初の 200 m で最大の酸素負債から乳酸の蓄積を生成し，最後の

100 m で力を振り絞る。自身を哀れに思うかもしれないが，ランニングによるトレーニングの真の目的が精神的な強さの養成であれば，しっかりとやり遂げることができるだろう。しかし，問題を混同してはならない。スピードを落とすことで真のスピードの向上は得られない。フルスピードで走り，疲労感がはじまる前にやめることで，レッグスピードは速くできる。

　もう 1 つの考えは，ランニングを罰として捉えるべきではないということである。ランニングは，すべてのアスリートが最高の状態でプレーすることを可能にするゴールデンスキルである。なぜ，成功の鍵を握るスキルであるランニングに対する嫌悪感を育むのだろうか。楽しむために走り，お金のために走る。これは，最高の状態を達成するための正しいランニングの利用である。そして，これはチームのためにもよいことである。

　心拍数の技術は，これまで個人の持久系アスリートに利用されてきたが，過去 20 年で技術が進歩し，チームスポーツの環境にも心拍モニタリングが広まった。中でも，チーム遠隔測定システムにより，コーチが同時に 10 〜 12 名のアスリートのトレーニングを観察できるようになった。この技術を利用することで，コーチは誰がきついトレーニングをしているかや，誰の調子がよいかを心拍で把握することができる。最も重要なことは，心拍データを利用することで，アスリートが賢く，段階的に，安全にトレーニングできるということである。

　コーチが基本的な体力とコンディショニングを監視している場合や，体力テストを行っている場合も，チーム遠隔測定システムは優れた分析ツールになる。コーチが最も調子のよいアスリートが一生懸命にトレーニングをして，より調子を上げていることや，調子の上がらない人が数メートル先にいることもわかるようになった。これらのシステムは説得力をもち，しっかりと個別化することで，心拍数をモニタリング場を広げる。このシステムが競技の場をより安定させると言えるだろう。チーム遠隔測定システムは，プレシーズンやシーズンの早い段階のモニタリングに適しており，試合中にデータを収集するだけでなく，コーチやアスリートへ，トレーニング環境と競技環境での運動と心拍応答に関する独自の考察をもたらす。そして，心拍モニタリングの最大の価値はリカバリーを導く能力にあるのかもしれない。

　すべての技術と同様，心拍トレーニングにもよい点と悪い点がある。チームを監視するうえで最も明らかな悪い点はシステムに関連するコストであり，ユーザー数，データ量，使用範囲によって300,000 〜 1,500,000 円のコストがかかる。よい点は，チームで心拍計を使用することのマイナス要因をはるかに上まわるが，よいデータを収集するためには，一貫した使用と正しいデータの収集が必要になることを忘れてはならない。以下に心拍モニタリングで何ができるかについてまとめた。

- 特定のトレーニングセッションやトレーニングプログラム全体におけるアスリートの反応について基本的なフィードバックが得られる
- グループ内での個別化が可能になる
- 非侵襲的な方法で外的ストレス，内的ストレスを評価できる
- エクササイズセッション中におけるアスリートのリカバリー能力についてリアルタイムでフィードバックが得られる

● 一度に複数のアスリートの有意義なモニタリングデータが得られる

　チームの心拍モニタリングシステムはアスリートを管理するための別のアプローチが可能になる。莫大な量のデータを時間とともに提供するという現代の技術を駆使することは，アスリートの進歩，リカバリー，トレーニングの目標を評価するうえで非常に貴重であり，最終的にはリカバリー状態を改善し，けがを減らすことにつながる。

（杉浦　雄策，秦　絵莉香）

付　録

	心拍トレーニングゾーン計算チャート								
	最大心拍数（MHR）に対する割合								
MHR	100%	95%	90%	85%	80%	75%	70%	65%	60%
205	205	194	184	174	164	153	143	133	123
204	204	193	183	173	163	153	142	132	122
203	203	192	182	172	162	152	142	131	121
202	202	191	181	171	161	151	141	131	121
201	201	190	180	170	160	150	140	130	120
200	200	190	180	170	160	150	140	130	120
199	199	189	179	169	159	149	139	129	119
198	198	188	178	168	158	148	138	128	118
197	197	187	177	167	157	147	137	128	118
196	196	186	176	166	156	147	137	127	117
195	195	185	175	165	156	146	136	126	117
194	194	184	174	164	155	145	135	126	116
193	193	183	173	164	154	144	135	125	115
192	192	182	172	163	153	144	134	124	115
191	191	181	171	162	152	143	133	124	114
190	190	180	171	161	152	142	133	123	114
189	189	179	170	160	151	141	132	122	113
188	188	178	169	159	150	141	131	122	112
187	187	177	168	158	149	140	130	121	112
186	186	176	167	158	148	139	130	120	111
185	185	175	166	157	148	138	129	120	111
184	184	174	165	156	147	138	128	119	110
183	183	173	164	155	146	137	128	118	109
182	182	172	163	154	145	136	127	118	109
181	181	171	162	153	144	135	126	117	108
180	180	171	162	153	144	135	126	117	108
179	179	170	161	152	143	134	125	116	107
178	178	169	160	151	142	133	124	115	106
177	177	168	159	150	141	132	123	115	106
176	176	167	158	149	140	132	123	114	105

付　録

心拍トレーニングゾーン計算チャート（つづき）								
最大心拍数（MHR）に対する割合								
MHR	100%	95%	90%	85%	80%	75%	70%	65%	60%
175	175	166	157	148	140	131	122	113	105
174	174	165	156	147	139	130	121	113	104
173	173	164	155	147	138	129	121	112	103
172	172	163	154	146	137	129	120	111	103
171	171	162	153	145	136	128	119	111	102
170	170	161	153	144	136	127	119	110	102
169	169	160	152	143	135	126	118	109	101
168	168	159	151	143	134	126	117	109	100
167	167	158	150	141	133	125	116	108	100
166	166	157	149	141	132	124	116	107	99
165	165	156	148	140	132	123	115	107	99
164	164	155	147	139	131	123	114	106	98
163	163	154	146	138	130	122	114	105	97
162	162	153	145	137	129	121	113	105	97
161	161	152	144	136	128	120	112	104	96
160	160	152	144	136	128	120	112	104	96
159	159	151	143	135	127	119	111	103	95
158	158	150	142	134	126	118	110	102	94
157	157	149	141	133	125	117	109	102	94
156	156	148	140	132	124	117	109	101	93
155	155	147	139	131	124	116	108	100	93
154	154	146	138	130	123	115	107	100	92
153	153	145	137	130	122	114	107	99	91
152	152	144	136	129	121	114	106	98	91
151	151	143	135	128	120	113	105	98	90
150	150	142	135	127	120	112	105	97	90
149	149	141	134	126	119	111	104	96	89
148	148	140	133	125	118	111	103	96	88
147	147	139	132	124	117	110	102	95	88
146	146	138	131	124	116	109	102	94	87
145	145	137	130	123	116	108	101	94	87

索　引

■監訳者

長澤　純一（NAGASAWA Junichi）

日本大学文理学部体育学科　教授（運動生理学，体力学，環境生理学）

1962年生まれ。早稲田大学教育学部体育学専修卒業，順天堂大学大学院修了（体力学専攻）後，中京大学大学院体育学研究科博士後期課程（体育学専攻）において石河利寛教授に師事し，単位取得退学。学術博士。早稲田大学人間科学部助手，日本社会事業大学講師，電気通信大学大学院情報理工学研究科准教授を経て現職。現在，生理学，運動生理学および身体科学などの科目を担当。これまでに大学院の分子細胞生物学基礎といった講義のほか，バドミントン，トレーニング，ハンドボール，フライングディスクなどの実技種目を担当。研究テーマは，酸化ストレス，心拍変動など。主な著書に，「大学生のための最新健康スポーツ科学」（八千代出版：編著），「フライングディスク競技指導者テキスト」（日本フライングディスク協会：共著），「運動生理学の基礎と応用」（ナップ：編著），「からだづくりのための栄養と運動」（ナップ：共著），「メタボリック・カリキュレーション・ハンドブック」（ナップ：翻訳），「体力とはなにか」（ナップ：編著），「運動生理生化学辞典」（大修館書店：編著）など。

心拍トレーニング
個人のデータと目的に基づくトレーニングプログラム

2021年9月29日　第1版　第1刷

著　者	Roy Benson
	Declan Connolly
監訳者	長澤　純一
発行者	長島　宏之
発行所	有限会社ナップ
	〒111-0056　東京都台東区小島1-7-13 NKビル
	TEL 03-5820-7522／FAX 03-5820-7523
	ホームページ　http://www.nap-ltd.co.jp/
印　刷	三報社印刷株式会社

© 2021　Printed in Japan　　　　　　　　　　　　　　　ISBN978-4-905168-68-3